Kohlhammer
Deutscher Gemeindeverlag

D1693383

**Kommunale Schriften
für Schleswig-Holstein**

Herausgegeben vom
Schleswig-Holsteinischen
Gemeindetag

Gemeindeverfassungsrecht für Schleswig-Holstein

Vorschriftensammlung mit einer einführenden Darstellung

Dr. jur. Hartmut Borchert

Geschäftsführendes Vorstandsmitglied
des Schleswig-Holsteinischen
Gemeindetages

18., neubearbeitete Auflage

Kohlhammer

Deutscher Gemeindeverlag

Die Deutsche Bibliothek – CIP-Einheitsaufnahme

Gemeindeverfassungsrecht für Schleswig-Holstein :
Vorschriftensammlung mit einer einführenden Darstellung /
bearb. von Hartmut Borchert. – 18., neubearb. Aufl. – Kiel :
Dt. Gemeindeverl., 1998.
  ISBN 3-555-10232-X

1998
18., neubearbeitete Auflage – erstmals 1962 · Deutscher Gemeindeverlag
GmbH · Verlagsort: 24017 Kiel, Postfach 1865 · Gesamtherstellung: Deutscher
Gemeindeverlag GmbH Kiel · Nachdruck, auch auszugsweise, verboten – Alle
Rechte vorbehalten · Recht zur fotomechanischen Wiedergabe nur mit Geneh-
migung des Verlages · Buch-Nr. KS 01/5

VORWORT

Die in Schleswig-Holstein 1988 angekündigte und mit dem Änderungsgesetz zur Gemeindeordnung vom 23.3.1990 begonnene Reform des kommunalen Verfassungsrechts wurde in mehreren Stufen durchgeführt und schließlich mit dem Gesetz zur Änderung des kommunalen Verfassungsrechts 1995 am 22.12.1995 abgeschlossen.

Der Gesetzgeber hat damit zunächst sein Schlußwort zu dieser Kommunalverfassungsreform gesprochen, auch wenn er zwischenzeitlich durch das Gesetz zur Änderung kommunalrechtlicher Vorschriften vom 18. März 1997 daran schon gewisse Korrekturen vornehmen mußte.

Zum 1. April 1998 wird die Übergangszeit, die die Kommunalverfassungsreform vorgesehen hat, enden. Damit gilt dann in kreisangehörigen Städten und Gemeinden, und in kreisfreien Städten wieder gleiches Recht. Ebenfalls wird die Änderung der Kreisordnung wirksam.

Autor und Verlag sind daher der Auffassung, daß nach Abschluß dieser Übergangszeit eine Neuauflage (18. Auflage) der Vorschriftensammlung „Gemeindeverfassungsrecht für Schleswig-Holstein" nun angebracht ist. Dafür spricht auch, daß im April 1998 eine neue Kommunalwahlperiode beginnt, die diesmal sogar erstmals fünf Jahre betragen wird. Die zwangsläufig etwas schwierige Darstellung unterschiedlicher, aber gleichzeitig geltender kommunaler Vorschriften kann somit beendet und so Kommunalpolitikern und Verwaltungspraktikern die bewährte Textausgabe des „Gemeindeverfassungsrechts" in der gewohnten Form in die Hand gegeben werden.

Berücksichtigt sind nicht nur die im Laufe des Jahres neubekanntgemachte Kreisordnung und das Gemeinde- und Kreiswahlgesetz, sondern auch verschiedene andere Rechtsänderungen des Jahres 1997. Die zeitweilig diskutierte Absicht, die Gemeindeordnung in ihrer Paragraphenfolge zu überarbeiten, ist zunächst aufgegeben worden.

In der Einführung ist ein Überblick über die Entwicklung des kommunalen Verfassungsrechts in Schleswig-Holstein dargestellt. Daran

Vorwort

schließen sich Informationen über das kommunale Finanzsystem und eine kommunale Statistik an.

Verfasser und Verlag hoffen, daß die vorgelegte, überarbeitete und nun in 18. Auflage erscheinende Vorschriftensammlung die wichtige Arbeit der Kommunalpolitiker und der hauptamtlichen Mitarbeiter zum Wohl ihrer kommunalen Selbstverwaltungskörperschaften unterstützen und erleichtern wird. Für Anregungen und Kritik sind wir dankbar.

Kiel, im Februar 1998

Dr. Hartmut Borchert

INHALTSVERZEICHNIS

Inhaltsverzeichnis

Inhaltsverzeichnis

X

Einführung

Zur Entwicklung des kommunalen Selbstverwaltungsrechts in Schleswig-Holstein

I. Die Entwicklung bis 1945

1. Lokale Verwaltung vor 1867 in Schleswig-Holstein

Schleswig-Holstein befand sich in der ersten Hälfte des 19. Jahrhunderts in nicht einfachen staatsrechtlichen Verhältnissen. Es gehörte mit dem Landesteil Schleswig zum Königreich Dänemark und mit Holstein gleichzeitig zum Deutschen Bund. Dies führte zu einer vielschichtigen und unübersichtlichen Verwaltungsorganisation auch auf der lokalen Ebene.

Die staatliche Verwaltung war im Landesteil Schleswig in 12 und in Holstein in 16 Ämter gegliedert. In Schleswig bestanden außerdem unterhalb der Ämter die Harden und in Holstein die Kirchspiele, die Ansätze einer kommunalen Selbstverwaltung zeigten. Dort verfügten die Hardes- und Kirchspielvögte über die Polizeigewalt und niedere Gerichtsbarkeit.

Neben dieser lokalen staatlichen Verwaltung, die insbesondere für die Gebiete typisch war, die der unmittelbaren Administration des Landesherrn unterstanden, verfügten Städte und Flecken teilweise schon über einheitliche kommunale Verfassungen, während es für die untersten gemeindlichen Einheiten keine vergleichbare Organisation gab. Versuche der Provinzialstände ab 1830 in Schleswig und Holstein eine einheitliche Samtgemeindeordnung zu schaffen, hatten keinen Erfolg gehabt.

Eine besondere rechtliche Stellung besaßen im Holsteinischen bestimmte Klöster und die adligen ritterschaftlichen Güter, von denen vor 1867 in Holstein 144 und in Schleswig 110 existierten. Diese Güter bildeten eine selbständige kommunale Einheit. Der Gutsbesitzer war Träger der Polizei- und Gerichtsgewalt, ferner standen ihm Kirchenpatronat und Schulaufsicht zu.

Eine bereits längere Zeit vorbereitete Städteordnung wurde von der provisorischen Regierung am 18. 10. 1848 erlassen. Sie wurde nur

1

Einführung

wenige Jahre in Holstein angewandt. Dagegen erlangte sie in Schleswig praktisch keine Wirkung, so daß es hier bei dem alten, unübersichtlichen Zustand zunächst blieb. Auch ein Entwurf für ein Gemeinde-Gesetz für die Herzogtümer Schleswig und Holstein erlangte keine Geltung.

Bis 1869 änderte sich an der Rechtslage für die schleswigschen Städte nichts. Der dänische König Friedrich VII. hatte lediglich für die Holsteinischen Städte am 11. 2. 1854 eine holsteinische Städteordnung erlassen. Sie beruhte weitgehend auf einem Entwurf der holsteinischen Provinzialstände und lehnte sich im übrigen an die revidierte preußische Städteordnung von 1831 an. Das Selbstverwaltungsrecht der Städte wurde dadurch sogar beschränkt.

„Flecken" bestanden neben den Städten als besonders organisierte gemeindliche Selbstverwaltungseinheiten. In Schleswig beruhten sie auf unterschiedlichen rechtlichen Grundlagen, lediglich in Holstein gab es später die „Allgemeine Fleckensordnung" vom 29. 10. 1864.

2. Die kommunale Selbstverwaltung in der preußischen Provinz

Nach dem Krieg 1866 zwischen Österreich und Preußen wurde Schleswig-Holstein als preußische Provinz in das Königreich Preußen durch Dekret vom 19. 1. 1867 eingegliedert. Von da an begann eine schrittweise Übernahme preußischen Rechts in die neue Provinz, wobei der preußische Staat gerade im Kommunalrecht in unterschiedlicher Weise den regionalen und geschichtlichen Besonderheiten Schleswig-Holsteins Rechnung trug.

Das „Gesetz betreffend die Verfassung und Verwaltung der Städte und Flecken in der Provinz Schleswig-Holstein" wurde am 14. 4. 1869 (GS S. 589) als erstes erlassen. Es berücksichtigte Gedanken der Schleswig-Holsteinischen Städteordnung von 1848, der Holsteinischen Städteordnung von 1854 sowie solche der Preußischen Städteordnung von 1853. Diese Städte- und Fleckensordnung hatte liberale Züge und betonte die Selbstverwaltung. In Teilen des Landes galt sie bis zur Einführung der Deutschen Gemeindeordnung am 30. 1. 1935.

Als kommunale Organe schuf die „Städte- und Fleckensordnung" den Magistrat, der „die Obrigkeit der Stadt und leitende kommunale Verwaltungsbehörde" war, sowie als willensbildende, politisch repräsentative Vertretung die Stadtverordnetenversammlung. Eine Besonderheit dieser Städte- und Fleckensordnung war die gemeinschaftliche Beratung und Beschlußfassung durch Magistrat und Stadtverordnetenversammlung (§§ 50, 51 StFlO). Ein Beschluß war erst dann wirksam, wenn ihm beide Gremien zugestimmt hatten. Man sprach hier von der sog. echten Magistratsverfassung, weil der Magistrat der Stadtverordnetenversammlung nicht untergeordnet war.

Lauenburg war ein eigenständiges Herzogtum und erhielt am 18. 12. 1870 (Offizielles Wochenblatt, S. 521) für Städte und Flecken ein eigenes Gesetz, denn es wurde erst 1876 in die Provinz Schleswig-Holstein eingegliedert.

Für die Landgemeinden in Schleswig-Holstein schuf erstmals die preußische Verordnung vom 22. 9. 1867 (GS S. 1603f.) einheitliche Rechtsgrundlagen, die ebenfalls besondere Eigentümlichkeiten in Schleswig-Holstein berücksichtigte, auch wenn sie sich an das preußische „Gesetz betreffend die Landgemeindeverfassung in den sechs östlichen Provinzen Preußens" vom 14. 4. 1856 (GS S. 359) anlehnte. Diese Verordnung bildete die Grundlage der Weiterentwicklung der Verfassung der Landgemeinden.

Allerdings blieben neben den neuen Landgemeinden die selbständigen Gutsbezirke bestehen. Als Ende 1868 die Gemeindegliederung abgeschlossen war, gab es in der Provinz Schleswig-Holstein 1724 Landgemeinden und 360 Gutsbezirke. Die Bestimmungen der VO-LG wurden im Herzogtum Lauenburg durch das „Gesetz betreffend die Verhältnisse der Landgemeinden im Kreise Herzogtum Lauenburg" vom 2. 11. 1874 in Kraft gesetzt. Nach der Eingliederung in die Provinz Schleswig-Holstein galt es als Provinzialrecht dort weiter.

Erst das preußische „Gesetz betreffend die Einführung der Landgemeindeordnung für die sieben östlichen Provinzen der Monarchie" vom 3. 7. 1891 (GS S. 147) das durch Gesetz vom 4. 7. 1892 als „Landgemeindeordnung für die Provinz Schleswig-Holstein" (GS S. 155) auch in Schleswig-Holstein eingeführt wurde, brachte einen Abschluß der Entwicklung.

Einen Sonderstatus erhielt Helgoland als es durch das „Reichsgesetz vom 15. 12. 1890 betreffend die Vereinigung von Helgoland mit dem Deutschen Reich" (RGBl. S. 207) diesem eingegliedert und durch das

Einführung

preußische „Gesetz betreffend die Vereinigung der Insel Helgoland mit der preußischen Monarchie" vom 18. 2. 1891 (GS S. 11) eine Landgemeinde im Kreis Süderdithmarschen wurde. Helgoland war von 1922 bis 1932 sogar ein eigener Kreis, bevor es 1932 dem Kreis Pinneberg zugeordnet wurde.

1867 wurde für Schleswig-Holstein mit den Kreisen eine ganz neue kommunale Organisationsform geschaffen. Sie wurde eingeleitet durch die preußische „Verordnung betreffend die Organisation der Kreis- und Distriktbehörden sowie der Kreisvertretung in der Provinz Schleswig-Holstein" vom 22. 9. 1867 (GS S. 1587), die die Kreisgliederung in Anlehnung an preußische Verhältnisse durchführte. Dabei wurden jedem Kreis mehrere Städte, Flecken, Harden, Kirchspiele und Güter zugeteilt und zwar unter Berücksichtigung historischer Grenzen der bisherigen Verwaltungseinheiten.

Organe des Kreises waren der vom König bestellte Landrat, der die Verwaltung des Kreises leitete und der Kreistag, auf dem sich die Kreisstände zur Kreisversammlung zusammenfanden. Der Kreistag war als Versammlung der Kreisstände noch kein echtes Kollegialorgan, hatte allerdings schon die Aufgabe der Vertretung und Verwaltung der Selbstverwaltungsangelegenheiten des Kreises und zwar unter der Leitung des Landrates. Die Zusammensetzung des Kreistages wurde durch die Kreisstände, nämlich die Städte, Landgemeinden und Großgrundbesitzer bestimmt, die eine festgelegte Zahl von Abgeordneten dorthin entsandten.

Eine neue Kreisordnung wurde durch Gesetz vom 26. 5. 1888 (GS S. 139) eingeführt. Die bisherigen ständischen Elemente wurden reduziert, der Kreis entstand jetzt als kommunaler Verband höherer Ordnung mit eigenem Gebiet und eigener Einwohnerschaft. Er erhielt das Vorschlagsrecht für den Landrat und mit dem Kreisausschuß ein weiteres Verwaltungsorgan für die Selbstverwaltungsangelegenheiten.

3. Kommunalrecht in der Zeit von 1918–1945

Mit der Weimarer Reichsverfassung ergaben sich wesentliche Änderungen auch für den Bereich des schleswig-holsteinischen Kommunalrechts, das weiterhin Bestandteil des preußischen Landesrechts blieb. Durch Art. 127 der Reichsverfassung erhielt die kommunale

Selbstverwaltung eine institutionelle Garantie im Rahmen des Grundrechtskatalogs. Auch im kommunalen Wahlrecht wurde wie auf Landes- und Reichsebene durch Abschaffung des Dreiklassenwahlrechts die Wahlrechtsgleichheit hergestellt.

Für Schleswig-Holstein mit seiner Struktur war wichtig, daß das preußische Gesetz vom 27. 12. 1927 (GS S. 211) die besondere kommunalverfassungsrechtliche Stellung der Gutsbezirke beseitigte. Sie wurden zu Gemeinden umgewandelt.

Zum Ende der Weimarer Republik wurden Pläne zu einer grundlegenden Reform der kommunalen Selbstverwaltung, die im Zusammenhang mit einer diskutierten Reichsreform standen, nicht mehr verwirklicht.

Unmittelbar nach der Machtergreifung der Nationalsozialisten 1933 im Reich wurden von diesen zumeist auch die Macht in den Rathäusern der Gemeinden übernommen. Das Führerprinzip wurde unter Beseitigung des geltenden Rechts eingeführt, Wahlen fanden nicht mehr statt. Im Freistaat Preußen führte der nun nationalsozialistisch beherrschte Gesetzgeber mit dem „Gemeindeverfassungsrecht und Gemeindefinanzgesetz" vom 15. 12. 1933 (GS S. 427) ein einheitliches Kommunalrecht in Preußen ein.

Ein einheitliches materielles und formelles Kommunalrecht wurde im Deutschen Reich erstmals durch die „Deutsche Gemeindeordnung" (DGO) vom 30. 1. 1935 (RGBl. S. 49) eingeführt. Viele Regelungen der DGO waren reine Verwaltungsvorschriften, die mit dem Wesen des Nationalsozialismus nichts zu tun hatten. Bauten sie doch zum Teil auf Entwürfen noch aus der Zeit vor 1933 auf. Dies galt vor allen Dingen für den Bereich des Gemeindewirtschaftsrechts. Die entscheidenden Organisationsstrukturen enthielten nationalsozialistische Vorstellungen. Das „Führerprinzip" wurde zum Organisationsprinzip auf kommunaler Ebene und im übrigen wurden die Gemeindebehörden praktisch zu nachgeordneten Dienststellen der Reichsverwaltung, da die Länder praktisch aufgehört hatten zu bestehen.

4. Der Wiederaufbau der kommunalen Selbstverwaltung nach 1945

Die Verwaltungen in den Gemeinden und Gemeindeverbänden waren nach Kriegsende die einzigen arbeitsfähigen Einrichtungen, die blei-

Einführung

bende Verdienste bei der Erledigung der besonders schwierigen öffentlichen Aufgaben jener Zeit erwarben. Die erste neue gesetzliche Grundlage für die kommunale Selbstverwaltung stellte die Verordnung Nr. 21 der britischen Militärregierung vom 1. 4. 1946 dar. Sie übernahm zwar weitgehend Bestimmungen der Gemeindeordnung von 1935, die allerdings im Organisationsbereich von dem typischen nationalsozialistischen Gedankengut befreit worden war. Die ersten freien Kommunalwahlen fanden am 15. 9. 1946 auf der Grundlage des neuen Besatzungsrechts statt.

Von jetzt an entwickelte sich ein eigenständiges schleswig-holsteinisches Kommunalrecht, das zum Teil an bewährte Traditionen anknüpfte, zum Teil neue Wege beschritt. So beschloß der erste frei gewählte Landtag am 6. 8. 1947 die Amtsordnung. Sie nahm die Idee der Dithmarscher Kirchspielslandgemeinden auf und schuf für alle amtsangehörigen Gemeinden in der Amtsverwaltung eine gemeinsame Verwaltung, die bei Belassung der Selbständigkeit der kleinen Gemeinden deren Leistungsfähigkeit zusammenfassen und stärken sollte.

Dagegen konnten erst nach der Gründung der Bundesrepublik und der Verabschiedung der schleswig-holsteinischen Landessatzung als vorläufige Verfassung des Landes – die nun vom Landtag beschlossene Gemeindeordnung vom 24. 1. 1950 (GVOBl. S. 25), die am 27. 2. 1950 beschlossene Kreisordnung (GVOBl. S. 49) sowie die neu gefaßte und modifizierte Amtsordnung vom 29. 3. 1950 (GVOBl. S. 67) in Kraft treten. So kam die Neuordnung des Kommunalrechts zum Abschluß. Man griff dabei wieder stärker auf deutsche Selbstverwaltungstraditionen zurück und beseitigte die britischen Organisationsformen (vgl. Lauritz Lauritzen [Hrsg.], Die Selbstverwaltung in Schleswig-Holstein, Handkommentar zu GO, AmtsO, Kreisordnung und Landessatzung, Kiel, 1950, S. 15 ff.).

In der Folgezeit hielten sich Änderungen der Kommunalverfassung in engen Grenzen. So wurde die Magistratsverfassung modifiziert, um den Fraktionen entsprechend ihrer Stärke in der Vertretung mehr Einfluß auf die Zusammensetzung des Magistrats zu geben, wurde ein ausschließliches Vorschlagsrecht für die Wahl hauptamtlicher Stadträte geschaffen und für die Wahl eine Zweidrittelmehrheit vorgeschrieben. Diese Regelung bestätigte das Bundesverfassungsgericht (BVerfGE 38, S. 258).

Bedeutsam war ferner die Änderung, die durch die Gemeindehaushaltsreform im Rahmen des Gesetzes vom 17. 5. 1972 (GVOBl. S. 54) durchgeführt wurde. Damit wurde das praktisch seit 1935 im Rahmen der DGO geschaffene kommunale Haushaltsrecht modernen finanzpolitischen und haushaltspolitischen Vorstellungen angepaßt. Weitere Gesetzesänderungen reduzierten die noch vorhandenen Genehmigungsvorbehalte. Im übrigen blieben die Grundstrukturen des kommunalen Verfassungsrechts trotz gewisser Änderungen seit 1950 erhalten. Die von der Bevölkerung gewählten Vertretungskörperschaften (Gemeindevertretung, Stadtvertretung und Kreistag) waren oberste, willensbildende Organe der Kommunen. Ihnen standen aber das verwaltungsleitende Organ (Bürgermeister, Magistrat, Kreisausschuß) gegenüber. Dies bedeutete aber keineswegs eine Art Gewaltenteilung auf der gemeindlichen Ebene. Kommunale Vertretungen sind keine – auch wenn in politischen Diskussionen zunehmend davon gesprochen wird – kommunalen Parlamente. Sie sind vielmehr gewählte Verwaltungsorgane der Gemeinde, denen das kommunale Verfassungsrecht gegenüber den anderen gemeindlichen Organen besondere Rechte zugewiesen hat. Kommunale Mandatsträger sind daher auch keine Parlamentarier.

II. Kommunale Verfassungsstrukturen nach der kommunalen Verfassungsreform 1990 bis 1995

Die Kommunalverfassung wurde in Schleswig-Holstein nach 1989 intensiv diskutiert. Die ursprüngliche Absicht, eine Verfassungsreform in einem Schritt durchzuführen, ließ sich nicht verwirklichen. In einer ersten Stufe wurden die direkten Beteiligungsrechte der Bürger durch die Einführung plebiszitärer Elemente (z. B. Einwohnerversammlung, Einwohnerantrag, Bürgerbegehren, Bürgerentscheid, Einwohnerfragestunde, Öffentlichkeit von Ausschußsitzungen, etc.) gestärkt (Gesetz vom 23. 3. 1990 GVOBl. S. 134; Gemeindeordnung neu bekanntgemacht am 2. 4. 1990, GVOBl. S. 159, berichtigt am 24. 4. 1991, GVOBl. S. 255). Der gleichzeitig eingeführte Zwang in Gemeinden mit mehr als 10000 Einwohnern eine hauptamtliche Gleichstellungsbeauftragte einstellen zu müssen, führte zu einer Kommunalverfassungsbeschwerde, die das Bundesverfassungsgericht als unbegründet zurückwies (BVerfGE 91, S. 228; Die Gemeinde 1995, S. 48, dazu Borchert, Kommunale Organisationshoheit und Gleichstellungsbeauftragte, Die Gemeinde 1995, S. 45).

Bevor weitere Stufen der Kommunalverfassungsreform beschlossen wurden, beschäftigte sich eine Enquetekommission des Landtags 1992 mit Empfehlungen für die Weiterführung der Reform. Die Enquetekommission legte ihren Schlußbericht (LT-Drucksache 13/1111) im Juni 1993 vor.

Die zweite Stufe bestand darin, die Amtsverfassung zu reformieren. Dies geschah durch das Gesetz vom 23. 12. 1993 (GVOBl. 1994 S. 2; Neubekanntmachung der Amtsordnung am 19. 1. 1994 (GVOBl. S. 75). Man berücksichtigte weitgehend dabei Vorschläge des Schleswig-Holsteinischen Gemeindetags (vgl. dazu Borchert, Vorschläge des Schleswig-Holsteinischen Gemeindetags zur Weiterentwicklung der Amtsordnung, Die Gemeinde 1992, S. 67ff.). Geändert wurde insbesondere das Wahlverfahren für den Amtsvorsteher, die Größe der Amtsausschüsse und die Stellung des leitenden Verwaltungsbeamten des Amtes. Die Amtsordnung wurde allerdings durch das Gesetz zur Änderung des kommunalen Verfassungsrechts 1995 vom 20. 12. 1995 (GVOBl. 1996 S. 33) erneut modifiziert.

Der Abschluß der Kommunalverfassungsreform wurde durch das Gesetz zur Änderung des kommunalen Verfassungsrechts 1995 (GVOBl. 1996 S. 33) herbeigeführt. Im Zentrum dieser Änderung stand die Einführung der Direktwahl der hauptamtlichen Bürgermeister und Landräte (vgl. dazu Thesen des Schleswig-Holsteinischen Gemeindetags zu Voraussetzungen und Konsequenzen für die Einführung der Direktwahl der Bürgermeister, Die Gemeinde 1995, S. 3/4), die Abschaffung der bisherigen Magistrate und Kreisausschüsse, die Konzeption eines neuen Hauptausschusses für Gemeinden, Städte und Kreise sowie eine stärkere Aufgabentrennung zwischen der hauptamtlichen Verwaltung und der ehrenamtlichen Seite. Damit sollte auch modernen Tendenzen in der Verwaltung Rechnung getragen werden. Außerdem wurden die Ausschließungsgründe überarbeitet, die Unvereinbarkeitsgründe von Amt und Mandat eingeschränkt, die Bildung sonstiger Beiräte ermöglicht sowie die Beteiligung von Kindern und Jugendlichen an den Planungen geregelt. Ferner wurden für das Entschädigungsrecht neue Grundsätze aufgestellt, Heilungsvorschriften für das Satzungsrecht geschaffen und eine kommunalverfassungsrechtliche Experimentierklausel eingeführt.

1. Die ehrenamtlich verwalteten Gemeinden

In Schleswig-Holstein gab und gibt es unterschiedliche Gemeindeverfassungstypen, die aber durch die Reform von 1996 reduziert wurden. So war und ist das dualistische Verfassungssystem auf die hauptamtlich verwalteten Gemeinden und Städte beschränkt. In den ehrenamtlich verwalteten Gemeinden und Städten dagegen ist der Bürgermeister zugleich Vorsitzender der Vertretung (§ 50 Abs. 1 GO), während diese Funktion in hauptamtlich verwalteten Kommunen der Bürgervorsteher wahrnimmt (§ 33 Abs. 4 GO). Er vertritt die Gemeindevertretung in gerichtlichen Verfahren. Eine echte „Bürgermeisterverfassung" gab und gibt es also in den ehrenamtlich geleiteten Gemeinden, eine „unechte Bürgermeisterverfassung" in den hauptamtlich verwalteten Gemeinden, weil die Vertretung oberstes Organ ist und Entscheidungen bisher jederzeit an sich ziehen kann (§ 27 Abs. 1 GO).

Die Gemeindeversammlung, in der alle gemeindlichen Angelegenheiten durch Beschlußfassung aller Bürger direkt entschieden werden, kennt die Gemeindeordnung in Schleswig-Holstein als einzige in Deutschland und zwar in Gemeinden unter 70 Einwohner (§ 54 GO). Es existiert keine Vertretung in diesen 27 Gemeinden, hier wird direkte Demokratie praktiziert.

Von 1129 Gemeinden und Städten werden in Schleswig-Holstein 1024 ehrenamtlich verwaltet. Der Bürgermeister ist zugleich Vorsitzender der Vertretung und für die Durchführung der Beschlüsse verantwortlich. Die Gemeinde verfügt in der Regel allerdings über keine eigene Verwaltung, diese wird vielmehr vom Amt gestellt. Es gibt keine starre Grenze zwischen Ehren- und Hauptamtlichkeit. Ab 2000 Einwohner kann eine Gemeinde, wenn sie amtsfrei ist, einen hauptamtlichen Bürgermeister haben. Erst ab 5000 Einwohnern muß bei Amtsfreiheit ein hauptamtlicher Bürgermeister vorhanden sein (§ 48 Abs. 1 GO; für Städte § 60 Abs. 1 GO).

Einführung

Zum Amt, das die Beschlüsse der gemeindlichen Vertretungen ausführt, hält der Bürgermeister die Verbindung, da er gesetzliches Mitglied des Amtsausschusses ist. Die wirkungsvolle Aufgabenerfüllung wird maßgeblich durch das Zusammenspiel zwischen ehrenamtlichen Bürgermeister und Amtsverwaltung erzielt. Ein starres System besteht auch hier nicht, weil mit Zustimmung der Kommunalaufsicht die ehrenamtlich geleitete Gemeinde auch bestimmte Aufgaben selbst durchführen kann (§ 3 Abs. 1 Satz 2 AO). Grundsätzlich bleibt die Gemeinde im übrigen Träger der Aufgaben, sie kann aber auch Selbstverwaltungsaufgaben mit anderen gemeinsam auf das Amt übertragen (§ 5 AO) (vgl. Bernd Becker, Gemeinde und Amt, Verw. Wiss. Abhandlungen 3, Hamburg, 1968).

2. Hauptamtlich verwaltete Gemeinden (Bürgermeisterverfassung)

Der Hauptunterschied zur ehrenamtlich geleiteten Gemeinde liegt in der Stellung des Bürgermeisters, der über eine eigene gemeindliche Verwaltung verfügt. Diese leitet er nach den Grundsätzen und Richtlinien der Vertretung im Rahmen der von ihr bereitgestellten Mittel. Der Bürgermeister ist Organ der Gemeinde und ihr gesetzlicher Vertreter. Er ist verantwortlich für die sachliche Erledigung der Aufgaben, für den Geschäftsgang der Verwaltung, ferner ist er Dienstvorgesetzter der gemeindlichen Mitarbeiter. Durch das Reformgesetz von 1995 sind seine Zuständigkeiten gegenüber der Vertretung stärker abgegrenzt und präzisiert worden. Im übrigen trägt er allein die Verantwortung für die Durchführung der Aufgaben, die der Gemeinde zur Erfüllung nach Weisung übertragen worden sind (§ 55 Abs. 3 GO).

Gewählt wurde der Bürgermeister nach dem alten Recht durch die Vertretung. Ab 1998 erfolgt eine Direktwahl durch die Bevölkerung. Die Hauptsatzung kann eine Wahlzeit von sechs bis acht Jahren festlegen.

Schon bisher gab es in den hauptamtlich verwalteten Gemeinden einen Hauptausschuß, der den Bürgermeister zu kontrollieren und auf die Einheitlichkeit der Verwaltung hinzuwirken hatte. Die Kommunalverfassungsreform 1995 änderte die Aufgabenstellung im Rahmen des neuen § 45 b GO für einzelne Bereiche. Sie brachte im übrigen für den zukünftig direkt gewählten Bürgermeister eine gravierende Verschlechterung, weil er künftig nicht mehr Vorsitzender dieses Ausschusses, sondern nur noch nicht mehr stimmberechtigtes, einfaches Mitglied ist.

3. Die Stadtverfassung

Die Verwaltungsleitung in den Städten lag im Rahmen der preußischen Tradition beim Magistrat als einem kollegialen Verwaltungsorgan. § 59 GO a. F. definierte Städte als Gemeinden mit Magistratsverfassung. Einer Gemeinde kann im übrigen das Stadtrecht verliehen werden, wenn sie mindestens 10 000 Einwohner hat, Unterzentrum oder Stadtrandkern ist und nach Struktur, Siedlungsform und nach anderen, die soziale und kulturelle Eigenart der örtlichen Gemeinschaft bestimmenden Merkmalen städtisches Gepräge hat (§ 59 GO).

Der Magistrat in seiner bisherigen Form war neben der Vertretung und dem Bürgermeister ein weiteres gemeindliches Organ. Ihm gehörten der Bürgermeister sowie ehren- und hauptamtliche Stadträte (letztere nur in größeren Städten) an. Durch das Reformgesetz vom 22. 12. 1995 (GVOBl. 1996 S. 33) wurde der Magistrat als gemeindliches Organ abgeschafft und an seine Stelle trat der Hauptausschuß (§§ 45 a und 45 b GO), der allerdings in Städten nach § 59 Abs. 5 GO durch die Hauptsatzung eine andere Bezeichnung erhalten darf. Damit wollte man den Städten die Möglichkeit einräumen, weiterhin die Bezeichnungen Magistrat bzw. Senat zu führen und so auch den Senatorentitel zu erhalten. Das darf aber nicht darüber hinwegtäuschen, daß es die ursprünglichen Organe Magistrat bzw. Senat nicht mehr gibt. Der Hauptausschuß hat keine Organstellung mehr, er soll koordinierende Funktionen ausführen und im Rahmen moderner Verwaltungsstrukturen Controllingaufgaben wahrnehmen.

In den Städten hat der (Ober)Bürgermeister neue Kompetenzen gewonnen, da er künftig – mit wenigen Ausnahmen – für die Personalentscheidungen zuständig ist und auch ein Weisungsrecht in Selbstverwaltungsangelegenheiten gegenüber den hauptamtlichen Stadträten erhielt.

4. Die Ortsteilverfassung

Eine geringe Bedeutung hat bisher die Möglichkeit für die Gemeinden erlangt, Ortsteile mit besonderen Rechten nach § 47 a GO zu bilden.

Einführung

In einem Ortsteil kann im Wege einer Hauptsatzungsregelung ein Ortsbeirat gebildet werden. Dieser wird von der Gemeindevertretung gewählt. Besondere Regelungen bestehen jedoch für die Großgemeinden im ehemaligen Kreis Eutin. Dort ist eine unmittelbare Volkswahl möglich. Für Ortsbeiräte finden die Vorschriften über die Ausschüsse entsprechende Anwendung.

Der Ortsbeirat hat ein eigenes Antragsrecht in der Vertretung für Angelegenheiten des Ortsteils. Die Hauptsatzung kann ihm auch bestimmte Entscheidungen übertragen (§ 47c Abs. 2 GO). Im übrigen ist er über alle wichtigen Angelegenheiten des Ortsteils zu unterrichten.

5. Die Amtsverfassung

Die schleswig-holsteinischen Ämter und ihre Verfassung tragen dem Umstand Rechnung, daß es in diesem Land eine kleinflächige kommunale Struktur gibt, weil eine Gebietsreform nicht durchgeführt wurde. Mit der Amtsverfassung wird das Ziel verfolgt, die Verwaltungskraft der ehrenamtlich geleiteten Gemeinden insbesondere im ländlichen Raum zu stärken und so die Selbständigkeit der Gemeinden zu erhalten. Seit ihrer Bildung im Jahre 1947 haben sich die Amtsverwaltungen von bloßen „Schreibstuben der Gemeinden" zu leistungsfähigen Verwaltungen des ländlichen Raums entwickelt und eine lebendige Selbstverwaltung in den Gemeinden ermöglicht.

Die Ämter sind Körperschaften des öffentlichen Rechts, aber keine Gebietskörperschaften. Darin sind sie mit den niedersächsischen Samtgemeinden vergleichbar, die allerdings in vielem den Gebietskörperschaften gleichgestellt sind. Dagegen sind die Verbandsgemeinden in Rheinland-Pfalz echte Gebietskörperschaften. Das Amt führt nach den Beschlüssen der Gemeinde die Selbstverwaltungsaufgaben durch (§ 3 AO) und erledigt die ihm von den Gemeinden nach § 5 AO übertragenen Aufgaben. Ferner erledigt das Amt als eigener Aufgabenträger die Weisungsaufgaben (§ 4 AO).

Eine Gebietsreform der Ämter wurde 1966 durchgeführt. Zu diesem Zeitpunkt gab es 69 amtsfreie, überwiegend durch einen hauptamtlichen Bürgermeister verwaltete Gemeinden sowie 215 Ämter mit 1260 Landgemeinden. Bis dahin ging die Amtsordnung von einer Mindesteinwohnerzahl von 3000 aus. Man erhöhte die Zahl auf 5000, um so die Amtsverwaltungen in die Lage zu versetzen, den gestiegenen Anforderungen an eine moderne leistungsfähige Verwaltung gerecht werden zu können. Man zog Schlußfolgerungen aus kommunalwissenschaftlichen Untersuchungen und skandinavischen Erfahrungen. Daher wurden die Ämter auf 119 reduziert, zu denen 1026 ehrenamtlich geleitete Gemeinden gehören.

Die Ämter haben keine unmittelbar von der Bevölkerung gewählte Vertretung. Dies ist bei einer Körperschaft, die kein Gemeindeverband ist, auch nicht nötig (BVerfGE 52, S. 95). *Verwaltungsleitendes Organ des Amtes ist der Amtsausschuß*, der aus den Bürgermeistern der amtsangehörigen Gemeinden besteht und weiteren Mitgliedern, die die Gemeinden entsprechend ihrer Einwohnerzahl entsenden. Der Amtsausschuß tagt öffentlich, trifft alle für das Amt wichtigen Entscheidungen und überwacht deren Durchführung (§ 10 AO).

Der *Amtsvorsteher* ist Organ des Amtes und hat verschiedene Funktionen. Er ist Vorsitzender des Amtsausschusses und leitet die Verwaltung ehrenamtlich nach den Grundsätzen und Richtlinien des Amtsausschusses und im Rahmen der von ihm bereitgestellten Haushaltmittel. Er bereitet die Beschlüsse vor, führt sie durch und ist für die sachliche Erledigung der Aufgaben sowie den Geschäftsgang verantwortlich. Der Amtsvorsteher ist gesetzlicher Vertreter des Amtes, allerdings nur Dienstvorgesetzter des Leitenden Verwaltungsbeamten und nicht der übrigen Mitarbeiter. Der Amtsvorsteher ist der Aufsichtsbehörde für die Durchführung der Weisungsaufgaben verantwortlich (§ 12 Abs. 5 AO). Seit der Änderung der Amtsordnung 1993 gibt es für die Amtsvorsteherwahl gebundene Vorschlagsrechte, um so besser die kommunalpolitischen Mehrheitsverhältnisse in den amtsangehörigen Gemeinden berücksichtigen zu können (vgl. dazu Borchert, Zur Entwicklung der schleswig-holsteinischen Amtsordnung – Kontinuität und Wandel 1947/1993 – in: Die Gemeinde 1994 S. 3).

Der *Leitende Verwaltungsbeamte* des Amtes hat eine besondere Stellung im Amt (§ 15 AO). Die Amtsordnung zählt ihn nicht zu den Organen des Amtes, auch wenn seine besonderen Rechte in diese Richtung weisen. Er führt die Verwaltung unter der Leitung des Amtsvorstehers, ist dessen ständiger Vertreter in Weisungsangelegenheiten und ist Dienstvorgesetzter der Mitarbeiter des Amtes. Der Leitende Verwaltungsbeamte muß die Laufbahnprüfung für den geho-

13

benen Dienst abgelegt haben (§ 15 Abs. 1 AO). In Ämtern mit mehr als 8000 Einwohnern oder mehr als 15 Gemeinden kann das Amt des Leitenden Verwaltungsbeamten dem höheren Dienst zugeordnet werden.

Die Amtsordnung sieht auch vor, daß eine hauptamtlich verwaltete Gemeinde mit eigener Verwaltung, die dem Amt angehört, die Geschäfte des Amts führen kann. Das Verhältnis zwischen dieser Gemeinde und dem Amt ist im § 23 AO besonders geregelt.

Die Ämter finanzieren sich über eine Amtsumlage, die nach den Grundsätzen der Kreisumlage erhoben wird (§ 22 AO). Als Träger von Selbstverwaltungsaufgaben legt das Amt die entstehenden Zweckaufgaben auf die beteiligten Gemeinden um (§ 21 AO).

Die Änderungen 1995 enthielten nur Klarstellungen oder geringe Korrekturen.

6. Formen kommunaler Zusammenarbeit

Zur kommunalen Selbstverwaltung gehört es, daß Gemeinden Aufgaben auch zusammen mit anderen erfüllen können. So soll es insbesondere ermöglicht werden, Aufgaben wirtschaftlicher zu erfüllen, bei denen einzelne Gemeinden sonst vielleicht Schwierigkeiten und hohe Kosten hätten.

Der Gesetzgeber stellt im Rahmen des *Gesetzes über kommunale Zusammenarbeit (GkZ)* vom 1. 4. 1996 (GVOBl. S. 382) dafür besondere Formen zur Verfügung. Die bekannteste und am weitesten verbreitete Einrichtung ist der *Zweckverband*, der schon im preußischen Kommunalrecht bekannt war. Neben dem Zweckverband sind nach § 1 Abs. 2 GkZ noch folgende Formen der Zusammenarbeit möglich: *öffentlich-rechtliche Vereinbarungen* und *Verwaltungsgemeinschaften*.

An kommunalen Zweckverbänden können sich auch andere Träger öffentlicher Verwaltung wie Körperschaften, Anstalten und Stiftungen als Mitglieder beteiligen. Unter bestimmten Voraussetzungen ist nach § 2 Abs. 2 GkZ auch die Mitgliedschaft juristischer und natürlicher Personen des Privatrechts möglich. Der Zweckverband ist eine Körperschaft des öffentlichen Rechts ohne Gebietshoheit (§ 4 GkZ), die über die Dienstherrnfähigkeit verfügt. *Organe des Zweckverbandes* sind die Verbandsversammlung, die aus Repräsentanten der Mitglieder besteht und der – üblicherweise ehrenamtlich tätige – Verbandsvorsteher. Durch Satzung können weitere Organe, z. B. ein Verbandsvorstand, gebildet werden (§ 8 ff. GkZ). Der Verband finanziert sich neben weiteren Einnahmen über eine Verbandsumlage (§ 15 GkZ). Unter bestimmten Voraussetzungen können nach § 7 GkZ *Pflichtverbände* geschaffen oder ein Pflichtanschluß herbeigeführt werden.

Öffentlich-rechtliche Vereinbarungen, die zwischen Gemeinden, Ämtern, Kreisen und Zweckverbänden getroffen werden können, ermöglichen es, daß eine der beteiligten Körperschaften die Aufgaben der übrigen übernimmt oder den übrigen Beteiligten die Mitbenutzung von ihr betriebener Einrichtungen ermöglicht (§ 18 GkZ). Diese Möglichkeit darf nicht mit einem öffentlich-rechtlichen Vertrag nach den §§ 121 ff. LVwG verwechselt werden.

Eine *Verwaltungsgemeinschaft* ermöglicht es, daß ein Beteiligter zur Erfüllung seiner Aufgaben die Verwaltung eines anderen in Anspruch nimmt (§ 19 a GkZ). Grundlage für die Verwaltungsgemeinschaft ist ein öffentlich-rechtlicher Vertrag.

7. Die Kreisverfassung

Seit der Kreisreform im Jahre 1970 bestehen 11 Kreise, die flächenmäßig und einwohnermäßig erhebliche Unterschiede aufweisen. Die Kreise sind von Art. 28 Abs. 2 GG geschützte Gemeindeverbände, für deren *Aufgaben nicht der Allzuständigkeitsgrundsatz* gilt. Die Aufgaben der Kreise sind unterschiedlicher Art. Nach § 2 Abs. 1 KrO sind Kreise nur dann berechtigt und verpflichtet, in ihrem Gebiet alle öffentlichen Aufgaben in eigener Verantwortung zu erfüllen, soweit diese von den kreisangehörigen Gemeinden und Ämtern wegen geringer Leistungsfähigkeit und Größe nicht erfüllt werden können und soweit der Gesetzgeber nicht etwas anderes durch direkte Aufgabenzuweisung bestimmt (Rastede-Entscheidung BVerfGE 78, S. 127). Hier wird eine gewisse Subsidiarität der Kreisaufgaben deutlich.

Besonders wichtig ist daneben die *Ausgleichs- und Ergänzungsfunktion* der Kreise. Nach § 20 KrO sollen die Kreise die Selbstverwaltung der Gemeinden fördern und ergänzen (Ergänzungsfunktion). Ferner sollen die Kreise sich der Aufgaben annehmen, die dazu führen, daß eine gleichmäßige Versorgung der Bevölkerung im Kreisgebiet er-

reicht wird (Ausgleichsfunktion). Umfang und Grenzen dieser Kreisaufgaben waren im Hinblick auf die *Kreisumlage* in der letzten Zeit
Gegenstand verschiedener Gerichtsverfahren, deren Entscheidungen im Ergebnis die Position der Kreise zu Lasten der Gemeinden
stärkte (vgl. Schl.-H. OVG. U. v. 20. 12. 94, Die Gemeinde 1995
S. 116 ff.; BVerwG B. v. 24. 4. 96, Die Gemeinde 1996 S. 206; BVerwG
B. v. 28. 2. 97, Die Gemeinde 1997 S. 177). Im übrigen ist auch bei den
Kreisen zu unterscheiden zwischen freiwilligen und pflichtigen Selbstverwaltungsaufgaben (§ 2 KrO) und den nach Weisung zu erfüllenden
Aufgaben (§ 3 KrO). Als Finanzierungsinstrumente für die Kreisaufgaben stehen neben Mitteln des kommunalen Finanzausgleich praktisch
nur die Kreisumlage zur Verfügung, da die Kreise kaum andere eigene
Einnahmen haben.

Im Wege der Organleihe bedient sich das Land mit Hilfe des *Gesetzes
über die Unteren Landesbehörden (GULB)* des Landrats zur Wahrnehmung bestimmter Aufgaben als Untere Landesbehörde. Der Kreis
hat für diese Aufgaben die notwendigen Personal- und Sachkosten zu
tragen, die im Rahmen des kommunalen Finanzausgleichs als abgegolten gelten (§ 5 GULB).

Organe des Kreises waren bis zur Reform 1995 der *Kreistag*, der
Kreisausschuß und der *Landrat* (§ 7 KrO a. F.). Der Kreistag als Volksvertretung trifft alle für den Kreis wichtigen Entscheidungen und überwacht deren Durchführung (§ 22 KrO). Entscheidungen konnten auch
auf Ausschüsse übertragen werden. Vorsitzender des Kreistages ist
der *Kreispräsident*.

Der Kreisausschuß war bis 1998 das verwaltungsleitende Organ des
Kreises, der Landrat war sein Vorsitzender, acht ehrenamtliche Kreis-
räte wurden vom Kreistag gewählt. Der Kreisausschuß hatte nach den
Grundsätzen und Richtlinien des Kreistages die Verwaltung zu leiten,
die Beschlüsse des Kreistages vorzubereiten und durchzuführen und
er war gesetzlicher Vertreter des Kreises (§ 44 KrO a. F.). Die ehrenamtlichen Kreisausschußmitglieder hatten keine eigenen Sachgebiete, anders als ehrenamtliche Stadträte.

Der *Landrat* als Vorsitzender des Kreisausschusses leitete und beauf-
sichtigte die Verwaltung, führte die Kreisausschußbeschlüsse aus
und ist Dienstvorgesetzter der Mitarbeiter. Er erledigte die Weisungsangelegenheiten in eigener Verantwortung, auch wenn er sich dabei

von den Ausschüssen beraten lassen konnte. Ferner war er für die Erledigung der Aufgaben als allgemeine untere Landesbehörde zuständig.

Das Reformgesetz von 1995 brachte gravierende Änderungen, indem der Kreisausschuß in seiner bisherigen Funktion als ein Organ des Kreises aufgehoben wurde und ein Hauptausschuß an seine Stelle trat (§§ 40a und 40b KrO). Dieser hat koordinierende Funktionen und soll Controllingaufgaben wahrnehmen. Auch die Stellung des Landrats, der künftig direkt vom Volk gewählt werden muß, ändert sich. Er ist nicht mehr Vorsitzender des neuen Hauptausschusses und ist dort nur Mitglied ohne Stimmrecht.

III. Kommunales Finanzsystem

Gemeindeordnung, Amtsordnung und Kreisordnung enthalten relativ wenig unmittelbare Regelungen hinsichtlich der Finanzierung der kommunalen Aufgaben. So legt § 3a GO lediglich fest, daß die Gemeinden die zur ordnungsgemäßen Erfüllung ihrer Aufgaben notwendigen Mittel aus eigenen Einnahmen aufzubringen haben (vgl. auch § 3a Kreisordnung für die Kreise). Durch § 76 Abs. 2 GO wird eine Rangfolge der für die Erfüllung der Aufgaben erforderlichen Einnahmequellen festgeschrieben. Diese haben zunächst aus Entgelten für Leistungen, im übrigen aus Steuern zu bestehen, soweit die sonstigen Einnahmen nicht ausreichen. Dies gilt auch gem. § 57 KrO i. V. m. § 76 Abs. 2 GO für die Kreise. Im übrigen weist § 3a Satz 2 GO (entsprechend § 3a Satz 2 Kreisordnung) darauf hin, daß, soweit die eigenen Finanzquellen nicht ausreichen, das Land unter Berücksichtigung der Steuerkraft und des notwendigen Ausgabenbedarfs der Gemeinden den Finanzausgleich regelt. Diese Einnahmen aus dem Finanzausgleich stellen für die Gemeinden einen erheblichen Anteil ihrer Finanzmittel dar.

Das entscheidende Finanzierungsinstrument der Kreise, die Kreisumlage, ist nicht im Rahmen der Kreisordnung geregelt, sondern deren Regelung erfolgt über § 3a Abs. 2 KrO ebenfalls im Gesetz über den kommunalen Finanzausgleich. Der kommunale Finanzausgleich ist letzten Endes nur ein Teilbereich des gesamten bundesstaatlichen Finanzausgleichs. Den Gemeinden und Gemeindeverbänden steht nach Art. 106 Abs. 7 Satz 1 GG ein von dem Land zu bestimmender Prozentsatz vom Länderanteil am Gesamtaufkommen der sog. Gemeinschaftsteuern zu. Dies sind die Einkommensteuer, die Körperschaftsteuer und die Umsatzsteuer (Art. 106 Abs. 3 GG). Ferner wird durch Landesgesetz festgelegt, ob und wie weit das Aufkommen auch von Landessteuern den Gemeinden und Gemeindeverbänden zufließt (Art. 106 Abs. 7 Satz 2 GG). Schleswig-Holstein hat durch das Finanzausgleichsgesetz i. d. F. des Änderungsgesetzes vom 2. Februar 1994 (GVOBl. S. 119) über das vom Grundgesetz vorgeschriebene verfassungsrechtliche Minimum hinaus ab 1994 die Kommunen auch an seinen Einnahmen aus dem Länderfinanzausgleich, den Bundesergänzungszuweisungen und den Landessteuern beteiligt. Der kommunale Verbundsatz an der Finanzausgleichsmasse wurde durch das Finanzausgleichsänderungsgesetz vom 12. 12. 1995 (GVOBl. S. 484) auf zur Zeit 19,0 % festgesetzt.

Dieser Beteiligungssatz an der durch die Gemeinschaftssteuern und sonstigen Landeseinnahmen gebildeten Finanzausgleichsmasse erhöht oder vermindert sich nach der Revisionsklausel des § 6 FAG, sofern sich das Belastungsverhältnis zwischen dem Land auf der einen Seite, den Gemeinden, Kreisen und Ämtern andererseits verändert. Dies kann der Fall sein durch Verschiebung im Verhältnis ihrer Pflichten oder durch das Zuteilen neuer Einnahmequellen oder deren Entzug auf Grund der Gesetzgebung des Bundes oder auch, wenn sich diese durch Landesgesetzgebung verschieben. Man spricht hier von einer „finanzwirtschaftlichen Schicksalsgemeinschaft" zwischen Land und Gemeinden, da die durch den Steuerverbund gebildete Finanzausgleichsmasse die Grundlage ist.

Die Finanzausgleichsmasse gliedert sich in verschiedene Teilbereiche auf. Die entscheidende Rolle spielen dabei die den Gemeinden und Kreisen zugeführten allgemeinen Finanzzuweisungen, die Schlüsselzuweisungen genannt werden. Sie sollen nicht nur allgemein die kommunale Finanzmasse verstärken, sondern auch die unterschiedliche Steuerkraft der Gemeinden und Kreise in angemessener Weise aneinander angleichen. Diese (allgemeinen) Schlüsselzuweisungen dienen Gemeinden und Kreisen ohne besondere Zweckbindung als allgemeine Deckungsmittel und stärken so die kommunale Selbstverwaltung in Gemeinden und Kreisen zur eigenverantwortlichen Aufgabenerfüllung und ihre Finanzierung. Es stehen etwa ⅔ der Finanzausgleichsmasse für (allgemeine) Schlüsselzuweisungen den Gemeinden und Kreisen zur Verfügung. Das andere Drittel der Finanzausgleichsmasse wird für besondere Teilbereiche des Finanzausgleichs eingesetzt, die eine mehr oder minder deutliche Zweckbindung haben.

Die allgemeinen Schlüsselzuweisungen werden an die Gemeinden dergestalt verteilt, daß die in einer „Ausgangsmeßzahl" ausgedruckte Ausgabenbelastung der jeweiligen Steuerkraft (Steuerkraftmeßzahl) der Gemeinde gegenübergestellt und die Differenz bei geringerer Steuerkraftmeßzahl zur Hälfte ausgeglichen wird (§ 8 Abs. 1 FAG). Diese „Ausgangsmeßzahl" wird für jede Gemeinde durch Vervielfältigung eines vom Innenminister bestimmten „Grundbetrages" mit der Einwohnerzahl der Gemeinde ermittelt. Als Grundbetrag wird derjenige Betrag festgesetzt, dessen Multiplikation mit den Einwohnerzahlen aller Gemeinden gewährleistet, daß die gesamte zur Verfügung stehende Finanzausgleichsmasse bei der Verteilung nicht über- oder unterschritten wird. Die „Steuerkraftmeßzahl" wird durch jede Gemeinde durch Addition bestimmter Hundertsätze (sog. Nivellierungssätze) der Steuermeßbeträge der Grundsteuer und der Gewerbesteuer sowie aus den Ist-Aufkommen der Gemeindeanteile der Einkommensteuer (Steuerkraftzahlen) ermittelt (§ 10 FAG). Rechnerisch erfolgt dies auf Grund folgender Gleichung:

a) Schlüsselzuweisung = (Grundbetrag × Einwohnerzahl) minus Steuerkraftmeßzahl : 2.

   Indem die Summen aller Einwohnerzahlen und Steuerkraftmeßzahlen der Gemeinden anstelle der Einwohnerzahl und Steuerkraftmeßzahl für eine einzelne Gemeinde und die (bekannte) Gesamtmasse der zu verteilenden Schlüsselzuweisungen eingefügt werden, kann so auch der Grundbetrag ermittelt werden, und zwar wie folgt:

   Grundbetrag = 2 × Schlüsselzuweisungen aller Gemeinden plus Steuerkraftmeßzahlen aller Gemeinden : Einwohnerzahlen aller Gemeinden.

b) Sonderschlüsselzuweisungen können besonders steuerschwache Gemeinden erhalten; sie sind nach § 8 Abs. 2 FAG zu berechnen. Dafür wird vom Innenminister ein bestimmter Garantiebetrag ermittelt, der die Grundlage zur Errechnung der Sonderschlüsselzuweisung für die einzelnen Gemeinden anstelle des Grundbetrages ist. Diese Sonderschlüsselzuweisungen reduzieren die allgemeinen Schlüsselzuweisungen.

c) Ferner gibt es noch „Schlüsselzuweisungen für übergemeindliche Aufgaben". Mit diesem Finanzierungsinstrument soll die besondere Aufgabensituation der zentralen Orte, die durch das Gesetz über Grundsätze zur Entwicklung des Landes (i. d. F. vom 31. 10. 1995, GVOBl. S. 364) festgelegt werden. Bislang erhalten insgesamt mehr als $\frac{1}{3}$ dieser besonderen Schlüsselmasse die vier kreisfreien Städte als Oberzentren, den verbleibenden Betrag teilen sich die Mittelzentren, Unterzentren, Stadtrandkerne I. Ordnung, ländliche Zentralorte und Stadtrandkerne II. Ordnung.

d) Die Schlüsselzuweisungsmasse der Kreise und kreisfreien Städte wird im wesentlichen nach einem Verfahren verteilt, das der Ermittlung der Gemeindeschlüsselzuweisung entspricht (§§ 14 Abs. 1, 15 und 16 FAG). Dabei treten die Anteile der kreisfreien Städte an dieser „Kreisschlüsselmasse" zu ihren Anteilen aus der allgemeinen Gemeindeschlüsselmasse hinzu. Eine weitere Besonderheit liegt darin, daß an die Stelle der Steuerkraftmeßzahlen die „Finanzkraftmeßzahlen" treten. Bei den Kreisen sind dies $\frac{2}{3}$ der Steuerkraftzahlen und $\frac{2}{3}$ von 65 % der allgemeinen Schlüsselzuweisungen der jeweiligen kreisangehörigen Gemeinden. Bei den kreisfreien Städten wird die Finanzkraftmeßzahl aus $\frac{2}{3}$ der eigenen Steuerkraftzahlen und $\frac{2}{3}$ von 65 % der eigenen allgemeinen Gemeindeschlüsselzuweisungen ermittelt (§ 16 FAG).

e) Neben diesen Schlüsselzuweisungen gibt es noch im Wege des sog. „Vorwegabzuges" Zuweisungen für bestimmte nicht von allen Kommunen wahrgenommene Aufgaben. So für die Träger von Hauptschulen und Schulen für Lernbehinderte in nicht zentralen Orten sowie die Träger von Realschulen und Gymnasien. Besondere Zuweisungen gibt es für Schülerbeförderungskosten, für Straßenbaulasten der Kreise und Gemeinden und für Theater.

Die Kreisumlage als das wichtigste Finanzierungsinstrument der Kreise ist nicht in der Kreisordnung, sondern auch im Finanzausgleichsgesetz geregelt. Die Kreisumlage deckt mehr als $\frac{1}{3}$ aller Ausgaben der Verwaltungshaushalte der Kreise. Sie wird im Rahmen der

Haushaltssatzung jährlich mit einem v. H.-Satz der „Umlagegrundlagen" durch Kreistagsbeschluß festgelegt. Umlagegrundlagen sind

– die gleichen Steuerkraftzahlen der Gemeinden, die bereits für die Berechnung ihrer (allgemeinen) Schlüsselzuweisungen entscheidend sind und

– die Einnahmen der Gemeinden aus den (allgemeinen) Schlüsselzuweisungen einschließlich der Sonderschlüsselzuweisung.

Die Amtsumlage, mit der die Ämter mehr als die Hälfte der Ausgaben ihrer Verwaltungshaushalte finanzieren, wird nach den gleichen Grundlagen wie die Kreisumlage von den amtsangehörigen Gemeinden erhoben. Diese Regelung ist allerdings nicht im Finanzausgleichsgesetz, sondern in § 22 AO enthalten.

IV. Kommunale Statistik

Die kommunale Selbstverwaltung in Schleswig-Holstein ist in besonderer Weise dadurch geprägt, daß eine kommunale Gebietsreform in der Vergangenheit praktisch nicht durchgeführt worden ist. Wie bereits dargestellt, beschränkte sich diese in der Vergangenheit auf eine Reduzierung der Amtsverwaltungen und auf eine Kreisgebietsreform. In den alten Ländern der Bundesrepublik gab es 8501 selbständige Gemeinden. Davon allein in Schleswig-Holstein 1129. Nur die Länder Bayern (2048) und Rheinland-Pfalz (2303) haben mehr selbständige Gemeinden. In dem großen Bundesland Nordrhein-Westfalen existieren nur noch 396 selbständige Gemeinden. Während in Schleswig-Holstein 957 Gemeinden unter 2000 Einwohner haben, also mehr als 84% der Gemeinden, haben in den alten Bundesländern nur noch 4728 Gemeinden weniger als 2000 Einwohner (also weniger als 50% der Gemeinden).

Nach der Wiedervereinigung gab es in Deutschland 16 069 Gemeinden. Davon lagen 7563 in den neuen Bundesländern, die sich jedoch zwischenzeitlich durch anstehende Gebietsreformen vermindert haben, denn 3580 Gemeinden in den neuen Bundesländern hatten weniger als 500 Einwohner (= 47,3%). Dort haben sogar 87% der Gemeinden weniger als 2000 Einwohner. In diesen Ländern gab es

Einführung

noch 191 Landkreise. Die Kreisgebietsreformen haben aber zu einer deutlichen Verminderung geführt.

In der alten Bundesrepublik gab es 237 Landkreise, davon 11 in Schleswig-Holstein. Hinsichtlich der Größe der Kreise bewegt sich Schleswig-Holstein weitgehend im alten Bundesdurchschnitt. Dies wird daraus ersichtlich, daß acht Kreise in Schleswig-Holstein zwischen 100 000 und 200 000 Einwohner haben, während in den alten Bundesländern dieses 110 sind. In Schleswig-Holstein zählen nur drei Kreise mehr als 200 000 Einwohner, wahrend dies auf Bundesebene 40 Kreise sind.

Die kleinflächige kommunale Gebietsstruktur in Schleswig-Holstein hat natürlich Auswirkungen auf das zahlenmäßige Verhältnis zwischen Bevölkerung und kommunalen Mandatsträgern. Bei einer Bevölkerung von ca. 2,7 Millionen Einwohnern gibt es in Schleswig-Holstein ca. 13 000 kommunale Mandatsträger, d. h. daß auf jeden kommunalen Mandatsträger etwa 211 Einwohner kommen. Dies ist ein ausgesprochen günstiges Verhältnis, wenn man sich vor Augen führt, daß in Nordrhein-Westfalen bei einer Bevölkerung von ca. 17 Millionen Einwohnern in 396 Städten und Gemeinden mit ca. 14 100 kommunalen Mandatsträgern ein kommunaler Abgeordneter mehr als 1200 Einwohner repräsentiert. Auch in Bayern sind insoweit die Verhältnisse ungünstiger. Bei ca. 10,5 Millionen Einwohnern gibt es dort ca. 18 300 kommunale Mandatsträger, so daß das Verhältnis zur Bevölkerung 1 zu 574 ist. Eine schleswig-holsteinische Besonderheit ist außerdem die Stärke der kommunalen Wählergemeinschaften. Bei der Kommunalwahl 1990 konnten sie von 12 278 insgesamt 5232 Mandate erringen. In 233 Gemeinden traten zur Wahl überhaupt nur eine Wählergemeinschaft an.

Einführung

1. Flächen und Bevölkerung der kreisfreien Städte und Kreise sowie Verwaltungseinheiten der Kreise am 31. 12. 1995

Kreisfreie Stadt Kreis	Fläche in km²	Be-völke-rung	Ein-wohner je km²	Zahl der Gemein-den
Flensburg	56,44	87276	1546	1
Kiel	116,82	246033	2106	1
Lübeck	214,16	216986	1013	1
Neumünster	71,56	82028	1146	1
Kreisfreie Städte	458,98	632323	1378	4
Dithmarschen	1436,49	133428	93	117
Herzogtum Lauenburg	1263,01	170058	135	133[a]
Nordfriesland	2049,44	159048	78	137
Ostholstein	1391,54	197378	142	39
Pinneberg	664,27	282538	425	49
Plön	1082,43	125391	116	86
Rendsburg-Eckernförde	2185,75	258040	118	166
Schleswig-Flensburg	2071,52	188129	91	136
Segeberg	1344,32	237083	176	95[b]
Steinburg	1056,25	133184	126	114
Stormarn	766,28	208861	273	55
Kreise	15311,29	2039138	137	1127[a][b]
Schleswig-Holstein	15770,27	2725461	173	1131[a][b]

a) einschließlich Forstgutbezirk Sachsenwald
b) einschließlich Forstgutsbezirk Buchholz

	Davon		
Städte[1]	amtsfreie Gemeinden	amtsangehörige Gemeinden[2]	Zahl der Ämter
1	–	–	–
1	–	–	–
1	–	–	–
1	–	–	–
4	–	–	–
5	1	111	12
5	1	127	11
7	4	126	16
6	10	23	6
7	5	37	7
3	7	76	7
3	8	155	19
3	2	131	18
5	3	87	9
4	1	109	9
6	5	44	5
54	47	1 026	119
58	47	1 026	119

1) ohne die amtsangehörigen Städte Friedrichstadt, Arnis, Krempe
2) einschließlich der amtsangehörigen Städte Friedrichstadt, Arnis, Krempe

Einführung

2. Gemeinden mit einer Bevölkerung von 10000 und mehr Personen am 30. 6. 1996

Lfd. Nr.	Gemeinde		Kreis	Bevöl- kerung
1	Kiel, Landeshauptstadt		–	244805
2	Lübeck, Hansestadt		–	216135
3	Flensburg,	Stadt	–	86726
4	Neumünster,	Stadt	–	81861
5	Norderstedt,	Stadt	Segeberg	69966
6	Elmshorn,	Stadt	Pinneberg	47042
7	Pinneberg,	Stadt	Pinneberg	39070
8	Itzehoe,	Stadt	Steinburg	34282
9	Wedel,	Stadt	Pinneberg	31762
10	Rendsburg,	Stadt	Rendsburg-Eckernförde	30897
11	Ahrensburg,	Stadt	Stormarn	28542
12	Geesthacht,	Stadt	Herzogtum Lauenburg	27965
13	Schleswig,	Stadt	Schleswig-Flensburg	26495
14	Reinbek,	Stadt	Stormarn	24492
15	Henstedt-Ulzburg		Segeberg	23538
16	Bad Oldesloe,	Stadt	Stormarn	23309
17	Eckernförde,	Stadt	Rendsburg-Eckernförde	22928
18	Husum,	Stadt	Nordfriesland	21491
19	Heide,	Stadt	Dithmarschen	20649
20	Bad Schwartau,	Stadt	Ostholstein	19957
21	Quickborn,	Stadt	Pinneberg	19295
22	Uetersen,	Stadt	Pinneberg	18147
23	Mölln,	Stadt	Herzogtum Lauenburg	18083
24	Eutin,	Stadt	Ostholstein	17051
25	Kaltenkirchen,	Stadt	Segeberg	16748
26	Schenefeld,	Stadt	Pinneberg	16171

Lfd. Nr.	Gemeinde		Kreis	Bevöl- kerung
27	Stockelsdorf		Ostholstein	16 148
28	Glinde,	Stadt	Stormarn	16 074
29	Neustadt in Holstein,	Stadt	Ostholstein	15 665
30	Bad Segeberg,	Stadt	Segeberg	15 664
31	Halstenbek		Pinneberg	15 564
32	Preetz,	Stadt	Plön	15 161
33	Ratekau		Ostholstein	14 625
34	Brunsbüttel,	Stadt	Dithmarschen	14 060
35	Rellingen		Pinneberg	13 556
36	Ratzeburg,	Stadt	Herzogtum Lauenburg	12 896
37	Plön,	Stadt	Plön	12 822
38	Glückstadt,	Stadt	Steinburg	12 395
39	Schwarzenbek,	Stadt	Herzogtum Lauenburg	12 393
40	Bargteheide,	Stadt	Stormarn	12 389
41	Kronshagen		Rendsburg-Eckernförde	12 180
42	Tornesch		Pinneberg	12 170
43	Lauenburg/Elbe,	Stadt	Herzogtum Lauenburg	11 882
44	Bad Bramstedt,	Stadt	Segeberg	11 347
45	Scharbeutz		Ostholstein	10 982
46	Barsbüttel		Stormarn	10 885
47	Harrislee		Schleswig-Flensburg	10 848
48	Malente		Ostholstein	10 641
49	Büdelsdorf		Rendsburg-Eckernförde	10 515
50	Kappeln,	Stadt	Schleswig-Flensburg	10 138
51	Wahlstedt,	Stadt	Segeberg	10 072
52	Oldenburg in Holstein,	Stadt	Ostholstein	10 004

Einführung

3. Gemeinden und Bevölkerung nach der Gemeindegröße

Gemeindegrößenklasse[1] von ... bis unter ... Einwohner	Gemeinden[2]			
	25. 05. 1987		31. 12. 1996	
	Anzahl	%	Anzahl	%
Unter 200	162	14,3	144	12,8
200 – 500	336	29,7	310	27,5
500 – 1 000	297	26,3	299	26,5
1 000 – 2 000	158	14,0	181	16,0
2 000 – 5 000	90	8,0	103	9,1
5 000 – 10 000	41	3,6	40	3,5
10 000 – 20 000	27	2,4	32	2,8
20 000 – 50 000	13	1,2	15	1,3
50 000 – 100 000	3	0,3	3	0,3
100 000 – 200 000	–	–	–	–
200 000 – 500 000	2	0,2	2	0,2
500 000 und mehr	–	–	–	–
Insgesamt	**1129**	**100**	**1129**	**100**

---

1) Die Gemeinden wurden entsprechend ihrer Bevölkerungszahl am jeweiligen Zählungsstichtag zugeordnet.
2) ohne Forstgutbezirke Buchholz und Sachsenwald (gemeindefreie Gebiete)
Hinweis: Angaben für 1880 bis 1939 in HistStat, S. 17. Kreiszahlen (Gebietsstand vor der Neuordnung von Kreisgrenzen 1970) für 1946 siehe StHb (S. 21 ff.), für 1950 StJb 52, für 1953 StJb 54.
Quelle: Statistisches Jahrbuch 1997 Hrsg. Statistisches Landesamt Schleswig-Holstein

Bevölkerung			
25. 05. 1987		31. 12. 1996	
Personen	%	Personen	%
20263	0,8	17717	0,6
112497	4,4	104389	3,8
213729	8,4	215115	7,8
221012	8,7	249833	9,1
279185	10,9	312954	11,4
299871	11,7	281621	10,3
370388	14,5	439240	16,0
356731	14,0	423450	15,4
232301	9,1	238573	8,7
–	–	–	–
448264	17,5	459401	16,8
–	–	–	–
2554241	**100**	**2742293**	**100**

Einführung

4. Ämter am 31. 12. 1996 nach der Größe

Anzahl der Gemeinden[1] im Amt	Anzahl der Ämter insgesamt	Davon mit ... Einwohnern			
		1000 bis 1999	2000 bis 2499	2500 bis 2999	3000 bis 3499
2	3	–	1	–	–
3	6	–	1	–	–
4	14	2	–	–	1
5	11	–	–	–	–
6	11	–	–	–	–
7	13	–	–	–	–
8	11	–	–	–	–
9	6	–	–	–	–
10	10	–	–	–	–
11	5	–	–	–	–
12	3	–	–	–	1
13	7	–	–	–	–
14	6	–	–	–	–
15	2	–	–	–	–
16	3	–	–	–	–
17	3	–	–	–	–
18	2	–	–	–	–
19	2	–	–	–	–
20 und mehr	1	–	–	–	–
Insgesamt	**119**	**2**	**2**	**–**	**2**

1) einschließlich Forstgutsbezirke Buchholz und Sachsenwald (gemeindefreie Gebiete)

Quelle: Stat. Jahrbuch Schleswig-Holstein 1997

3500 bis 3999	4000 bis 4999	5000 bis 5999	6000 bis 6999	7000 bis 7999	8000 bis 8999	9000 bis 9999	10000 und mehr
1	–	–	–	–	–	1	–
1	1	1	1	–	–	–	1
–	2	3	1	2	1	–	2
–	1	2	3	1	3	1	–
–	2	1	2	2	2	–	2
–	–	5	4	1	1	–	2
–	1	2	2	1	1	2	2
–	1	1	2	–	–	1	1
1	–	1	1	3	1	–	3
–	1	1	1	1	1	–	–
–	–	–	–	–	1	1	–
–	–	1	1	2	2	–	1
–	–	2	–	–	1	2	1
–	1	–	–	1	–	–	–
–	–	–	–	–	2	–	1
–	–	–	–	–	–	2	1
–	–	–	–	–	1	1	–
–	–	–	–	–	1	–	1
–	–	–	–	–	–	–	1
3	**10**	**20**	**18**	**14**	**18**	**11**	**19**

Gemeindeordnung für Schleswig-Holstein (Gemeindeordnung – GO)

in der Fassung vom 23. Juli 1996 (GVOBl. S. 529), geändert durch Gesetz zur Änderung kommunalrechtlicher Vorschriften vom 18. März 1997 (GVOBl. S. 147) und durch Gesetz vom 16. Dezember 1997 (GVOBl. S. 469) mit Berichtigung vom 22. Januar 1998 (GVOBl. S. 35)

und (paragraphenweise zugeordnet)

Landesverordnung zur Durchführung der Gemeindeordnung

vom 4. März 1998 (GVOBl. Schl.-H. S. 141)

Inhaltsverzeichnis

ERSTER TEIL: Grundlagen der Gemeindeverfassung

§ 1 Selbstverwaltung

(1) **Den Gemeinden wird das Recht der freien Selbstverwaltung in den eigenen Angelegenheiten als eines der Grundrechte demokratischer Staatsgestaltung gewährleistet[1]. Sie haben das Wohl ihrer Einwohnerinnen und Einwohner zu fördern. Sie handeln zugleich in Verantwortung für die zukünftigen Generationen.**

(2) **Die Gemeinden sind Gebietskörperschaften.**

---

1) Art. 28 II Grundgesetz
(2) [1]Den Gemeinden muß das Recht gewährleistet sein, alle Angelegenheiten der örtlichen Gemeinschaft im Rahmen der Gesetze in eigener Verantwortung zu regeln. [2]Auch die Gemeindeverbände haben im Rahmen ihres gesetzlichen Aufgabenbereiches nach Maßgabe der Gesetze das Recht der Selbstverwaltung. [3]Die Gewährleistung der Selbstverwaltung umfaßt auch die Grundlagen der finanziellen Eigenverantwortung; zu diesen Grundlagen gehört eine den Gemeinden mit Hebesatzrecht zustehende wirtschaftsbezogene Steuerquelle.
Vgl. Art. 46 Abs. 1 Schl.H. Landesverfassung, „Die Gemeinden sind berechtigt und im Rahmen der Leistungsfähigkeit verpflichtet, in ihrem Gebiet alle öffentlichen Aufgaben zu erfüllen, soweit die Gesetze nicht ausdrücklich etwas anderes bestimmen."
Zur Zulässigkeit der Eingliederung in einen föderativen Verwaltungsverband (Amt) vgl. Bay VfGH vom 2. 3. 1978 – Vf 2 VII – 77 – Gemeinde 1978/213.

(3) Eingriffe in die Rechte der Gemeinden sind nur durch Gesetz oder auf Grund eines Gesetzes zulässig.

DVO – GO

§ 1   Vertretung der Gemeinde bei öffentlichen Anlässen (Repräsentation)

Bei öffentlichen Anlässen wird die Gemeinde durch die Vorsitzende oder den Vorsitzenden der Gemeindevertretung und durch die Bürgermeisterin oder den Bürgermeister vertreten, die ihr Auftreten für die Gemeinde im Einzelfall miteinander abstimmen.

§ 2   Selbstverwaltungsaufgaben

(1)   Die Gemeinden sind berechtigt und im Rahmen ihrer Leistungsfähigkeit verpflichtet, in ihrem Gebiet alle öffentlichen Aufgaben in eigener Verantwortung zu erfüllen, soweit die Gesetze nicht ausdrücklich etwas anderes bestimmen[2]. Die Gemeinden sind nicht verpflichtet, öffentliche Aufgaben selbst zu erfüllen, wenn diese ebensogut auf andere Weise, insbesondere durch Private, erfüllt werden; Absatz 2 bleibt unberührt. Bevor die Gemeinde eine öffentliche Aufgabe übernimmt, die zu erfüllen sie nicht gesetzlich verpflichtet ist, hat sie zu prüfen, ob die Aufgabe nicht ebensogut auf andere Weise, insbesondere durch Private, erfüllt werden kann; § 102 Abs. 1 und 5 sowie § 105 bleiben unberührt.

(2)   Die Gemeinden können durch Gesetz zur Erfüllung einzelner Aufgaben verpflichtet werden.

(3)   Zur Verwirklichung des Grundrechts der Gleichberechtigung[3] von Mann und Frau haben die Gemeinden mit eigener Verwaltung Gleichstellungsbeauftragte[4] zu bestellen. Die Gleichstellungsbeauftragte ist in Gemeinden mit mehr als 10 000 Einwohnerinnen und

---

2) Zur Befassung der Gemeindevertretung mit Bundesangelegenheiten (atomwaffenfreie Zonen), VG Schleswig B. v. 8. 7. 1987, Gemeinde 1988/61; OVG Lüneburg, U. v. 28. 10. 1986 – 5 A 117/85 – Gemeinde 1987/47; (Unterbringung von Asylbewerbern) VG Schleswig, U. v. 10. 2. 1988 – 6 A 13/87 – Gemeinde 1988/190; zu „Atomwaffenfreien Zonen" BVerwG U. v. 14. 12. 1990 – 7 C 37.89 – 7 C 40.89 – Gemeinde 1991/113 ff.

3) Frauenförderungsplan u. Beamtenrecht, VG Schleswig U. v. 22. 10. 1992 – 6 A 127/91 – Gemeinde 1993/19.

4) Zur BAT-Eingruppierung einer Gleichstellungsbeauftragten BAG U. v. 20. 3. 1991 – 4 AZR 471/90 – Gemeinde 1991/281.

Einwohnern grundsätzlich hauptamtlich tätig; das Nähere regelt die Hauptsatzung. Die Hauptsatzung soll im übrigen bestimmen, daß die Gleichstellungsbeauftragte in Ausübung ihrer Tätigkeit unabhängig ist und an den Sitzungen der Gemeindevertretung und der Ausschüsse teilnehmen kann. Ihr ist in Angelegenheiten ihres Aufgabenbereichs auf Wunsch das Wort zu erteilen. Die Bestellung zur Gleichstellungsbeauftragten kann mit der Zustimmung der Mehrheit der gesetzlichen Zahl der Gemeindevertreterinnen und -vertreter oder in entsprechender Anwendung des § 626 BGB widerrufen werden[5].

(4) Die Kreise können Aufgaben der kreisangehörigen Gemeinden nur nach Maßgabe der Kreisordnung in ihre ausschließliche Zuständigkeit übernehmen[6].

DVO – GO

§ 2 Schriftverkehr der Gemeinde

(1) Gemeinden mit Bürgermeisterverfassung und Städte verwenden als Schriftkopf

> Gemeinde X (Stadt X)
> Die Bürgermeisterin
> oder
> Der Bürgermeister

oder die nach § 61 Abs. 2 der Gemeindeordnung festgelegte Bezeichnung „Oberbürgermeisterin" oder „Oberbürgermeister".

(2) Die Bürgermeisterin oder der Bürgermeister zeichnet ohne Zusatz.

Die Stadträtinnen und Stadträte zeichnen „im Auftrage", als Stellvertretende der Bürgermeisterin oder des Bürgermeisters bei deren oder dessen Verhinderung „In Vertretung".

---

5) Vgl. Schl.-H. OVG U. v. 21. 11. 1996 – 2 L 161/96 – Gemeinde 1997, S. 151.
6) Vgl. § 21 KrO zur Abgrenzung der Aufgaben zwischen Kreis und Gemeinden, vgl. OVG Münster v. 2. 10. 1965 – III A 63/65 – Gemeinde 1966/220; OVG Lüneburg v. 8. 3. 1979 – XI A 183/77 – Gemeinde 1979/353; zur Übertragung gemeindlicher Aufgaben durch Gesetz auf den Kreis, BVerfG U. v. 23. 11. 1988 – 2 BvR 1619/83 – Gemeinde 1989/169 (sog. Rastede-Urteil), dazu v. Mutius, Gemeinde 1989/193; Borchert, Kreisaufgaben und Kreisumlage, Gemeinde 1993, S. 239: Kreisumlage, Schl.-H. OVG U. v. 20. 12. 1994 – 2 K 4/94 – Gemeinde 1995, S. 116; BVerwG B. v. 24. 4. 1996 – 7 NB 2.95 – Gemeinde 1996, S. 206; BVerwG B. v. 28. 2. 1997 – 8 N 1.96 – Gemeinde 1997, S. 177.

§ 3 Aufgaben zur Erfüllung nach Weisung

(1) Den Gemeinden können durch Gesetz oder aufgrund eines Gesetzes durch Verordnung Aufgaben zur Erfüllung nach Weisung übertragen werden[7].

(2) Soweit Gemeinden Träger von Aufgaben der Verteidigung sind, haben ihre Behörden die für die Behörden des Landes geltenden Vorschriften über die Geheimhaltung zu befolgen.

§ 3 a Finanzierung der Aufgaben

Die Gemeinden haben die zur ordnungsgemäßen Erfüllung ihrer Aufgaben notwendigen Mittel aus eigenen Einnahmen aufzubringen[8]. Soweit die eigenen Finanzquellen nicht ausreichen, regelt das Land den Finanzausgleich unter Berücksichtigung der Steuerkraft und des notwendigen Ausgabenbedarfs der Gemeinden[9].

§ 4 Satzungen

(1) Die Gemeinden können ihre Angelegenheiten durch Satzungen regeln, soweit die Gesetze nichts anderes bestimmen. Sie haben eine Hauptsatzung zu erlassen[10]. Diese bedarf der Genehmigung[11] der Kommunalaufsichtsbehörde. Die Kommunalaufsichtsbehörde kann die Genehmigung auf Teile der Hauptsatzung beschränken.

(2) Satzungen werden von der Bürgermeisterin oder dem Bürgermeister ausgefertigt[12].

---

7) Art. 46 Abs. 4 der Landesverfassung lautet: „Durch Gesetz können den Gemeinden und Gemeindeverbänden Landesaufgaben übertragen werden."
8) Zur Pflicht der Finanzierung von Weisungsaufgaben, vgl. VG Schleswig, U. v. 11. 11. 1986 – 6 A 561/86 – Gemeinde 1987/50.
9) Vgl. Finanzausgleichsgesetz i. F. des Änderungsgesetzes vom 2. Februar 1994 (GVOBl. S. 119) in Verbindung mit der jährlich anzupassenden DVO; zur Angemessenheit des kommunalen Finanzausgleichs VerfGH NRW U. v. 6. 7. 1993 – VerfGH 9/92, 12/92 – Gemeinde 1993/286.
10) Vgl. die Musterhauptsatzungen im RdErl. MdI vom 16. 9. 1997 (Amtsbl. S. 411).
11) OVG Lüneburg v. 2. 7. 1963 – II A 6/61 – Gemeinde 1965/21; VG Schleswig v. 11. 1. 1996 – 4 A 193/64 – Gemeinde 1966/197; OVG Rhld.-Pf. v. 1. 7. 1974 – 7 A 21/74 – Gemeinde 1975/224; VG Schleswig v. 4. 6. 1975 – 1 A 82/73 – Gemeinde 1975/260 und Berufungsurteil OVG Lüneburg v. 15. 12. 1976 – VII A 261/75 – Gemeinde 1977/122, OVG Lüneburg v. 27. 11. 1979 – VA 71/79 – Gemeinde 1980/132.
12) Zum Zeitpunkt vgl. OVG Lüneburg v. 10. 10. 1974 – III A 20/73 – Gemeinde 1975/124. Für

(3) Ist eine Bebauungsplansatzung oder eine sonstige städtebauliche Satzung nach dem Baugesetzbuch oder nach dem Maßnahmengesetz zum Baugesetzbuch unter Verletzung von Verfahrens- oder Formvorschriften über die Ausfertigung und Bekanntmachung oder von Verfahrens- und Formvorschriften dieses Gesetzes zustande gekommen, so ist die Verletzung unbeachtlich, wenn sie nicht schriftlich innerhalb eines Jahres seit Bekanntmachung der Satzung gegenüber der Gemeinde unter Bezeichnung der verletzten Vorschrift und der Tatsache, die die Verletzung ergibt, geltend gemacht worden ist. Diese Rechtswirkungen treten nur ein, wenn auf sie bei der Bekanntmachung hingewiesen worden ist. Satz 1 gilt nicht, wenn die Vorschriften über die Öffentlichkeit der Sitzung verletzt worden sind.

(4) Absatz 3 gilt entsprechend für Bebauungsplansatzungen und sonstige städtebaulichen Satzungen nach dem Baugesetzbuch oder nach dem Maßnahmengesetz zum Baugesetzbuch, die vor dem 1. April 1996 erlassen worden sind. An die Stelle der Jahresfrist nach Absatz 3 Satz 1 tritt eine Frist, die am 30. September 1997 endet. Eines Hinweises nach Absatz 3 Satz 2 bedarf es nicht.

§ 5 Gebiet

Das Gebiet der Gemeinde soll so bemessen sein, daß die örtliche Verbundenheit der Einwohnerinnen und Einwohner gewahrt wird und die Leistungsfähigkeit der Gemeinde gesichert ist.

§ 6 Einwohnerinnen und Einwohner, Bürgerinnen und Bürger

(1) Einwohnerin oder Einwohner ist, wer in der Gemeinde wohnt.

(2) Bürgerinnen und Bürger der Gemeinde sind die zur Gemeindevertretung wahlberechtigten[13] Einwohnerinnen und Einwohner. Die

---

die öffentliche Bekanntmachung maßgebend die **LandesVO über die örtliche Bekanntmachung und Verkündung** v. 12. 6. 1979 (GVOBl. S. 378) **im Anhang unter 5.11 im Wortlaut abgedruckt.**

13) Siehe Gemeinde- und Kreiswahlgesetz, abgedruckt unter 5; Friedrich, Kommunales Wahlrecht und Wohnsitz in Schleswig-Holstein, Gemeinde 1993/277; zum Begriff „Hauptwohnung" BVerwG U. v. 15. 10. 1991 – 1 C 24.90 – Gemeinde 1993/314.

Bürgerrechte ruhen, solange die Bürgerin oder der Bürger in der Ausübung des Wahlrechts behindert ist.

§ 7 Organe der Gemeinde

Organe der Gemeinde sind die Gemeindevertretung und die Bürgermeisterin oder der Bürgermeister, in Städten die Stadtvertretung und die Bürgermeisterin oder der Bürgermeister.

§ 8 Wirtschaftliche Aufgabenerfüllung

Die Gemeinden haben ihr Vermögen und ihre Einkünfte nach den Grundsätzen der Wirtschaftlichkeit und Sparsamkeit zu verwalten und eine wirksame und kostengünstige Aufgabenerfüllung sicherzustellen.

§ 9 Pflichten und Obliegenheiten des Landes

Das Land schützt die Gemeinden in ihren Rechten und sichert die Erfüllung ihrer Pflichten[14].

§ 10 *(entfällt[15])*

ZWEITER TEIL: Name, Wappen, Flagge und Siegel der Gemeinde

§ 11 Name

(1) Die Gemeinden führen ihre bisherigen Namen[16]. Eine Gemeinde kann ihren Namen mit Genehmigung der Kommunalaufsichtsbe-

---

14) Art. 46 Abs. 3 Landesverfassung lautet: „Das Land sichert durch seine Aufsicht die Durchführung der Gesetze. Das Nähere wird durch Gesetz geregelt."
15) Aufgehoben durch §§ 77 Abs. 2 und 195 Abs. 2 VwGO. Seither gelten für den Rechtsschutz gegen Verwaltungsakte der Gemeinde die Generalklausel der Verwaltungsgerichtsbarkeit und für das Widerspruchsverfahren die §§ 68–76 **Verwaltungsgerichtsordnung, sowie §§ 119, 120 Landesverwaltungsgesetz, im Anhang unter 5.1.**
16) Gemeindenamen und Bahnhofsbezeichnung vgl. BVerwG v. 6. 7. 1979 – 7 C 100/78 – Gemeinde 1980/84. Zu einer Änderung durch Gesetz vgl. BVerfG v. 12. 1. 1982 – 2 BvR 113/81 – in Gemeinde 1982/208.

hörde ändern. Eine neu gebildete Gemeinde bestimmt ihren Namen.

(2) Die Gemeinden können überkommene Bezeichnungen weiterführen. Ist eine Gemeinde oder einer ihrer Ortsteile als Heilbad, Seeheilbad oder Kneipp-Heilbad anerkannt, so kann sie ihrem Namen oder dem des anerkannten Ortsteiles die Bezeichnung Bad beifügen; sie oder der Ortsteil verliert die Bezeichnung mit dem Widerruf der Anerkennung.

(3) Die Stadt Kiel führt die Bezeichnung Landeshauptstadt.

DVO – GO

§ 3 Änderung von Gemeindenamen

(1) Eine Gemeinde ändert ihren Namen nach § 11 Abs. 1 Satz 2 der Gemeindeordnung, wenn sie

1. ihren Eigennamen ändert,

2. die Schreibweise ihres Eigennamens ändert oder

3. eine zweifelhaft gewordene Schreibweise ihres Eigennamens feststellt.

(2) Bei der Änderung und bei der Bestimmung von Namen für neu gebildete Gemeinden sollen Doppelnamen vermieden werden. Zusätze, die die geographische Lage einer Gemeinde erläutern, sollen in Klammern gesetzt werden.

(3) Der Innenminister gibt die Änderung des Gemeindenamens, eine neu gebildete Gemeinde den von ihr bestimmten Namen, im Amtsblatt für Schleswig-Holstein öffentlich bekannt.

§ 12 Wappen, Flagge und Siegel

(1) Die Gemeinden führen Dienstsiegel.

(2) Die Gemeinden führen ihre bisherigen Wappen und Flaggen. Die Annahme neuer und die Änderung von Wappen und Flaggen bedürfen der Genehmigung der Innenministerin oder des Innenministers.

(3) Gemeinden, die zur Führung eines Wappens berechtigt sind, führen dieses in ihrem Dienstsiegel.

DRITTER TEIL: Gemeindegebiet

§ 13 Gebietsbestand

(1) Die Gemeinden bleiben in ihrem bisherigen Gebietsbestand bestehen. Grenzstreitigkeiten entscheidet die Kommunalaufsichtsbehörde.

(2) Jedes Grundstück soll zu einer Gemeinde gehören.

§ 14 Gebietsänderung

(1) Aus Gründen des öffentlichen Wohls können Gemeindegrenzen geändert und Gemeinden aufgelöst oder neu gebildet werden[17].

(2) Wird ein Gemeindegebiet unter Fortbestand der Gemeinde erweitert, bewirkt dies unmittelbar die Änderung von Kreis- und Amtsgrenzen.

DVO – GO

§ 4 Gebietsänderungen

Eine Gebietsänderung nach § 14 der Gemeindeordnung liegt vor,

1. wenn die Gemeindegrenzen unter Fortbestand der Gemeinden geändert werden, indem Teile einer Gemeinde in eine andere Gemeinde eingegliedert werden (Umgemeindung),

2. wenn eine Gemeinde oder ein gemeindefreies Grundstück in eine Gemeinde eingegliedert wird (Eingemeindung),

3. wenn mehrere Gemeinden zu einer neuen Gemeinde zusammengeschlossen werden (Vereinigung),

4. wenn aus Teilen einer oder mehrerer Gemeinden unter Ausgliederung aus diesen oder aus gemeindefreien Grundstücken eine neue Gemeinde gebildet wird (Neubildung) oder

5. wenn das Gebiet einer Gemeinde auf mehrere Gemeinden aufgeteilt wird (Auflösung).

---

17) Zu den Auswirkungen auf die Jagdgenossenschaft vgl. OVG Lüneburg v. 30. 3. 1978 – III A 64/77 – Gemeinde 1978/317.

§ 15 Verfahren

(1) Gebietsänderungen können nach Anhörung der betroffenen Gemeinden sowie des Kreises und des Amtes, dem die Gemeinden angehören, durch Gesetz oder Entscheidung der Kommunalaufsichtsbehörde ausgesprochen werden. Sind Gemeinden verschiedener Kreise betroffen, entscheidet als Kommunalaufsichtsbehörde das Innenministerium.

(2) Gebietsänderungen durch Entscheidung der Kommunalaufsichtsbehörde sind nur zulässig, wenn die betroffenen Gemeinden einverstanden sind. Bewirkt die Entscheidung die Änderung von Kreisgrenzen, müssen auch die betroffenen Kreise einverstanden sein.

(3) Will eine Gemeinde Verhandlungen über eine Gebietsänderung aufnehmen, so hat sie die Kommunalaufsichtsbehörde unverzüglich zu unterrichten.

(4) Die Kommunalaufsichtsbehörde gibt die Gebietsänderung nach Absatz 2 im Amtsblatt für Schleswig-Holstein öffentlich bekannt.

DVO – GO

§ 5   Verfahren und Durchführung

(1) Haben sich Gemeinden über eine Gebietsänderung geeinigt, haben sie dies der zuständigen Kommunalaufsichtsbehörde mit einer eingehenden Darstellung der tatsächlichen Verhältnisse, insbesondere der finanziellen Auswirkungen, zu berichten. Dem Bericht sind beizufügen

1. die Beschlüsse der Vertretungen,
2. Auszüge aus den Sitzungsniederschriften,
3. die Stellungnahmen der angehörten Stellen,
4. einen Auszug aus der Flurkarte oder einer topographischen Karte in einem die Gebietsänderung mit hinreichender Deutlichkeit darstellenden Maßstab und mit farbiger Kennzeichnung der Gebietsänderung,
5. eine vom zuständigen Katasteramt bestätigte Aufstellung der von der Gebietsänderung betroffenen Flurstücke, die auch Angaben über die Größe (Fläche) der Flurstücke enthalten soll.

Die Unterlagen sollen der zuständigen Kommunalaufsichtsbehörde spätestens am 30. September vorliegen.

(2) Die betroffenen Gemeinden sollen für das Wirksamwerden der Gebietsänderung einen in der Zukunft liegenden Zeitpunkt, und zwar den 1. Januar des auf die Einigung folgenden Jahres, vorschlagen.

(3) Gebietsänderungsverträge dürfen keinen der Beteiligten unwirtschaftlich belasten oder unverhältnismäßig begünstigen; laufende Ausgleichszahlungen sollen einen Zeitraum von zehn Jahren nicht überschreiten. Die Kommunalaufsichtsbehörde hat darauf zu achten, daß der Vertrag durchgeführt wird.

(4) Soweit der Wohnsitz oder der dauernde Aufenthalt in der Gemeinde für Rechte und Pflichten maßgebend ist, wird bei einer Umgemeindung oder Eingemeindung die Dauer des Wohnens oder des dauernden Aufenthalts in den eingegliederten Gebietsteilen auf die Dauer des Wohnens oder des dauernden Aufenthalts in der erweiterten Gemeinde angerechnet; bei einer Vereinigung oder Neubildung gilt das Wohnen oder der dauernde Aufenthalt in den einzelnen Gebietsteilen als Wohnen oder dauernder Aufenthalt in der neuen Gemeinde.

(5) Unterschiedliches Ortsrecht innerhalb einer Gemeinde soll spätestens drei Jahre nach Wirksamwerden der Gebietsänderung durch einheitliches Ortsrecht ersetzt werden.

§ 16 Durchführung

(1) Die Gemeinden können die näheren Bedingungen der Gebietsänderung durch Gebietsänderungsvertrag festlegen, insbesondere

1. die Geltung von Gemeindesatzungen nach § 70 des Landesverwaltungsgesetzes und

2. die Auseinandersetzung.

Der Vertrag bedarf der Genehmigung durch die Kommunalaufsichtsbehörde entsprechend § 15 Abs. 1.

(2) Ist eine Regelung nach Absatz 1 Nr. 2 nicht oder nicht vollständig getroffen, entscheidet die Kommunalaufsichtsbehörde.

(3) Der Gebietsänderungsvertrag nach Absatz 1 und die Entscheidung der Kommunalaufsichtsbehörde nach Absatz 2 begründen unmittelbar Rechte und Pflichten der Gemeinden[18] und bewirken den

---

18) Zur Bindungswirkung eines Eingemeindungsvertrages kontrolliert durch Kommunalaufsichtsbehörde vgl. OVG Lüneburg v. 31. 5. 1983 – 5 A 78/71 – Gemeinde 1983/336. Zur Beachtlichkeit einer gesetzeswidrigen vertraglichen Vereinbarung in einem Eingemein-

Übergang, die Beschränkung oder die Aufhebung von dinglichen Rechten. Die zuständigen Behörden sind verpflichtet, das Grundbuch, das Wasserbuch und andere öffentlichen Bücher zu berichtigen.

(4) Die durch die Gebietsänderung erforderlichen Rechtshandlungen sind frei von öffentlichen Abgaben und Verwaltungskosten[19].

DVO – GO

§ 6   Auseinandersetzung

(1) Die Auseinandersetzung nach § 16 der Gemeindeordnung findet nur zwischen den betroffenen Gemeinden statt.

(2) Die Auseinandersetzung soll

1. die durch die Gebietsänderung entstandene Gemeinsamkeit von Rechten und Pflichten der Gemeinden beseitigen und auf die einzelnen Rechtsnachfolgerinnen verteilen (Auseinandersetzung im engeren Sinn).

2. erforderlichenfalls die Interessen der betroffenen Gemeinden in billiger Weise ausgleichen (Ausgleich).

(3) Die Auseinandersetzung im engeren Sinn verteilt insbesondere die Anteile aus dem Finanzausgleich bis zur Feststellung neuer Verteilungsschlüssel, die für das laufende Haushaltsjahr veranlagten Kreis- und Amtsumlagen, das Vermögen und den Kassenbestand. Als Maßstab für die Verteilung kommen insbesondere die Fläche, die Einwohnerzahl oder das Gesamtverhältnis der zu übernehmenden Vorteile und Lasten in Betracht.

(4) Ein Ausgleich kommt in Betracht, wenn

1. eine betroffene Gemeinde durch die Gebietsänderung wesentlich entlastet wird und diese Gemeinde leistungsfähig ist,

2. eine andere betroffene Gemeinde durch die Gebietsänderung wesentlich belastet und dadurch in ihrer Leistungsfähigkeit beeinträchtigt wird oder

3. besondere Billigkeitsgründe einen Ausgleich erfordern.

Bei einem Vergleich der Entlastung oder Belastung können nur die Ausgaben und Aufgaben herangezogen werden, die zur Zeit der Gebietsänderung bestanden. Der Ausgleich kann durch Kapitalzahlungen, befristete Renten und Überführung von Vermögensgegenständen geleistet werden.

---

dungsvertrag vgl. OVG Lüneburg, U. v. 13. 12. 1985 – 1 A 114/84 – Gemeinde 1986/174.

19) VG Schleswig v. 19. 6. 1975 – 8 A 407/73 – Gemeinde 1975/385 und Berufungsurteil OVG Lüneburg v. 2. 8. 1977 – V A 109/75 – Gemeinde 1977/333.

VIERTER TEIL: Einwohnerinnen und Einwohner, Bürgerinnen
und Bürger

§ 16a   Unterrichtung der Einwohnerinnen und Einwohner

(1)   Die Gemeinde unterrichtet die Einwohnerinnen und Einwohner
über allgemein bedeutsame Angelegenheiten der örtlichen Gemeinschaft und fördert das Interesse an der Selbstverwaltung.

(2)   Bei wichtigen Planungen und Vorhaben, die von der Gemeinde
durchgeführt werden, sollen die Einwohnerinnen und Einwohner
möglichst frühzeitig über die Grundlagen, Ziele und Auswirkungen
unterrichtet werden. Sofern dafür ein besonderes Bedürfnis besteht,
soll den Einwohnerinnen und Einwohnern allgemein Gelegenheit zur
Äußerung gegeben werden. Ein Verstoß gegen Satz 1 und 2 berührt
die Rechtmäßigkeit einer Entscheidung nicht. Vorschriften über eine
förmliche Beteiligung oder Anhörung bleiben unberührt.

(3)   Die Unterrichtung kann in den Fällen, in denen die Gemeindevertretung oder ein Ausschuß entschieden hat, durch die Person erfolgen, die jeweils den Vorsitz hat. In allen anderen Fällen unterrichtet
die Bürgermeisterin oder der Bürgermeister.

§ 16b   Einwohnerversammlung

(1)   Zur Erörterung wichtiger Angelegenheiten der Gemeinde soll
mindestens einmal im Jahr eine Versammlung von Einwohnerinnen
und Einwohnern einberufen werden. Sie muß einberufen werden,
wenn die Gemeindevertretung dies beschließt. Versammlungen von
Einwohnerinnen und Einwohnern können auf Teile des Gemeindege-
bietes beschränkt werden.

(2)   Vorschläge und Anregungen der Versammlung von Einwohnerinnen und Einwohnern müssen in einer angemessenen Frist von
den zuständigen Organen der Gemeinde behandelt werden.

(3)   Das Nähere regelt die Hauptsatzung.

§ 16c   Einwohnerfragestunde, Anhörung

(1)   Die Gemeindevertretung kann bei öffentlichen Sitzungen Einwohnerinnen und Einwohnern, die das 14. Lebensjahr vollendet ha-

ben, die Möglichkeit einräumen, Fragen zu Beratungsgegenständen oder anderen Angelegenheiten der örtlichen Gemeinschaft zu stellen und Vorschläge oder Anregungen zu unterbreiten. Die Einwohnerfragestunde ist Bestandteil der öffentlichen Sitzung der Gemeindevertretung.

(2) Die Gemeindevertretung kann beschließen, Sachkundige sowie Einwohnerinnen und Einwohner, die von dem Gegenstand der Beratung betroffen sind, anzuhören. An der Beratung und Beschlußfassung in nichtöffentlicher Sitzung dürfen sie nicht teilnehmen.

(3) Das Nähere regelt die Geschäftsordnung.

§ 16 d Hilfe bei Verwaltungsangelegenheiten

Die Gemeinden beraten im Rahmen ihrer rechtlichen und tatsächlichen Möglichkeiten die Einwohnerinnen und Einwohner und sind bei der Antragstellung für Verwaltungsverfahren behilflich, auch wenn für deren Durchführung eine andere Behörde zuständig ist. Zur Rechtsberatung in fremden Angelegenheiten sind die Gemeinden nicht berechtigt.

§ 16 e Anregungen und Beschwerden

Die Einwohnerinnen und Einwohner haben das Recht, sich schriftlich oder zur Niederschrift mit Anregungen und Beschwerden an die Gemeindevertretung zu wenden. Die Zuständigkeiten der Bürgermeisterin oder des Bürgermeisters werden hierdurch nicht berührt. Antragstellerinnen und Antragsteller sind über die Stellungnahme der Gemeindevertretung zu unterrichten.

§ 16 f Einwohnerantrag

(1) Einwohnerinnen und Einwohner, die das 14. Lebensjahr vollendet haben, können beantragen, daß die Gemeindevertretung bestimmte ihr obliegende Selbstverwaltungsaufgaben berät und entscheidet.

(2) Der Antrag von Einwohnerinnen und Einwohnern muß schriftlich eingereicht werden. Er muß ein bestimmtes Begehren sowie eine Begründung enthalten. Jeder Antrag muß bis zu drei Personen be-

nennen, die berechtigt sind, die Unterzeichnenden zu vertreten; diese sind von der Gemeindevertretung zu hören.

(3) Der Antrag muß von mindestens 5 v. H. der Einwohnerinnen und Einwohner unterzeichnet sein.

(4) Der Antrag braucht nicht beraten und entschieden zu werden, wenn in derselben Angelegenheit innerhalb der letzten zwölf Monate bereits ein zulässiger Antrag gestellt worden ist.

(5) Über die Zulässigkeit des Antrags von Einwohnerinnen und Einwohnern entscheidet die Kommunalaufsichtsbehörde. Zulässige Anträge hat die Gemeindevertretung unverzüglich zu beraten und zu entscheiden.

DVO – GO

§ 7 Einwohnerantrag

(1) Das mit dem Einwohnerantrag nach § 16 f der Gemeindeordnung verfolgte Begehren darf sich nur auf Aufgaben beziehen, für deren Erledigung die Gemeindevertretung zuständig ist. Der Einwohnerantrag kann auch von in der Gemeinde wohnenden Ausländerinnen und Ausländern sowie Jugendlichen unterzeichnet werden; die Antragstellerinnen und Antragsteller müssen das 14. Lebensjahr vollendet haben.

(2) Für die erforderlichen Unterschriften sind Antragslisten oder Einzelanträge zu verwenden, die von jeder Antragstellerin und jedem Antragsteller persönlich und handschriftlich zu unterzeichnen sind; neben der Unterschrift sind Familienname, Vorname, Tag der Geburt, Wohnort mit Postleitzahl, Straße und Hausnummer sowie Datum der Unterzeichnung lesbar einzutragen. Jeder neuen Unterschriftenseite oder jedem Einzelantrag ist der Wortlaut des Antrags voranzustellen.

(3) Der Einwohnerantrag ist bei der Gemeinde einzureichen. Diese leitet ihn ohne die Antragslisten und Einzelanträge unverzüglich der zuständigen Kommunalaufsichtsbehörde zur Prüfung der Zulässigkeit zu. Entspricht der Inhalt des Einwohnerantrags den gesetzlichen Vorschriften, veranlaßt die Kommunalaufsichtsbehörde die Prüfung der Antragslisten und Einzelanträge durch die zuständige Meldebehörde. Die Meldebehörde bescheinigt die Richtigkeit der Eintragungen nach dem Melderegister und teilt das Ergebnis ihrer Prüfung unverzüglich der Kommunalaufsichtsbehörde mit.

(4) Die Kommunalaufsichtsbehörde stellt das Quorum nach § 16 f Abs. 3 der Gemeindeordnung fest; dabei gilt die vom Statistischen Landesamt zum 31. Dezember des vorvergangenen Jahres ermittelte Zahl der Einwohnerinnen und Einwohner der Gemeinde, die das 14. Lebensjahr vollendet haben. Wird das Quorum nicht er-

reicht, kann die Kommunalaufsichtsbehörde bis zur Feststellung des Quorums eine Nachfrist gewähren.

(5) Die Kommunalaufsichtsbehörde stellt den im Einwohnerantrag benannten Vertretungspersonen sowie der Gemeinde unverzüglich ihre abschließende Entscheidung über die Zulässigkeit zu.

(6) Vor der Beratung und Entscheidung des Einwohnerantrags durch die Gemeindevertretung sind die im Einwohnerantrag bezeichneten Vertretungspersonen in der Sitzung der Gemeindevertretung zu hören.

(7) Die Zwölf-Monats-Frist für einen weiteren Einwohnerantrag in derselben Angelegenheit beginnt mit dem Tag des Zugangs der Zulässigkeitsentscheidung der Kommunalaufsichtsbehörde bei der Gemeinde.

§ 16g Bürgerentscheid, Bürgerbegehren

(1) Die Gemeindevertretung kann mit einer Mehrheit von zwei Dritteln der gesetzlichen Zahl der Gemeindevertreterinnen und -vertreter beschließen, daß Bürgerinnen und Bürger über wichtige Selbstverwaltungsaufgaben selbst entscheiden (Bürgerentscheid).

Wichtige Selbstverwaltungsaufgaben sind insbesondere:

1. die Übernahme neuer Aufgaben, die zu erfüllen die Gemeinde nicht gesetzlich verpflichtet ist,

2. die Errichtung, wesentliche Erweiterung und die Auflösung einer öffentlichen Einrichtung, die den Einwohnerinnen und Einwohnern zu dienen bestimmt ist,

3. die Mitgliedschaft in Zweckverbänden, die Träger von Aufgaben nach Nummer 2 sind,

4. die Gebietsänderungen.

(2) Ein Bürgerentscheid findet nicht statt über

1. Selbstverwaltungsaufgaben, die zu erfüllen die Gemeinde nach § 2 Abs. 2 verpflichtet ist, soweit ihr nicht ein Entscheidungsspielraum zusteht,

2. Angelegenheiten, über die kraft Gesetzes die Gemeindevertretung entscheidet (§ 28 Abs. 1 Nr. 1),

3. die Haushaltssatzung einschließlich der Wirtschaftspläne der Eigenbetriebe sowie die kommunalen Abgaben und die privatrechtlichen Entgelte,

4. die Jahresrechnung der Gemeinde und den Jahresabschluß der Eigenbetriebe,

5. die Hauptsatzung,

6. die Aufstellung, Änderung und Aufhebung von Bauleitplänen,

7. die Rechtsverhältnisse der Gemeindevertreterinnen und -vertreter, der kommunalen Wahlbeamtinnen und -beamten und der Beamtinnen und Beamten, Angestellten und Arbeiterinnen und Arbeiter der Gemeinde,

8. die innere Organisation der Gemeindeverwaltung,

9. Entscheidungen in Rechtsmittelverfahren.

(3) Über wichtige Selbstverwaltungsaufgaben können die Bürgerinnen und Bürger einen Bürgerentscheid[20] beantragen (Bürgerbegehren). Ein Bürgerbegehren darf nur Selbstverwaltungsaufgaben zum Gegenstand haben, über die innerhalb der letzten zwei Jahre nicht bereits ein Bürgerentscheid auf Grund eines Bürgerbegehrens durchgeführt worden ist. Richtet sich das Bürgerbegehren gegen einen Beschluß der Gemeindevertretung, muß es innerhalb von vier Wochen nach der Bekanntgabe des Beschlusses eingereicht sein. Das Bürgerbegehren muß schriftlich eingereicht werden und die zur Entscheidung zu bringende Frage, eine Begründung sowie einen nach den gesetzlichen Bestimmungen durchführbaren Vorschlag für die Deckung der Kosten der verlangten Maßnahme enthalten. Das Bürgerbegehren muß bis zu drei Personen benennen, die berechtigt sind, die Unterzeichnenden zu vertreten.

(4) Das Bürgerbegehren muß von mindestens 10 v. H. der Bürgerinnen und Bürger unterzeichnet sein.

(5) Über die Zulässigkeit eines Bürgerbegehrens entscheidet die Kommunalaufsichtsbehörde. Der Bürgerentscheid entfällt, wenn die Gemeindevertretung die Durchführung der mit dem Bürgerbegehren verlangten Maßnahme beschließt. Dieser Beschluß kann innerhalb von zwei Jahren nur durch einen Bürgerentscheid nach Absatz 1 Satz 1 abgeändert werden.

---

20) Zur Zulässigkeit eines Bürgerbegehrens, Ausschlußfrist, Kostendeckungsvorschlag, Schl.-H. OVG B. v. 17. 12. 1991 – 2 L 319/91 – Gemeinde 1992/292.

(6)   Wird ein Bürgerentscheid durchgeführt, muß den Bürgerinnen und Bürgern die innerhalb der Gemeindeorgane vertretene Auffassung dargelegt werden.

(7)   Bei einem Bürgerentscheid ist die gestellte Frage in dem Sinne entschieden, in dem sie von der Mehrheit der gültigen Stimmen beantwortet wurde, sofern diese Mehrheit mindestens 25 v. H. der Stimmberechtigten beträgt. Bei Stimmengleichheit gilt die Frage als mit Nein beantwortet. Ist die nach Satz 1 erforderliche Mehrheit nicht erreicht worden, hat die Gemeindevertretung die Angelegenheit zu entscheiden.

(8)   Der Bürgerentscheid hat die Wirkung eines endgültigen Beschlusses der Gemeindevertretung. Er kann innerhalb von zwei Jahren nur durch einen Bürgerentscheid nach Absatz 1 Satz 1 abgeändert werden.

DVO – GO

§ 8   Bürgerbegehren

(1) Die mit dem Bürgerbegehren nach § 16 g Abs. 3 der Gemeindeordnung einzubringende Frage ist so zu formulieren, daß sie das Ziel des Begehrens hinreichend klar und eindeutig zum Ausdruck bringt. Sie darf die freie und sachliche Willensbildung der Bürgerinnen und Bürger, insbesondere durch beleidigende, polemische oder suggestive Formulierungen nicht gefährden. Für inhaltlich zusammengehörende Teilbereiche ist eine zusammenfassende Abstimmungsfrage zu formulieren. Die Koppelung unterschiedlicher Bürgerbegehren in einem Verfahren ist nicht zulässig.

(2) Der Kostendeckungsvorschlag muß auch die voraussichtlich zu erwartende Kostenhöhe und die eventuellen Folgekosten der verlangten Maßnahme enthalten.

(3) Das Bürgerbegehren darf nur von Bürgerinnen und Bürgern unterzeichnet werden, die am Tag des Eingangs des Antrags bei der Gemeinde dort nach § 3 des Gemeinde- und Kreiswahlgesetzes wahlberechtigt sind.

(4) Für die erforderlichen Unterschriften sind Antragslisten oder Einzelanträge zu verwenden, die von jeder Antragstellerin und jedem Antragsteller persönlich und handschriftlich zu unterzeichnen sind; neben der Unterschrift sind Familienname, Vorname, Tag der Geburt, Wohnung sowie Datum der Unterzeichnung lesbar einzutragen. Jeder neuen Unterschriftenseite oder jedem Einzelantrag ist das Ziel des Begehrens voranzustellen.

Außerdem sind den Antragstellerinnen und Antragstellern vor der Eintragung die Begründung sowie der Kostendeckungsvorschlag in geeigneter Weise zur Kenntnis zu geben.

(5) Das Bürgerbegehren ist bei der Gemeinde einzureichen. Diese leitet es ohne die Antragslisten und Einzelanträge unverzüglich der zuständigen Kommunalaufsichtsbehörde zur Prüfung der Zulässigkeit zu. Entspricht der Inhalt des Bürgerbegehrens den gesetzlichen Vorschriften, veranlaßt die Kommunalaufsichtsbehörde die Prüfung der Antragslisten und Einzelanträge durch die zuständige Meldebehörde. Die Meldebehörde bescheinigt die Richtigkeit der Eintragungen und der Wahlberechtigung und teilt das Ergebnis ihrer Prüfung unverzüglich der Kommunalaufsichtsbehörde mit.

(6) Die Kommunalaufsichtsbehörde stellt das Quorum nach § 16 g Abs. 4 der Gemeindeordnung fest; dabei ist die Zahl der Wahlberechtigten der letzten Gemeindewahl maßgebend. Wird das Quorum nicht erreicht, kann die Kommunalaufsichtsbehörde mit Ausnahme der Fälle des § 16 g Abs. 3 Satz 3 der Gemeindeordnung bis zur Feststellung des Quorums eine Nachfrist gewähren.

(7) Die Kommunalaufsichtsbehörde stellt den im Bürgerbegehren benannten Vertretungspersonen sowie der Gemeinde unverzüglich ihre abschließende Entscheidung über die Zulässigkeit zu.

(8) Die Unterschriftensammlung für die Wiederholung eines Bürgerbegehrens nach § 16 g Abs. 3 Satz 2 der Gemeindeordnung darf nicht vor Ablauf der zweijährigen Frist, gerechnet vom Tag des Bürgerentscheids in der gleichen Angelegenheit, beginnen.

(9) Die Vier-Wochen-Frist nach § 16 g Abs. 3 Satz 3 der Gemeindeordnung beginnt mit dem Tag nach der Beschlußfassung durch die Gemeindevertretung in öffentlicher Sitzung oder dem Tag nach der öffentlichen Bekanntgabe von in nichtöffentlicher Sitzung gefaßten Beschlüssen. Gegen den Beschluß der Gemeindevertretung ist ein Bürgerbegehren auch dann gerichtet, wenn es den Beschluß nicht ausdrücklich erwähnt, sondern in positiver Formulierung ein anderes Vorhaben anstelle des von der Gemeindevertretung beschlossenen Vorhabens anstrebt.

§ 9 Bürgerentscheid

(1) Der Bürgerentscheid findet unverzüglich nach dem Beschluß der Gemeindevertretung nach § 16 g Abs. 1 oder der abschließenden Zulässigkeitsentscheidung der Kommunalaufsichtsbehörde nach § 16 g Abs. 5 der Gemeindeordnung statt. Die Gemeindevertretung legt dafür einen Sonntag fest; der Termin und die dabei zur Entscheidung zu bringende Frage sind örtlich bekanntzumachen. Bürgerentscheide zu unterschiedlichen Fragen können an demselben Sonntag durchgeführt werden. Eine Zusammenlegung mit allgemeinen Wahlen ist zulässig.

(2) Die innerhalb der Gemeindeorgane nach § 7 der Gemeindeordnung vertretene Auffassung zu der gestellten Frage ist den Bürgerinnen und Bürgern so rechtzeitig vor dem Bürgerentscheid darzulegen, daß sie die maßgeblichen Argumente in ihre Entscheidung einbeziehen können; § 8 Abs. 1 Satz 2 gilt sinngemäß. Die Darlegung kann insbesondere durch örtliche Bekanntmachung oder in einer öffentlichen Versammlung erfolgen. Die Auffassung der Gemeindeorgane kann zusammengefaßt dargestellt werden; dabei kann in der örtlichen Bekanntmachung darauf hingewiesen werden, daß die vollständige Auffassung der Gemeindeorgane bei der Gemeinde zur Einsichtnahme ausliegt.

(3) Für die Durchführung des Bürgerentscheids gelten die Bestimmungen des Gemeinde- und Kreiswahlgesetzes und der Gemeinde- und Kreiswahlordnung über die Gemeindewahl entsprechend.

(4) Die auf den Stimmzetteln zur Entscheidung zu bringende Frage muß so gestellt sein, daß sie mit Ja oder Nein beantwortet werden kann. Kommt der Bürgerentscheid durch Beschluß der Gemeindevertretung zustande, wird die Formulierung der Frage von der Gemeindevertretung entschieden, bei einem Bürgerentscheid aufgrund eines Bürgerbegehrens von den Bürgerinnen und Bürgern, die den Bürgerentscheid erwirkt haben.

§ 17 Anschluß- und Benutzungszwang

(1) Die Gemeinde schafft in den Grenzen ihrer Leistungsfähigkeit die öffentlichen Einrichtungen, die für die wirtschaftliche, soziale und kulturelle Betreuung ihrer Einwohnerinnen und Einwohner erforderlich sind.

(2) Sie kann bei dringendem öffentlichen Bedürfnis[21] **durch Satzung für die Grundstücke**[22] **ihres Gebiets den Anschluß an die Wasserversorgung**[23]**, die Abwasserbeseitigung**[24]**, die Abfallentsor-**

---

21) OVG Lüneburg v. 13. 12. 1968 – III C 1/67 – Gemeinde 1969/138. Dringendes öffentliches Bedürfnis und Einschätzungsprärogative OVG Lüneburg U. v. 8. 1. 1991 – 9 L 280/89 – Gemeinde 1991/266.

22) VG Hannover v. 7. 12. 1976 – I A 153/76 – Gemeinde 1977/196.

23) OVG Lüneburg v. 30. 8. 1968 – III A 69/67 – Gemeinde 1969/20, VGH Bad.-Wttbg. v. 13. 3. 1972 – I 192/71 – Gemeinde 1973/89, VG Schleswig v. 15. 6. 1978 – 4 A 23/77 – Gemeinde 1979/180 und v. 21. 5. 1981 – 4 A 246/80 – Gemeinde 1982/23.
Zur Anschlußpflicht bei Altenteilerhaus, OVG Lüneburg U. v. 19. 11. 1989 – 14 OVG A 202/88 – Gemeinde 1990/94; Wasserversorgung und möglichst große Zahl von Grundstükken, OVG Lüneburg, U. v. 7. 3. 1985 – 14 A 62/83 – Gemeinde 1986/148. Zentrale Wasserversorgungsanlage, Schl.-H. OVG, U. v. 20. 12. 1995 – 2 L 24/93 – Gemeinde 1996, S. 305.

24) Vgl. Mustersatzung und -gebührenordnung in RdErl. MdI v. 29. 6. 1979 (Amtsbl. S. 411),

gung, die Versorgung mit Fernwärme[25], die Straßenreinigung[26] und ähnliche der Gesundheit und dem Schutz der natürlichen Grundlagen des Lebens dienende öffentliche Einrichtungen (Anschlußzwang) und die Benutzung dieser Einrichtungen und der Schlachthöfe (Benutzungszwang) vorschreiben[27]. Die Satzung kann Ausnahmen vom Anschluß- und Benutzungszwang zulassen[28]. Sie kann den Zwang auch auf bestimmte Teile des Gemeindegebiets und auf bestimmte Gruppen von Grundstücken oder Personen beschränken.

(3) Die Satzung über den Anschluß- und Benutzungszwang für Grundstücke zur Versorgung mit Fernwärme kann Ausnahmen vorsehen für Grundstücke mit Heizungsanlagen, die einen immissionsfreien Betrieb gewährleisten. Die Satzung soll zum Ausgleich sozialer oder wirtschaftlicher Härten angemessene Übergangsfristen enthalten.

---

vgl. ferner OVG Lüneburg v. 6. 9. 1968 – III A 106/67 – Gemeinde 1969/26, BGH v. 30. 9. 1970 – III ZR 148/67 – Gemeinde 1971/97 und Bayr. VerfGH v. 6. 4. 1970 – Vf. 136 – VII 67 – Gemeinde 1971/132; Verpflichtung zum Bau einer Hauskläranlage, VG Schleswig U. v. 17. 2. 1987 – 4 A 274/86 – Gemeinde 1987/297.

25) RdErl. MdI v. 30. 8. 1973 (Amtsbl. S. 746) mit Satzungsmuster.

26) Vgl. Mustersatzung in RdErl. MdI v. 10. 12. 1970 (Amtsbl. S. 747), VG Schleswig v. 22. 2. 1966 – 4 A 170/65 – Gemeinde 1966/195, OVG Münster v. 8. 9. 1965 – III A 512/65 – Gemeinde 1966/250, VG Düsseldorf v. 6. 7. 1965 – 5 K 2388/64 – Gemeinde 1967/175, VG Schleswig v. 25. 10. 1967 – 4 A 163/66 – Gemeinde 1968/105 und Urteil vom 26. 6. 1969 – 4 A 3/68 – Gemeinde 1970/339.

27) Privatrechtl. Benutzungsverhältnis möglich, vgl. OVG Lüneburg v. 26. 8. 1976 – II A 138/74 – Gemeinde 1977/25. Keine Ausdehnung auf Nichteigentümer, VG Schleswig v. 18. 8. 1977 – 4 A 345/76 – Gemeinde 1978/71. Zu den Grenzen der privatrechtl. Ausgestaltung OVG Lüneburg U. v. 1. 11. 1990 – 14 L 141/89 – Gemeinde 1991/161.

28) VG Schleswig v. 30. 10. 1968 – 4 A 370/66 – Gemeinde 1969/112 und OVG Lüneburg v. 1. 11. 1968 – III A 156/66 – Gemeinde 1969/117, VG Düsseldorf v. 13. 2. 1968 – 5 K 2174/66 – Gemeinde 1969/338 und OVG Lüneburg v. 1. 7. 1976 – III A 48/75 – Gemeinde 1977/129. OVG Rhld.-Pfalz v. 29. 7. 1980 – 7 A 99/79 – Gemeinde 1981/175, VG Schleswig v. 21. 5. 1981 – 4 A 246/80 – Gemeinde 1982/23; zur Teilbefreiung bei landwirtschaftlichem Brauchwasser, OVG Lüneburg, U. v. 7. 4. 1988 – 14 A 144/85 – Gemeinde 1989/26; zu Teilbefreiung vom Benutzungszwang für Brauchwasser Schl.-H. OVG U. v. 26. 3. 1992 – 2 L 15/91 – Gemeinde 1992/360; fehlende Ausnahmegründe, OVG Lüneburg, U. v. 20. 3. 1986 – 14 A 91/84 – Gemeinde 1986/234.

§ 18 Öffentliche Einrichtungen

(1) Alle Einwohnerinnen und Einwohner der Gemeinde sind im Rahmen der bestehenden Vorschriften berechtigt, die öffentlichen Einrichtungen der Gemeinde zu benutzen[29]. Sie sind verpflichtet, die Lasten zu tragen, die sich aus ihrer Zugehörigkeit zu der Gemeinde ergeben.

(2) Grundbesitzerinnen und -besitzer und Gewerbetreibende, die nicht in der Gemeinde wohnen, sind in gleicher Weise berechtigt, die öffentlichen Einrichtungen zu benutzen, die in der Gemeinde für Grundbesitzerinnen und -besitzer und Gewerbetreibende bestehen. Sie sind verpflichtet, für ihren Grundbesitz oder Gewerbebetrieb im Gemeindegebiet zu den Gemeindelasten beizutragen.

(3) Diese Vorschriften gelten entsprechend für juristische Personen und für Personenvereinigungen.

§ 19 Ehrenamt, ehrenamtliche Tätigkeit

Bürgerinnen und Bürger sind verpflichtet, Ehrenämter und ehrenamtliche Tätigkeit für die Gemeinde zu übernehmen und auszuüben. Einwohnerinnen und Einwohnern soll dies ermöglicht werden; in einem solchen Fall sind für sie die für das Ehrenamt und die ehrenamtliche Tätigkeit von Bürgerinnen und Bürgern geltenden Vorschriften entsprechend anzuwenden.

---

29) Verstoß gegen Benutzungssatzung ist Ordnungswidrigkeit nach § 134 Abs. 5 GO. Zum Benutzungsverhältnis:
VG Schleswig v. 28. 2. 1967 – 5 D 3/67 – Gemeinde 1967/172, VGH Bad.-Württemberg v. 10. 11. 1967 – II 756/67 – Gemeinde 1968/242, BVerwG v. 28. 3. 1969 – VII C 49.67 – Gemeinde 1969/298, OVG Münster v. 5. 3. 1970 – III A 144/69 – Gemeinde 1970/208, Hess. VGH v. 5. 3. 1974 – II TG 4/74 – Gemeinde 1974/198, Grabnutzungsrechte OVG Lüneburg v. 8. 6. 1977 – VIII A 4/76 – Gemeinde 1977/397. Räume des Rathauses VG Schleswig v. 9. 6. 1978 – 6 A 324/76 – Gemeinde 1978/298 und v. 29. 6. 1978 – 6 A 149/76 – Gemeinde 1979/154. VG Schleswig v. 27. 9. 1979 – 6 A 89/79 – Gemeinde 1979/386. OVG Lüneburg v. 7. 10. 1980 – 5 A 143/78 – Gemeinde 1981/24. Gepachteter See als gemeindliche Einrichtung, Schl.-H. OVG U. v. 28. 5. 1991 – 2 K 4/91 – Gemeinde 1991/356.

§ 20 Ablehnungsgründe, Abberufung

(1) Bürgerinnen und Bürger können die Übernahme eines Ehrenamts oder einer ehrenamtlichen Tätigkeit ablehnen[30] oder ihre Abberufung verlangen, wenn ein wichtiger Grund vorliegt. Ob ein wichtiger Grund vorliegt, entscheidet die Gemeindevertretung; sie kann die Entscheidung übertragen.

(2) Als wichtiger Grund im Sinne des Absatzes 1 gilt besonders, wenn die Bürgerin oder der Bürger

1. bereits mehrere öffentliche Ehrenämter innehat,

2. ein geistliches Amt verwaltet,

3. ein öffentliches Amt verwaltet, soweit die Anstellungsbehörde feststellt, daß das Ehrenamt oder die ehrenamtliche Tätigkeit mit ihren oder seinen Dienstpflichten nicht vereinbar ist,

4. schon sechs Jahre als Mitglied der Gemeindevertretung tätig war oder ein öffentliches Ehrenamt ausgeübt hat,

5. bereits mehrere Vormundschaften, Pflegschaften oder Betreuungen führt,

6. häufig oder langdauernd von der Gemeinde geschäftlich abwesend ist,

7. anhaltend krank ist,

8. mindestens 60 Jahre alt ist,

9. durch die Ausübung des Ehrenamts oder der ehrenamtlichen Tätigkeit in der Fürsorge für den Haushalt der Familie besonders belastet wird.

(3) Ehrenbeamtinnen und -beamte und ehrenamtlich tätige Bürgerinnen und Bürger können abberufen werden, wenn ein wichtiger Grund vorliegt. Ein wichtiger Grund liegt insbesondere vor, wenn die betreffende Person

1. ihre Pflicht gröblich verletzt oder sich als unwürdig erwiesen hat oder

2. ihre Tätigkeit nicht mehr ordnungsgemäß ausüben kann.

---

30) Bei grundloser Ablehnung ist Geldbuße nach § 134 Abs. 4 und 6 GO möglich.

Wer abberufen wird, scheidet aus dem Ehrenamt oder der ehrenamtlichen Tätigkeit aus. Die §§ 25 und 40 a bleiben unberührt.

§ 21 Pflichten

(1) Ehrenamtlich tätige Bürgerinnen und Bürger haben ihre Tätigkeit gewissenhaft und unparteiisch auszuüben. Bei Übernahme ihrer Aufgaben sind sie zur gewissenhaften und unparteiischen Tätigkeit und zur Verschwiegenheit zu verpflichten. Die Verpflichtung ist aktenkundig zu machen.

(2) Ehrenamtlich tätige Bürgerinnen und Bürger haben, auch nach Beendigung ihrer ehrenamtlichen Tätigkeit, über die ihnen bei dieser Tätigkeit bekanntgewordenen Angelegenheiten Verschwiegenheit zu bewahren. Dies gilt nicht für Mitteilungen im dienstlichen Verkehr oder über Tatsachen, die offenkundig sind oder ihrer Bedeutung nach keiner Geheimhaltung bedürfen[31].

(3) Ehrenamtlich tätige Bürgerinnen und Bürger dürfen ohne Genehmigung der Bürgermeisterin oder des Bürgermeisters über Angelegenheiten, über die sie Verschwiegenheit zu bewahren haben, weder vor Gericht noch außergerichtlich aussagen oder Erklärungen abgeben.

(4) Die Genehmigung, als Zeugin oder Zeuge auszusagen, darf nur versagt werden, wenn die Aussage dem Wohl des Bundes, eines Landes oder eines anderen Trägers der öffentlichen Verwaltung Nachteile bereiten oder die Erfüllung öffentlicher Aufgaben ernstlich gefährden oder erheblich erschweren würde.

(5) Sind ehrenamtlich tätige Bürgerinnen und Bürger Beteiligte in einem gerichtlichen Verfahren oder soll ihr Vorbringen der Wahrnehmung ihrer berechtigten Interessen dienen, so darf die Genehmigung auch dann, wenn die Voraussetzungen des Absatzes 4 erfüllt sind, nur versagt werden, wenn ein zwingendes öffentliches Interesse dies erfordert[32]. Wird sie versagt, so ist ehrenamtlich tätigen Bürgerinnen und Bürgern der Schutz zu gewähren, den die öffentlichen Interessen zulassen.

---

31) Über nichtöffentl. Sitzungen vgl. VGH Bad.-Wttbg. v. 7. 12. 1973 – I 539/71 – Gemeinde 1974/14 und OVG Rhld.-Pf. v. 24. 11. 1976 – 7 A 49/75 – Gemeinde 1977/190.
32) OVG Lüneburg v. 18. 12. 1975 – VII A 46/73 – Gemeinde 1976/205.

§ 22 Ausschließungsgründe

(1) Ehrenbeamtinnen und -beamte oder ehrenamtlich tätige Bürgerinnen und Bürger[33)] dürfen in einer Angelegenheit nicht ehrenamtlich tätig werden, wenn die Tätigkeit oder die Entscheidung in der Angelegenheit ihnen selbst, ihren Ehegattinnen oder Ehegatten, ihren Verwandten bis zum dritten oder Verschwägerten bis zum zweiten Grade oder einer von ihnen kraft Gesetzes oder Vollmacht vertretenen Person einen unmittelbaren[34)] Vorteil oder Nachteil bringen kann.

(2) Das Verbot ehrenamtlicher Tätigkeit nach Absatz 1 gilt auch für Personen, die in der Angelegenheit in anderer als amtlicher Eigenschaft sowie außerhalb ihrer Tätigkeit als Ehrenbeamtin oder -beamter oder ehrenamtlich Tätige in der Angelegenheit ein Gutachten abgegeben haben. Es gilt auch für Personen, die

1. bei einer natürlichen oder juristischen Person des öffentlichen oder privaten Rechts oder einer Vereinigung gegen Entgelt beschäftigt sind oder

2. bei einer juristischen Person oder bei einem nicht rechtsfähigen Verein als Mitglied des Vorstandes, des Aufsichtsrats oder eines vergleichbaren Organs tätig sind, sofern sie diesem Organ nicht als Vertreterinnen oder Vertreter der Gemeinde angehören oder

3. Gesellschafterinnen und Gesellschafter einer Kapital- oder Personengesellschaft sind,

wenn die unter den Nummern 1 bis 3 Bezeichneten ein besonderes persönliches oder wirtschaftliches Interesse an der Erledigung der Angelegenheit haben.

---

33) Ehrenamtlich tätig ist auch ein Bürger, der an einer Gemeindeversammlung nach § 54 GO teilnimmt, OVG Lüneburg, U. v. 22. 11. 1986 – 1 A 107/85 – Gemeinde 1987/234.

34) Zur Unmittelbarkeit des Vorteils bei Satzungsbeschlüssen VG Schleswig v. 27. 9. 1979 – 6 A 173/79 – Gemeinde 1979/385 – und OVG Lüneburg v. 19. 2. 1981 – 14 C 1/80 – Gemeinde 1981/210. Bei einer Gebührensatzung Schl.-H. VG v. 7. 5. 1982 – 6 A 91/81 – Gemeinde 1982/376. Ausschluß erstreckt sich auf gesamtes Planverfahren, OVG Lüneburg v. 12. 6. 1981 – 1 C 9/76 – Gemeinde 1981/360; zur Befangenheit eines dinglich Berechtigten, VG Schleswig, U. v. 10. 6. 1986 – 6 A 339/86 – Gemeinde 1986/268.

(3) Absätze 1 und 2 gelten nicht

1. wenn der Vorteil oder Nachteil nur darauf beruht, daß eine Person einer Berufs- oder Bevölkerungsgruppe angehört, deren gemeinsame Interessen durch die Angelegenheit berührt werden,

2. für Wahlen und Abberufungen und

3. für andere Beschlüsse, mit denen ein Kollegialorgan eine Person aus seiner Mitte auswählt und entsendet.

(4) Personen, die nach den Absätzen 1 und 2 ausgeschlossen sein können, sind verpflichtet[35], dies mitzuteilen. Ob die Voraussetzungen der Absätze 1 und 2 vorliegen, entscheidet die Gemeindevertretung; sie kann die Entscheidung übertragen. Die Betroffenen müssen bei der Beratung und Entscheidung über die Befangenheit sowie bei der Beratung und Entscheidung der Angelegenheit den Sitzungsraum verlassen.

(5) Ein Verstoß gegen die Absätze 1, 2 und 4 kann nicht geltend gemacht werden

1. wenn im Falle einer Abstimmung die Mitwirkung der unter die Ausschließungsgründe fallenden Person für das Abstimmungsergebnis nicht entscheidend war oder

2. nach Ablauf eines Jahres, es sei denn, daß vorher aus diesem Grund die Bürgermeisterin oder der Bürgermeister widersprochen oder die Kommunalaufsichtsbehörde beanstandet oder jemand einen förmlichen Rechtsbehelf eingelegt hat. Die Jahresfrist beginnt am Tag nach der Beschlußfassung oder, wenn eine örtliche Bekanntmachung vorgeschrieben ist, am Tag nach der Bekanntmachung.

(6) § 81 des Landesverwaltungsgesetzes bleibt unberührt.

§ 23 Treuepflicht

Ehrenbeamtinnen und Ehrenbeamte haben eine besondere Treuepflicht gegenüber der Gemeinde. Sie dürfen Ansprüche Dritter gegen

---

35) Ein einzelner Gemeindevertreter hat keine Klagebefugnis zur Feststellung von Ausschluß-gründen bei einem Dritten; OVG Koblenz U. v. 29. 8. 1984 – 7 A 19/84 – Gemeinde 1985/241; VG Schleswig U. v. 10. 10. 1989 – 6 A 106/88 – Gemeinde 1990/69.

die Gemeinde nicht geltend machen[36], es sei denn, daß sie als gesetzliche Vertreterinnen oder Vertreter handeln. Das gilt auch für andere ehrenamtlich tätige Bürgerinnen und Bürger[37], wenn der Auftrag mit den Aufgaben ihrer ehrenamtlichen Tätigkeit zusammenhängt. Ob diese Voraussetzungen vorliegen, stellt die Gemeindevertretung fest; sie kann diese Befugnisse übertragen.

§ 24   Entschädigungen[38], Ersatz für Sachschäden

(1)   Ehrenbeamtinnen und -beamte sowie ehrenamtlich tätige Bürgerinnen und Bürger haben Anspruch auf

1. Ersatz ihrer Auslagen,

2. Ersatz des entgangenen Arbeitsverdienstes oder als Selbständige auf eine Verdienstausfallentschädigung,

3. Erstattung des auf den entgangenen Arbeitsverdienst entfallenden Arbeitgeberanteils zur Sozialversicherung, soweit dieser zu ihren Lasten an den Sozialversicherungsträger abgeführt wird,

4. eine Entschädigung für die durch das Ehrenamt oder die ehrenamtliche Tätigkeit bedingte Abwesenheit vom Haushalt, wenn die Anspruchstellerin oder der Anspruchsteller einen Haushalt mit mindestens zwei Personen führt und nicht oder weniger als 20 Stunden je Woche erwerbstätig ist,

5. die nachgewiesenen Kosten einer entgeltlichen Kinderbetreuung, soweit nicht eine Entschädigung nach Nummer 2 oder 4 gewährt wird und

6. Reisekostenvergütung.

---

36) OVG Lüneburg v. 22. 12. 1967 – I B 62/67 – Gemeinde 1968/134; BVerfG v. 21. 1. 1976 – 2 BvR 572/74 – Gemeinde 1976/200. Sozietät und Bürogemeinschaft eines Rechtsanwalts nicht betroffen, vgl. BVerfG v. 20. 1. 1981 – 2 BvR 622/78 – Gemeinde 1981/245 und OVG Münster v. 16. 4. 1981 – 15 B 1158/80 – Gemeinde 1981/296. Gilt für RÄ/Kreisausschuß-mitglieder auch für Aufgabenbereich Weisungsangelegenheiten/untere Landesbehörde BVerwG v. 23. 11. 1983 – 7 B 61.83 – Gemeinde 1985/53.

37) OVG Lüneburg v. 3. 2. 1976 – II A 7/73 – Gemeinde 1977/192. Zur Frage der Anwendung auf „bürgerliche" Ausschußmitglieder vgl. VG Schleswig v. 16. 5. 1980 – 6 A 92/79 – Gemeinde 1980/326 und 399.

38) Entschädigungsverordnung abgedruckt unter 6.4.

(2)   Anstelle der Entschädigung nach Absatz 1 Nr. 1 kann den Ehrenbeamtinnen und -beamten, den Vorsitzenden der Beiräte nach § 47 b Abs. 2 und § 47 d sowie der ehrenamtlich tätigen Gleichstellungsbeauftragten eine Aufwandsentschädigung gewährt werden, mit der auch der Aufwand an Zeit und Arbeitsleistung und das mit dem Ehrenamt oder der Tätigkeit als ehrenamtliche Gleichstellungsbeauftragte verbundene Haftungsrisiko abgegolten werden.

(3)   Die Entschädigungen sind in der Hauptsatzung zu regeln. Die Ansprüche auf Entschädigungen sind nicht übertragbar.

(4)   Ehrenamtlich tätigen Bürgerinnen und Bürgern kann Ersatz für Sachschäden nach den für Berufsbeamtinnen und -beamten geltenden Bestimmungen geleistet werden.

(5)   Auf die Entschädigungen nach den Absätzen 1 und 2 darf nicht verzichtet werden.

§ 24 a   Kündigungsschutz, Freizeitgewährung

Niemand darf gehindert werden, sich um eine Tätigkeit als Ehrenbeamtin oder -beamter sowie als ehrenamtlich tätige Bürgerin oder ehrenamtlich tätiger Bürger zu bewerben und die Tätigkeit auszuüben. Damit zusammenhängende Benachteiligungen am Arbeitsplatz sind unzulässig. Entgegenstehende Vereinbarungen sind nichtig. Wer als Ehrenbeamtin oder -beamter oder ehrenamtlich als Bürgerin oder Bürger tätig ist, darf aus einem Dienst- oder Arbeitsverhältnis nicht aus diesem Grund entlassen, gekündigt oder in eine andere Gemeinde versetzt werden. Ihr oder ihm ist die für die Tätigkeit notwendige freie Zeit zu gewähren.

§ 25   Vertretung der Gemeinde in Vereinigungen

(1)   Ehrenbeamtinnen und -beamte und ehrenamtlich tätige Bürgerinnen und Bürger, die mit der Vertretung der Gemeinde in juristischen Personen oder in sonstigen Vereinigungen beauftragt sind, haben die Weisungen der Gemeinde zu befolgen[39].

---

39) Bei Verletzung dieser Pflicht Bußgeld nach § 134 Abs. 2 Nr. 2 GO möglich.

(2) Die Vertretung endet,

1. wenn die Gemeinde die Ehrenbeamtin oder den Ehrenbeamten oder die ehrenamtlich tätige Bürgerin oder den ehrenamtlich tätigen Bürger abberuft und

2. wenn das Ehrenamt oder die ehrenamtliche Tätigkeit endet, es sei denn, daß die Gemeinde etwas anderes bestimmt.

(3) Werden Vertreterinnen oder Vertreter der Gemeinde aus dieser Tätigkeit haftbar gemacht, so hat ihnen die Gemeinde den Schaden zu ersetzen, es sei denn, daß sie ihn vorsätzlich oder grob fahrlässig herbeigeführt haben. Auch in diesem Fall ist die Gemeinde schadensersatzpflichtig, wenn die Vertreterinnen oder Vertreter der Gemeinde nach Weisung gehandelt haben.

§ 26 Ehrenbürgerrecht

(1) Die Gemeinde kann Persönlichkeiten, die sich um sie besonders verdient gemacht haben, das Ehrenbürgerrecht verleihen.

(2) Die Gemeinde kann Bürgerinnen und Bürgern, die mindestens zwanzig Jahre Gemeindevertreterinnen oder -vertreter oder Ehrenbeamtinnen oder -beamte gewesen und in Ehren ausgeschieden sind, eine Ehrenbezeichnung verleihen.

(3) Die Gemeinde kann das Ehrenbürgerrecht und die Ehrenbezeichnung wegen unwürdigen Verhaltens wieder entziehen.

FÜNFTER TEIL: Verwaltung der Gemeinde

1. ABSCHNITT

§ 27 Aufgaben der Gemeindevertretung

(1) Die Gemeindevertretung legt die Ziele und Grundsätze für die Verwaltung der Gemeinde fest. Sie trifft alle für die Gemeinde wichtigen[40] Entscheidungen in Selbstverwaltungsangelegenheiten und

---

40) Was eine „wichtige" Angelegenheit ist, ist politisch auslegbar, Schl.-H. OVG B. v. 2. 10. 1991 – 2 L 3/91 – Gemeinde 1991/393.

überwacht ihre Durchführung, soweit dieses Gesetz keine anderen Zuständigkeiten vorsieht. Sie kann bestimmte Entscheidungen allgemein durch die Hauptsatzung oder im Einzelfall auf die Bürgermeisterin oder den Bürgermeister oder den Hauptausschuß übertragen, soweit nicht § 28 entgegensteht[41]. Hat die Gemeindevertretung die Entscheidung im Einzelfall übertragen, so kann sie selbst entscheiden, wenn die Bürgermeisterin oder der Bürgermeister oder der Hauptausschuß noch nicht entschieden hat.

(2) Die Gemeindevertretung ist über die Arbeiten der Ausschüsse und über wichtige Verwaltungsangelegenheiten zu unterrichten; die Geschäftsordnung bestimmt die Art der Unterrichtung. Wichtige Anordnungen der Aufsichtsbehörden sowie alle Anordnungen, bei denen eine Aufsichtsbehörde dies ausdrücklich bestimmt, sind der Gemeindevertretung mitzuteilen.

(3) Macht ein Drittel der gesetzlichen Zahl der Gemeindevertreterinnen und -vertreter von ihren oder seinen Rechten nach § 34 Abs. 1 Satz 4 oder § 34 Abs. 4 Satz 3 Gebrauch oder erklärt die oder der Vorsitzende der Gemeindevertretung, die Angelegenheit sei oder werde auf die Tagesordnung der nächsten Sitzung der Gemeindevertretung gesetzt, darf eine Entscheidung nach Absatz 1 Satz 3 und nach § 45 Abs. 2 bis zur Beschlußfassung der Gemeindevertretung nicht getroffen werden. § 50 Abs. 3, § 55 Abs. 2, § 65 Abs. 4 und § 82 bleiben unberührt.

(4) Die Gemeindevertretung ist, soweit nichts anderes bestimmt ist, oberste Dienstbehörde. Sie ist, soweit nichts anderes bestimmt ist, Dienstvorgesetzte der Bürgermeisterin oder des Bürgermeisters und deren oder dessen Stellvertretenden; sie hat keine Disziplinarbefugnis. Die Gemeindevertretung kann die Zuständigkeit nach Satz 1 und 2 übertragen. Führen die Bürgermeisterin oder der Bürgermeister oder deren oder dessen Stellvertretende Aufgaben zur Erfüllung nach Weisung durch, darf die Gemeindevertretung die Zuständigkeit der oder des Dienstvorgesetzten nach § 77 Abs. 2 des

---

41) VG Schleswig vom 2. 11. 1978 – 6 D 111/78 – Gemeinde 1979/54; ist die Gemeindevertretung zur Beschlußfassung nicht befugt, kann sie mit der Angelegenheit auch keinen Ausschuß beauftragen, VG Schleswig U. v. 10. 2. 1988 – 6 A 13/87 – Gemeinde 1988/190.

Landesbeamtengesetzes nur mit Zustimmung der Kommunalaufsichtsbehörde wahrnehmen.

(5) Die Gemeindevertretung führt in Städten die Bezeichnung Stadtvertretung; die Hauptsatzung kann eine abweichende Bezeichnung vorsehen.

§ 28 Vorbehaltene Aufgaben

(1) Die Gemeindevertretung kann die Entscheidung über die folgenden Angelegenheiten nicht übertragen:

1. Angelegenheiten, über die kraft Gesetzes die Gemeindevertretung entscheidet,

2. den Erlaß, die Änderung und die Aufhebung von Satzungen[42],

3. die Übernahme neuer Aufgaben, die zu erfüllen die Gemeinde nicht gesetzlich verpflichtet ist,

4. die Aufstellung, Änderung und Aufhebung von Flächennutzungsplänen und Ortsentwicklungsplänen einschließlich städtebaulicher Rahmenplanung nach § 140 Nr. 4 des Baugesetzbuches,

5. die Beteiligung bei der Aufstellung und Fortschreibung von Raumordnungs- und Kreisentwicklungsplänen,

6. die Gebietsänderung,

7. die Einführung oder die Änderung eines Wappens oder einer Flagge,

8. die Verleihung und die Aberkennung des Ehrenbürgerrechts und einer Ehrenbezeichnung,

9. die Änderung und die Bestimmung des Gemeindenamens,

10. den Abschluß von Partnerschaften mit anderen Gemeinden,

11. den Verzicht auf Ansprüche der Gemeinde und die Niederschlagung solcher Ansprüche, die Führung von Rechtsstreiten und den Abschluß von Vergleichen, soweit sie für die Gemeinde von erheblicher wirtschaftlicher Bedeutung sind; die Gemeindever-

---

42) Bei Bauleitplänen auch für Beschlüsse im Vorverfahren, vgl. OVG Rhld.-Pf. v. 11. 12. 1979 – 10 C 15/79 – Gemeinde 1988, S. 356.

tretung kann die Entscheidung auf die Bürgermeisterin oder den Bürgermeister übertragen, wenn der Anspruch einen in der Hauptsatzung bestimmten Betrag nicht übersteigt,

12. die allgemeinen Grundsätze für die Ernennung, Einstellung und Entlassung, für die Bezüge und Vergütungen sowie die Versorgung von Beamtinnen und Beamten, Angestellten sowie Arbeiterinnen und Arbeitern der Gemeinde, soweit nicht ihre Stellung und ihre Ansprüche durch das allgemeine Beamten- und Tarifrecht geregelt sind,

13. die Festsetzung allgemeiner privatrechtlicher Entgelte,

14. die Übernahme von Bürgschaften, den Abschluß von Gewährverträgen und die Bestellung anderer Sicherheiten für Dritte sowie Rechtsgeschäfte, die dem wirtschaftlich gleichkommen; die Gemeindevertretung kann die Entscheidung auf die Bürgermeisterin oder den Bürgermeister übertragen, wenn die Verpflichtung der Gemeinde einen in der Hauptsatzung bestimmten Betrag nicht übersteigt,

15. den Erwerb von Vermögensgegenständen und den Abschluß von Leasingverträgen; die Gemeindevertretung kann die Entscheidung auf die Bürgermeisterin oder den Bürgermeister übertragen, wenn der Wert des Vermögensgegenstandes, die laufende Belastung oder die Gesamtbelastung aus dem Leasingvertrag einen in der Hauptsatzung bestimmten Betrag nicht übersteigt,

16. die Veräußerung und Belastung von Gemeindevermögen: die Gemeindevertretung kann die Entscheidung auf die Bürgermeisterin oder den Bürgermeister übertragen, wenn der Wert des Vermögensgegenstandes oder der Belastung einen in der Hauptsatzung bestimmten Betrag nicht übersteigt,

17. die Errichtung, die wesentliche Erweiterung und die Auflösung von öffentlichen Einrichtungen (§ 101 Abs. 2) und wirtschaftlichen Unternehmen (§ 101 Abs. 1),

18. die Gründung von Gesellschaften (§ 102) und anderen privatrechtlichen Vereinigungen (§ 105) sowie die Beteiligung an die-

sen und an deren Gründung; die Gemeindevertretung kann die Entscheidung auf den Hauptausschuß übertragen, wenn die Beteiligung der Gemeinde einen in der Hauptsatzung bestimmten Betrag oder Vomhundertsatz der Beteiligung nicht übersteigt,

19. die Umwandlung der Rechtsform, die Verpachtung und die teilweise Verpachtung von Eigenbetrieben,

20. die Bestellung von Vertreterinnen und Vertretern der Gemeinde in Eigengesellschaften und anderen privatrechtlichen Vereinigungen, an denen die Gemeinde beteiligt ist; die Gemeindevertretung kann die Entscheidung auf den Hauptausschuß übertragen, wenn die Beteiligung der Gemeinde einen in der Hauptsatzung bestimmten Betrag oder Vomhundertsatz der Beteiligung nicht übersteigt,

21. die Stellungnahme zum Prüfungsergebnis der überörtlichen Prüfung sowie eine Stellungnahme zum Prüfungsbericht über die Jahresabschlußprüfung der Eigenbetriebe,

22. die Errichtung, die Umwandlung des Zwecks und die Aufhebung einer Stiftung einschließlich der Entscheidung über den Verbleib des Stiftungsvermögens; die Gemeindevertretung kann die Entscheidung auf den Hauptausschuß übertragen, wenn der Anteil der Gemeinde am Stiftungsvermögen oder bei einer Entscheidung über dessen Verbleib der Wert dieses Vermögens einen in der Hauptsatzung bestimmten Betrag nicht übersteigt,

23. die Mitgliedschaft in Zweckverbänden und auf Gesetz beruhenden sonstigen Verbänden,

24. den Abschluß, die Änderung und die Kündigung öffentlichrechtlicher Vereinbarungen, soweit sie die Übertragung oder die Übernahme wesentlicher Aufgaben oder der Satzungsbefugnis zum Gegenstand haben,

25. die Bildung, Änderung und Aufhebung von Verwaltungsgemeinschaften zur Erfüllung einer oder mehrerer wesentlicher Aufgaben der Gemeinde und

26. die Festlegung der Grundsätze des Berichtswesens nach § 45 b Abs. 1 Satz 2 Nr. 2.

§ 29 Zuständigkeit bei Interessenwiderstreit

(1) Ein Beschluß der Gemeindevertretung über

1. die Geltendmachung von Ansprüchen der Gemeinde gegen die Bürgermeisterin oder den Bürgermeister,

2. die Amtsführung der Bürgermeisterin oder des Bürgermeisters bei der Durchführung von Beschlüssen der Gemeindevertretung und der Ausschüsse

ist von der oder dem Vorsitzenden der Gemeindevertretung auszuführen.

(2) Verträge der Gemeinde mit

1. Gemeindevertreterinnen oder -vertretern sowie der Bürgermeisterin oder dem Bürgermeister,

2. juristischen Personen, an denen Gemeindevertreterinnen oder -vertreter, die Bürgermeisterin oder der Bürgermeister beteiligt sind,

sind nur rechtsverbindlich, wenn die Gemeindevertretung zustimmt. Das gilt nicht für Verträge nach feststehendem Tarif und für Verträge, die sich innerhalb einer in der Hauptsatzung festgelegten Wertgrenze halten.

§ 30 Kontrollrecht

(1) Einzelnen Gemeindevertreterinnen oder -vertretern hat die Bürgermeisterin oder der Bürgermeister auf Verlangen Auskunft zu erteilen und Akteneinsicht zu gewähren, soweit dies für die Vorbereitung oder Kontrolle der Ausführung von einzelnen Beschlüssen der Gemeindevertretung oder ihrer Ausschüsse erforderlich ist.

(2) Auskunft und Akteneinsicht dürfen nicht gewährt werden, wenn die Vorgänge nach einem Gesetz geheimzuhalten sind oder das Bekanntwerden des Inhalts die berechtigten Interessen einzelner beeinträchtigen kann[43]. Soweit Auskunft und Akteneinsicht zulässig sind, dürfen diese Rechte bei Personalakten nur den Mitgliedern

---

43) Vgl. Becker, Gemeindeordnungen und das Recht auf informelle Selbstbestimmung, Gemeinde 1989/323.

eines Personalausschusses und den Mitgliedern des Hauptausschusses bei der Wahrnehmung personalrechtlicher Befugnisse gewährt werden. Gleiches gilt für Mitglieder des Sozialausschusses
und des Jugendhilfeausschusses bei Akten, die dem Sozialgeheimnis unterliegen.

(3) Gemeindevertreterinnen und -vertretern, die von der Beratung
und der Entscheidung in der Angelegenheit ausgeschlossen sind
(§ 32 Abs. 3 in Verbindung mit § 22), darf Auskunft nicht gewährt werden.

(4) Bei amtsangehörigen Gemeinden tritt an die Stelle der Bürgermeisterin oder des Bürgermeisters die Amtsvorsteherin oder der
Amtsvorsteher beziehungsweise die Bürgermeisterin oder der Bürgermeister der Gemeinde, die die Geschäfte des Amtes führt.

(5) Akten im Sinne dieser Vorschrift sind auch Dateien, Karteien,
Tonbänder und andere Informationsträger.

§ 31 Zusammensetzung und Wahl der
Gemeindevertretung

(1) Die Gemeindevertretung besteht aus gewählten Vertreterinnen
und Vertretern (Gemeindevertreterinnen und -vertretern). Sie heißen
in Städten Stadtvertreterinnen und -vertreter; die Hauptsatzung kann
eine andere Bezeichnung vorsehen.

(2) Die Zahl der Gemeindevertreterinnen und -vertreter, die Wahlzeit und das Wahlverfahren werden durch Gesetz geregelt[44].

§ 31 a Unvereinbarkeit

(1) Ein Mitglied einer Gemeindevertretung darf nicht tätig sein als

1. Beamtin oder Beamter, Angestellte oder Angestellter der Gemeinde oder des die Gemeinde verwaltenden Amtes,

2. Beamtin oder Beamter, Angestellte oder Angestellter des Kreises,
dem die Gemeinde angehört, bei der Wahrnehmung von Aufgaben
der Kommunalaufsicht oder der Gemeindeprüfung,

---

44) Gemeinde- und Kreiswahlgesetz abgedruckt unter 5.

3. Beamtin oder Beamter, Angestellte oder Angestellter des Landes bei der Wahrnehmung von Aufgaben der Kommunalaufsicht oder des Landesrechnungshofes oder als

4. leitende Angestellte oder leitender Angestellter eines privatrechtlichen Unternehmens, an dem die Gemeinde oder das die Gemeinde verwaltende Amt mit mehr als 50 v. H. beteiligt ist; leitende Angestellte oder leitender Angestellter ist, wer allein oder mit anderen ständig berechtigt ist, das Unternehmen in seiner Gesamtheit zu vertreten.

(2) Beamtinnen oder Beamte im Sinne des Absatzes 1 sind diejenigen Beamtinnen und Beamten, die Dienstbezüge erhalten.

(3) Übernimmt ein Mitglied der Gemeindevertretung ein nach Absatz 1 mit seinem Mandat unvereinbares Amt oder eine nach Absatz 1 mit seinem Mandat unvereinbare Stellung oder Funktion, so stellt die Kommunalaufsichtsbehörde die Unvereinbarkeit fest. Das Mitglied verliert seinen Sitz mit der Unanfechtbarkeit der Feststellung.

§ 32   Rechte und Pflichten

(1)   Die Gemeindevertreterinnen und -vertreter handeln in ihrer Tätigkeit nach ihrer freien, durch das öffentliche Wohl bestimmten Überzeugung[45].

(2)   Bürgerinnen und Bürger entscheiden frei, ob sie die Wahl zur Gemeindevertretung annehmen oder auf ihren Sitz in der Gemeindevertretung verzichten. Haben sie die Wahl zur Gemeindevertre-

---

45) Wegen ehrverletzender Äußerungen vgl. LG Mainz v. 28. 9. 1971 – 1 O 249/71 – Gemeinde 1974/102. Keine Maßregelung von Bürgern durch die Vertretung, VG Schleswig U. v. 8. 8. 1996 – 6 A 66/96 – Gemeinde 1997/184. Zu den Sorgfaltspflichten bei der Erteilung des Einvernehmens nach § 36, I BBauG vgl. BGH v. 14. 6. 1984 – III ZR 68/83 – Gemeinde 1985/83.
Zur Haftung des Gemeindevertreters bei rechtswidriger Versagung des gemeindlichen Einvernehmens LG Kiel U. v. 27. 7. 1992 – 9 O 378/90 – Gemeinde 1993/88.
Zur Haftung bei Amtspflichtverletzungen im Zusammenhang mit der Überplanung von Altlasten, BGH U. v. 26. 1. 1989 – III ZR 194/87 – Gemeinde 1989/182, U. v. 6. 7. 1989 – III ZR 251/87 – Gemeinde 1989/334 und U. v. 21. 12. 1989 – III ZR 118/88 – Gemeinde 1990/88.

tung angenommen, so haben sie die ihnen aus ihrer Mitgliedschaft in der Gemeindevertretung erwachsenden Pflichten auszuüben, solange sie nicht auf ihren Sitz in der Gemeindevertretung verzichten[46].

(3)   § 21 Abs. 2 bis 5 (Verschwiegenheitspflicht), § 22 (Ausschließungsgründe[47]), § 23 Satz 1 und 2 (Treuepflicht[48]), § 24 Abs. 1, 3, 4 und 5 (Entschädigungen[49], Ersatz für Sachschäden), § 24a (Kündigungsschutz, Freizeitgewährung) und § 25 (Vertretung der Gemeinde in Vereinigungen) gelten für Gemeindevertreterinnen und -vertreter entsprechend. Für die Vorsitzende oder den Vorsitzenden der Gemeindevertretung und deren oder dessen Stellvertretende sowie für die Vorsitzenden der Fraktionen und für die Mitglieder des Hauptausschusses gilt zusätzlich § 24 Abs. 2 (Aufwandsentschädigung) entsprechend. Unabhängig von der Gewährung einer Entschädigung nach § 24 Abs. 1 Nr. 2 bis 5 erhalten Gemeindevertreterinnen und -vertreter für die Teilnahme an Sitzungen der Gemeindevertretung, der Ausschüsse und der Fraktionen sowie für die Teilnahme an sonstigen in der Hauptsatzung bestimmten Sitzungen ein angemessenes Sitzungsgeld oder eine angemessene Aufwandsentschädigung, die teilweise als Sitzungsgeld gezahlt werden kann. Zuständig für die Befreiung von der Verschwiegenheitspflicht sowie für die Entscheidungen nach § 22 Abs. 4 (Ausschließungsgründe) und für die Feststellung nach § 23 Satz 4 (Treuepflicht) ist die Gemeindevertretung; sie kann die Entscheidung übertragen.

(4)   Die Mitglieder der Gemeindevertretung, der Ortsbeiräte und der Ausschüsse haben der oder dem Vorsitzenden der Gemeindevertretung ihren Beruf sowie andere vergütete oder ehrenamtliche Tätigkeiten mitzuteilen, soweit dies für die Ausübung ihres Mandats von Bedeutung sein kann. Die Angaben sind zu veröffentlichen. Das Nähere regelt die Geschäftsordnung.

---

46) Unentschuldigtes Fernbleiben von Sitzungen kann als Ordnungswidrigkeit nach § 134 Abs. 1 Nr. 3 GO geahndet werden.
47) Unterlassung der Mitteilung ist Ordnungswidrigkeit nach § 134 Abs. 3 GO.
48) Bei Verstoß Geldbuße möglich nach § 134 Abs. 1 Nr. 1 GO.
49) Zur steuerrechtlichen Behandlung von Entschädigungen vgl. Erl. d. FM v. 16. 3. 1990 (abgedruckt im Anhang unter 6.6).

§ 32 a   Fraktionen[50)]

(1)   In der Gemeindevertretung bilden eine Fraktion

1. die Gemeindevertreterinnen und -vertreter, die derselben Partei angehören[51)], und

2. die Gemeindevertreterinnen und -vertreter, die auf Vorschlag einer Wählergruppe gewählt wurden.

(2)   Eine Fraktion kann beschließen, daß Bürgerinnen und Bürger, die nach § 46 Abs. 2 zu Mitgliedern von Ausschüssen gewählt worden sind, Stimmrecht in den Fraktionssitzungen erhalten. Die Geschäftsordnung der Fraktion kann bestimmen, daß das Stimmrecht auf Angelegenheiten ihres Ausschusses beschränkt wird; das Stimmrecht kann für Wahlen und Wahlvorschläge ausgeschlossen werden.

(3)   Mitglieder einer Fraktion scheiden aus ihrer Fraktion aus, wenn sie aus ihrer Partei oder Wählergruppe ausscheiden. Mitglieder einer Fraktion nach Absatz 4 können ihre Fraktion durch schriftliche Erklärung gegenüber der oder dem Vorsitzenden der Gemeindevertretung verlassen.

(4)   Fraktionslose Gemeindevertreterinnen und -vertreter können sich durch schriftliche Erklärung gegenüber der oder dem Vorsitzenden der Gemeindevertretung zu einer Fraktion zusammenschließen oder einer Fraktion mit deren Zustimmung beitreten.

---

50) Vgl. Erl. d. IM vom 17. 11. 1988 (IV 340 a – 161.231.7) über **Zuwendungen an Fraktionen im kommunalen Bereich durch die Gemeinden und Kreise**, abgedruckt unter Anhang 6.9.
Zur Öffentlichkeitsarbeit VG Schleswig 18. 2. 1976 – 3 A 256/75 – Gemeinde 1976/295; zum Antragsrecht VG Schleswig 5. 1. 1977 – 6 D 139/76 – Gemeinde 1977/197; zur Klagebefugnis gegen Beschlüsse der Gemeindevertretung, VG Schleswig U. v. 26. 8. 1986 – 6 A 352/86 – Gemeinde 1987/24; OVG Lüneburg U. v. 25. 8. 1987 – 5 A 211/86 – Gemeinde 1988/58. Zur Geschäftsfähigkeit einer Fraktion VG Schleswig B. v. 13. 7. 1990 – 6 A 282/88 – Gemeinde 1990/377; zu organschaftlichen Rechten einer Fraktion und Klagebefugnis Schl.-H. OVG U. v. 22. 10. 1991 – 2 L 291/91 – Gemeinde 1993/81.

51) VG Schleswig v. 1. 3. 1977 – 6 D 23/77 – Gemeinde 1977/328; hauptamtl. Wahlbeamte können keiner Fraktion angehören. BVerwG U. v. 27. 3. 1992 – 7 C 20.91 – Gemeinde 1993/177. Zur Frage der Deckungsgleichheit einer Fraktion mit der Wahlperiode der Vertretungskörperschaft Schl.-H. OVG, B. v. 27. 6. 1995 – 2 L 257/93 – Gemeinde 1996, S. 19.

(5) Die Mindestzahl der Mitglieder einer Fraktion beträgt zwei. Die Fraktionen sind entsprechend der Benennung der politischen Parteien oder Wählergruppen in den Wahlvorschlägen zur Gemeindewahl zu bezeichnen.

§ 33 Vorsitz

(1) Die Gemeindevertretung wählt aus ihrer Mitte ihre Vorsitzende oder ihren Vorsitzenden und deren oder dessen Stellvertretende. Die Wahl der oder des Vorsitzenden in der ersten Sitzung nach Beginn der Wahlzeit leitet das älteste Mitglied, die Wahl der Stellvertretenden leitet die oder der Vorsitzende. Scheidet die oder der Vorsitzende aus, leitet die Stellvertreterin oder der Stellvertreter die Wahl der oder des neuen Vorsitzenden. Die Stellvertretenden vertreten die Vorsitzende oder den Vorsitzenden im Falle der Verhinderung in der Reihenfolge ihrer Wahl. Ein Ausscheiden der oder des Vorsitzenden während der Wahlzeit gilt bis zur Wahl der Nachfolgerin oder des Nachfolgers, längstens für die Dauer von fünf Monaten, als Verhinderung.

(2) Jede Fraktion kann verlangen, daß die oder der Vorsitzende der Gemeindevertretung und deren oder dessen Stellvertretende auf Vorschlag der nach Satz 2 vorschlagsberechtigten Fraktionen gewählt werden. In diesem Fall steht den Fraktionen das Vorschlagsrecht für die Wahl der oder des Vorsitzenden, der oder des ersten, zweiten usw. Stellvertretenden in der Reihenfolge der Höchstzahlen zu, die sich aus der Teilung der Sitzzahlen der Fraktionen durch 1, 2, 3 usw. ergeben. Für die Wahl gilt § 39 Abs. 1 entsprechend. Werden während der Wahlzeit eine oder mehrere Wahlstellen frei, gelten für die Wahl der Nachfolgerin oder des Nachfolgers die Sätze 1 bis 3 entsprechend.

(3) Ist die oder der Vorsitzende der Gemeindevertretung gleichzeitig Bürgermeisterin oder Bürgermeister (§ 48), gilt abweichend von Abs. 2 für die Wahl § 52. Bei der nach § 40 Abs. 2 und 3 durchzuführenden Wahl der Stellvertretenden sind das Verhältnis der Sitzzahlen der Fraktionen und die Fraktionszugehörigkeit der oder des Vorsitzenden der Gemeindevertretung zu berücksichtigen.

(4) Die oder der Vorsitzende der Gemeindevertretung führt in Gemeinden mit hauptamtlicher Bürgermeisterin oder hauptamtlichem Bürgermeister die Bezeichnung Bürgervorsteherin oder Bürgervorsteher, in kreisfreien Städten Stadtpräsidentin oder Stadtpräsident.

(5) Die oder der Vorsitzende wird von dem ältesten Mitglied, die anderen Gemeindevertreterinnen und -vertreter werden von der oder dem Vorsitzenden durch Handschlag auf die gewissenhafte Erfüllung ihrer Obliegenheiten verpflichtet und in ihre Tätigkeit eingeführt. Scheidet die oder der Vorsitzende vor Ablauf der Wahlzeit aus, nimmt die Stellvertreterin oder der Stellvertreter die Verpflichtung und Einführung der Nachfolgerin oder des Nachfolgers vor. Ist die oder der Vorsitzende der Gemeindevertretung gleichzeitig Bürgermeisterin oder Bürgermeister, gilt § 53.

(6) Die oder der Vorsitzende der Gemeindevertretung kann an den Sitzungen der Ausschüsse und des Magistrats teilnehmen; ihr oder ihm ist auf Wunsch das Wort zu erteilen.

(7) Die oder der Vorsitzende der Gemeindevertretung und deren oder dessen Stellvertretende bleiben bis zum Zusammentritt der neugewählten Gemeindevertretung tätig.

(8) Die oder der Vorsitzende der Gemeindevertretung vertritt die Gemeindevertretung in gerichtlichen Verfahren.

§ 34 Einberufung, Geschäftsordnung[52]

(1) Die Gemeindevertretung wird spätestens zum 30. Tag nach Beginn der Wahlzeit, in den Fällen des § 1 Abs. 3 des Gemeinde- und Kreiswahlgesetzes zum 30. Tag nach der Wahl, von der oder dem bisherigen Vorsitzenden einberufen. Im übrigen ist sie durch die Vorsitzende oder den Vorsitzenden einzuberufen, so oft es die Geschäftslage erfordert. Sie soll mindestens einmal im Vierteljahr einberufen werden; die Hauptsatzung kann eine kürzere Mindestfrist vorsehen.

---

52) Ausführlich zum Geschäftsordnungsrecht mit Muster für Geschäftsordnungen, Hartmut Borchert, Kommunales Geschäftsordnungsrecht Schleswig-Holstein, 2. Aufl., 1994; zur Wirkung eines Verstoßes gegen die Geschäftsordnung OVG Münster, U. v. 27. 8. 1996 – 15 A 32/58 – Gemeinde 1997, S. 245.

Die Gemeindevertretung muß unverzüglich einberufen werden, wenn es ein Drittel der gesetzlichen Zahl ihrer Mitglieder oder die Bürgermeisterin oder der Bürgermeister unter Angabe des Beratungsgegenstands verlangt.

(2) Die Gemeindevertretung regelt ihre inneren Angelegenheiten, insbesondere den Ablauf der Sitzungen, durch eine Geschäftsordnung, soweit dieses Gesetz keine Regelung enthält[53].

(3) Die Ladungsfrist beträgt mindestens eine Woche. Sie kann in begründeten Ausnahmefällen unterschritten werden, es sei denn, daß ein Drittel der gesetzlichen Zahl der Gemeindevertreterinnen und -vertreter widerspricht.

(4) Die oder der Vorsitzende setzt nach Beratung mit der Bürgermeisterin oder dem Bürgermeister die Tagesordnung fest; sie ist in die Ladung aufzunehmen. Zeit, Ort und Tagesordnung der Sitzung sind unverzüglich örtlich bekanntzumachen. Die oder der Vorsitzende muß eine Angelegenheit auf die Tagesordnung setzen, wenn es die Bürgermeisterin oder der Bürgermeister oder ein Drittel der gesetzlichen Zahl der Gemeindevertreterinnen und -vertreter oder eine Fraktion verlangt[54]. Die Gemeindevertretung kann die Tagesordnung um dringende Angelegenheiten erweitern; der Beschluß bedarf der Mehrheit von zwei Dritteln der gesetzlichen Zahl der Gemeindevertreterinnen und -vertreter.

---

53) Zur Beschränkung der Redezeit, Hess VGH v. 7. 6. 1977 – II OE 95/75 – Gemeinde 1979/114; Beschränkung auf drei Minuten zulässig, VG Gelsenkirchen U. v. 21. 3. 1986 – 15 K 40/85 – Gemeinde 1987/54.

54) Verpflichtung des Vorsitzenden auch dann, wenn der Gemeinde eine Beschlußzuständigkeit fehlt, vgl. VG Schleswig v. 15. 9. 1983 – 6 A 508/83 – Gemeinde 1983/341 und Berufungsurteil OVG Lüneburg v. 14. 2. 1984 – 5 A 212/83 – Gemeinde 1984/225. Jedoch keine Verpflichtung der Gemeindevertretung zur Beratung, OVG Lüneburg v. 1. 11. 1983 – 5 B 100/83 – Gemeinde 1984/24 sowie VG Schleswig v. 15. 9. 1983 – 6 A 299/83 – Gemeinde 1983/368 und Berufungsurteil OVG v. 14. 2. 1984 – 5 A 217/83 – Gemeinde 1984/227. Kein Antragsrecht eines einzelnen Gemeindevertreters, VG Schleswig U. v. 15. 4. 1993 – 6 A 757/92 – Gemeinde 93/264; aber Schl.-H. OVG U. v. 27. 6. 1995 – 2 L 257/93 – Gemeinde 1996/19; aber kein Anspruch auf Sachbehandlung, VG Schleswig U. v. 8. 8. 1996 – 6 A 62/96 – Gemeinde 1997/124.

§ 35 Öffentlichkeit der Sitzungen

(1)   Die Sitzungen der Gemeindevertretung sind öffentlich[55]. Die Öffentlichkeit ist auszuschließen[56], wenn überwiegende Belange des öffentlichen Wohls oder berechtigte Interessen einzelner es erfordern. Die Angelegenheit kann in öffentlicher Sitzung behandelt werden, wenn die Personen, deren Interessen betroffen sind, dies schriftlich verlangen oder hierzu schriftlich ihr Einverständnis erklären.

(2)   Über den Ausschluß der Öffentlichkeit beschließt die Gemeindevertretung allgemein oder im Einzelfall. Antragsberechtigt sind die Gemeindevertreterinnen und -vertreter und die Bürgermeisterin oder der Bürgermeister. Der Beschluß bedarf der Mehrheit von zwei Dritteln der anwesenden Gemeindevertreterinnen und -vertreter. Über den Antrag wird in nichtöffentlicher Sitzung beraten und entschieden; ohne Aussprache wird in öffentlicher Sitzung entschieden.

(3)   In nichtöffentlicher Sitzung gefaßte Beschlüsse sind spätestens in der nächsten öffentlichen Sitzung bekanntzugeben, wenn nicht überwiegende Belange des öffentlichen Wohls oder berechtigte Interessen einzelner entgegenstehen[57].

§ 36   Rechte und Pflichten der Bürgermeisterin oder des Bürgermeisters in den Sitzungen der Gemeindevertretung

(1)   Die hauptamtliche Bürgermeisterin oder der hauptamtliche Bürgermeister nimmt an den Sitzungen der Gemeindevertretung teil.

---

55) Keine Verpflichtung, Beschlußvorlagen den Zuhörern zur Kenntnis zu bringen, Bayr. VGH v. 17. 12. 1979 – 14N-838/79 – Gemeinde 1980/299; Kein Anspruch von Zuhörern auf Rauchverbot in den Sitzungen, OVG Lüneburg, U. v. 18. 4. 1989 – 10 L 29/89 – Gemeinde 89/314; einschränkend BVerwG B. v. 16. 8. 1989 – 7 B 118.89 – Gemeinde 1990/226. Zur Unzulässigkeit von Tonbandaufzeichnungen durch Presse, VG Hannover v. 16. 4. 1986 – 1 VG A 113/84 – Gemeinde 1986/323 und OVG Lüneburg U. v. 18. 4. 1989 – 10 L 30/89 – Gemeinde 1989/345. Zur Unzulässigkeit von Tonbandaufzeichnungen einer öffentlichen Gemeindevertretersitzung BVerwG U. v. 31. 10. 1990 – 2 BvF 2/89 – Gemeinde 1991/ 24.

56) Dazu Hartmut Borchert, Kommunales Geschäftsordnungsrecht Schleswig-Holstein, 2. Aufl., 1994, S. 54 ff.

57) OVG Lüneburg v. 7. 5. 1974 – V A 91/72 – Gemeinde 1974/322 und BVerwG v. 27. 2. 1975 – VII B 66.74 – Gemeinde 1975/216.

(2)   Die Bürgermeisterin oder der Bürgermeister ist verpflichtet, der Gemeindevertretung und einzelnen Gemeindevertreterinnen oder -vertretern Auskunft zu erteilen; sie oder er kann sich hierbei vertreten lassen, wenn nicht eine Fraktion oder ein Drittel der gesetzlichen Zahl der Gemeindevertreterinnen und -vertreter widerspricht. Der Bürgermeisterin oder dem Bürgermeister ist auf Wunsch das Wort zu erteilen. Sie oder er kann zu den Tagesordnungspunkten Anträge stellen.

§ 37   Verhandlungsleitung

Die oder der Vorsitzende leitet die Verhandlungen der Gemeindevertretung. In den Sitzungen handhabt sie oder er die Ordnung und übt das Hausrecht[58] aus.

§ 38   Beschlußfähigkeit

(1)   Die Gemeindevertretung ist beschlußfähig, wenn mehr als die Hälfte der gesetzlichen Zahl der Gemeindevertreterinnen und -vertreter anwesend ist[59]. Die oder der Vorsitzende der Gemeindevertretung stellt die Beschlußfähigkeit zu Beginn der Sitzung fest[60]. Die Gemeindevertretung gilt danach als beschlußfähig, bis die oder der Vorsitzende der Gemeindevertretung die Beschlußunfähigkeit auf Antrag einer Gemeindevertreterin oder eines Gemeindevertreters feststellt; dieses Mitglied zählt zu den Anwesenden. Die oder der Vorsitzende der Gemeindevertretung muß die Beschlußunfähigkeit auch ohne Antrag feststellen, wenn weniger als ein Drittel der gesetzlichen Zahl der Gemeindevertreterinnen und -vertreter oder weniger als drei Gemeindevertreterinnen und -vertreter anwesend sind.

---

58) Dazu Hartmut Borchert, Kommunales Geschäftsordnungsrecht, 2. Aufl., 1994, S. 96 ff. Zum Rauchverbot in Sitzungen vgl. VG Würzburg v. 12. 12. 1979 – Nr. W 235/1979 – Gemeinde 1981/256; kein Anspruch von Zuhörern auf Rauchverbot in den Sitzungen, OVG Lüneburg U. v. 18. 4. 1989 – 10 L 29/89 – Gemeinde 1989/314; dazu einschränkend BVerwG B. v. 16. 8. 1989 – 7 B 118.89 – Gemeinde 1990/226.

59) OVG Lüneburg v. 26. 8. 1964 – V A 40/64 – Gemeinde 1964/232; OVG Lüneburg U. v. 30. 6. 1987 – 1 C 40/85 – Gemeinde 1987/54.

60) Zu den Voraussetzungen der Feststellung der Beschlußfähigkeit VG Schleswig U. v. 23. 11. 1988 – 6 A 89/88 – Gemeinde 1989/190.

(2) Zur Feststellung der Beschlußfähigkeit vermindert sich die gesetzliche Zahl der Gemeindevertreterinnen und -vertreter

1. um die Zahl der nach § 44 Abs. 2 des Gemeinde- und Kreiswahlgesetzes leer bleibenden Sitze sowie

2. im Einzelfall um die Zahl der nach § 32 Abs. 3 in Verbindung mit § 22 ausgeschlossenen Gemeindevertreterinnen und -vertreter.

Vermindert sich die gesetzliche Zahl der Gemeindevertreterinnen und -vertreter um mehr als die Hälfte, ist die Gemeindevertretung im Fall der Nummer 1 beschlußfähig, wenn mindestens ein Drittel der gesetzlichen Zahl der Gemeindevertreterinnen und -vertreter anwesend ist, im Fall der Nummer 2, wenn mindestens drei stimmberechtigte Gemeindevertreterinnen und -vertreter anwesend sind.

(3) Ist eine Angelegenheit wegen Beschlußunfähigkeit der Gemeindevertretung zurückgestellt worden und wird die Gemeindevertretung zur Verhandlung über denselben Gegenstand zum zweiten Mal einberufen, so ist die Gemeindevertretung beschlußfähig, wenn mindestens drei stimmberechtigte Gemeindevertreterinnen und -vertreter anwesend sind. Bei der zweiten Ladung muß auf diese Vorschrift hingewiesen werden.

§ 39 Beschlußfassung

(1) Beschlüsse der Gemeindevertretung werden, soweit nicht das Gesetz etwas anderes vorsieht, mit Stimmenmehrheit gefaßt. Bei der Berechnung der Stimmenmehrheit zählen nur die Ja- und Neinstimmen. Bei Stimmengleichheit ist ein Antrag abgelehnt.

(2) Es wird offen abgestimmt.

(3) Es kann nur über Anträge abgestimmt werden, die vorher schriftlich festgelegt worden sind.

§ 40 Wahlen durch die Gemeindevertretung

(1) Wahlen sind Beschlüsse, die durch Gesetz oder aufgrund eines Gesetzes durch Verordnung als Wahlen bezeichnet werden[61].

---

61) Nicht auf Grund eines interkommunalen Vertrages, VG Schleswig v. 1. 11. 1984 – 6 A 372/82 – Gemeinde 1985/62.

(2)   Gewählt wird, wenn niemand widerspricht, durch Handzeichen, sonst durch Stimmzettel[62].

(3)   Gewählt ist, wer die meisten Stimmen erhält. Bei Stimmengleichheit entscheidet das Los, das die oder der Vorsitzende der Gemeindevertretung zieht.

(4)   Bei Verhältniswahl (§ 46 Abs. 1) stimmt die Gemeindevertretung in einem Wahlgang über die Wahlvorschläge[63] (Listen) der Fraktionen ab. Gemeindevertreterinnen und -vertreter und andere Bürgerinnen und Bürger (§ 46 Abs. 2) müssen in einem Wahlvorschlag aufgeführt werden. Die Zahl der Stimmen, die jeder Wahlvorschlag erhält, wird durch 1, 2, 3, 4 usw. geteilt. Die Wahlstellen werden in der Reihenfolge der Höchstzahlen auf die Wahlvorschläge verteilt. Über die Zuteilung der letzten Wahlstelle entscheidet bei gleicher Höchstzahl das Los, das die oder der Vorsitzende der Gemeindevertretung zieht. Die Bewerberinnen und Bewerber einer Fraktion werden in der Reihenfolge berücksichtigt, die sich aus dem Wahlvorschlag ergibt.

§ 40 a   Abberufung durch die Gemeindevertretung

(1)   Wer durch Wahl der Gemeindevertretung berufen wird, kann durch Beschluß der Gemeindevertretung abberufen werden. Ein Antrag auf Abberufung kann nur behandelt werden, wenn er auf der Tagesordnung gestanden hat. Der Beschluß bedarf der Mehrheit der anwesenden Mitglieder der Gemeindevertretung.

(2)   Der Beschluß, mit dem

1. die oder der Vorsitzende der Gemeindevertretung oder eine Stellvertreterin oder ein Stellvertreter aus dem Vorsitz oder

2. eine Stadträtin oder ein Stadtrat aus dem Amt

abberufen wird, bedarf der Mehrheit von zwei Dritteln der gesetzlichen Zahl der Gemeindevertreterinnen und -vertreter.

---

[62] VG Saarland v. 18. 2. 1975 – 3 K 485/74 – Gemeinde 1975/224.
[63] Zur Zulässigkeit gemischter Wahlvorschlagslisten Schl.-H. OVG U. v. 20. 6. 1996 – 2 L 215/95 – Gemeinde 1996/330.

(3) Über den Antrag, eine Stadträtin oder einen Stadtrat aus dem Amt abzuberufen, ist zweimal zu beraten und zu beschließen. Die zweite Beratung darf frühestens vier Wochen nach der ersten stattfinden.

(4) Wer abberufen wird, scheidet aus seiner Wahlstelle oder seinem Amt aus. Eine Stadträtin oder ein Stadtrat tritt mit Ablauf des Tages, an dem die Abberufung zum zweiten Mal beschlossen wird, in den einstweiligen Ruhestand.

§ 41 Niederschrift[64]

(1) Über jede Sitzung der Gemeindevertretung ist eine Niederschrift aufzunehmen. Die Niederschrift muß mindestens

1. die Zeit und den Ort der Sitzung,

2. die Namen der Teilnehmerinnen und Teilnehmer,

3. die Tagesordnung,

4. den Wortlaut der Anträge und Beschlüsse und

5. das Ergebnis der Abstimmungen

enthalten. Die Niederschrift muß von der oder dem Vorsitzenden der Gemeindevertretung und der Protokollführerin oder dem Protokollführer[65] unterzeichnet werden. Sie soll innerhalb von 30 Tagen, spätestens zur nächsten Sitzung, vorliegen.

(2) Über Einwendungen gegen die Niederschrift entscheidet die Gemeindevertretung[66].

(3) Die Einsichtnahme in die Niederschriften über die öffentlichen Sitzungen ist den Einwohnerinnen und Einwohnern zu gestatten.

---

64) Dazu Hartmut Borchert, Kommunales Geschäftsordnungsrecht Schleswig-Holstein 2. Aufl., 1994, S. 100 ff.
65) Giese, Die Form der Berichtigung von Sitzungsprotokollen nach § 41 GO, Gemeinde 1993/71.
66) Über Behandlung von Niederschriften über nichtöffentl. Sitzungen vgl. VGH Bad.-Wttbg. v. 7. 12. 1973 – I 539/71 – Gemeinde 1975/14. Zur Beweiskraft der Sitzungsniederschrift vgl. OVG Lüneburg v. 12. 6. 1981 – 1 C 9/76 – Gemeinde 1981/360.

§ 42 Ordnung in den Sitzungen

Die oder der Vorsitzende der Gemeindevertretung kann eine Gemeindevertreterin oder einen Gemeindevertreter, die oder der die Ordnung verletzt oder gegen das Gesetz oder die Geschäftsordnung verstößt, zur Ordnung rufen. Nach dreimaligem Ordnungsruf kann sie oder er sie oder ihn von der Sitzung ausschließen[67]. Hat die oder der Vorsitzende der Gemeindevertretung eine Gemeindevertreterin oder einen Gemeindevertreter von der Sitzung ausgeschlossen, so kann sie oder er sie oder ihn in der jeweils folgenden Sitzung nach einmaligem Ordnungsruf ausschließen.

§ 43 Widerspruch[68] gegen Beschlüsse der Gemeindevertretung

(1) Verletzt ein Beschluß der Gemeindevertretung das Recht, so hat ihm die Bürgermeisterin oder der Bürgermeister zu widersprechen. Die Bürgermeisterin oder der Bürgermeister kann einem Beschluß widersprechen, wenn der Beschluß das Wohl der Gemeinde gefährdet.

(2) Der Widerspruch muß innerhalb von zwei Wochen nach Beschlußfassung schriftlich eingelegt und begründet werden. Er enthält die Aufforderung, den Beschluß aufzuheben. Die Gemeindevertretung muß über die Angelegenheit in einer neuen Sitzung nochmals beschließen; bis dahin hat der Widerspruch aufschiebende Wirkung.

(3) Verletzt auch der neue Beschluß das Recht, so hat ihn die Bürgermeisterin oder der Bürgermeister schriftlich unter Darlegung der

---

67) Bleibt er dennoch im Raum, begeht er Hausfriedensbruch vgl. OLG Karlsruhe, U. v. 13. 9. 1979 – 4 Ss 104/79 – Gemeinde 1980/136. Vgl. Hartmut Borchert, Kommunales Geschäftsordnungsrecht Schleswig-Holstein 2. Aufl., 1994, S. 90 ff.

68) Zur Funktion des Widerspruches vgl. VG Schleswig v. 27. 4. 1972 – 8 A 4/72 – Gemeinde 1972/386 und das Urteil der Berufungsinstanz OVG Lüneburg v. 26. 10. 1973 – V A 103/72 – Gemeinde 1974/98. Hansen/Schliesky, Die gemeindeinterne Rechtmäßigkeitskontrolle nach § 43 GO, Gemeinde 1991/281. Kein Widerspruchsrecht des selbst betroffenen Bürgermeisters bei Bgm.-Wahlen nach §§ 51, 64 GO, OVG Lüneburg B. v. 5. 2. 1990 – 10 M 58/90 – Gemeinde 1990/368.
Der Bgm. setzt sich nach § 94 LBG haftungsrechtlichen Ansprüchen der Gemeinde aus, wenn er seiner Widerspruchspflicht nicht nachkommt.

Gründe binnen zwei Wochen zu beanstanden. Die Beanstandung hat aufschiebende Wirkung. Gegen die Beanstandung steht der Gemeindevertretung die Klage vor dem Verwaltungsgericht zu.

(4) Widerspruch und Beanstandung sind an die Vorsitzende oder den Vorsitzenden der Gemeindevertretung, in ehrenamtlich verwalteten Gemeinden (§ 48) an die erste Stellvertreterin oder den ersten Stellvertreter der Bürgermeisterin oder des Bürgermeisters, zu richten.

§ 44 Auflösung der Gemeindevertretung

(1) Das Innenministerium kann eine Gemeindevertretung auflösen,

1. wenn sie dauernd beschlußunfähig ist,

2. wenn eine ordnungsgemäße Erledigung der Gemeindeaufgaben auf andere Weise nicht gesichert werden kann oder

3. wenn durch Gebietsänderung die bisherige Einwohnerzahl einer Gemeinde um mehr als ein Zehntel zu- oder abgenommen hat.

Die Entscheidung des Innenministeriums ist zuzustellen.

(2) Bei einer Auflösung nach Absatz 1 ist die Gemeindevertretung binnen drei Monaten nach Unanfechtbarkeit der Entscheidung des Innenministeriums für den Rest der Wahlzeit neu zu wählen. Die Kommunalaufsichtsbehörde setzt einen Sonntag als Wahltag fest.

§ 45 Aufgaben und Einrichtung der Ausschüsse

(1) Die Gemeindevertretung wählt Ausschüsse zur Vorbereitung ihrer Beschlüsse und zur Kontrolle der Gemeindeverwaltung; die Gemeindeversammlung kann solche Ausschüsse wählen.[69]

(2) Die Gemeindevertretung kann den Ausschüssen bestimmte Entscheidungen allgemein durch die Hauptsatzung oder im Einzelfall übertragen, soweit nicht § 28 entgegensteht. Hat die Gemeindevertretung die Entscheidung im Einzelfall übertragen, so kann sie

---

69) Dazu OVG Lüneburg v. 26. 8. 1964 – VA 40/64 – Gemeinde 1964/232.

selbst entscheiden, wenn der Ausschuß noch nicht entschieden hat.

(3) Die Hauptsatzung bestimmt die ständigen Ausschüsse, ihr Aufgabengebiet und die Zahl ihrer Mitglieder.

§ 45 a Hauptausschuß

(1) In hauptamtlich verwalteten Gemeinden wählt die Gemeindevertretung aus ihrer Mitte einen Hauptausschuß. Die oder der Vorsitzende wird aus der Mitte der Gemeindevertretung gewählt.

(2) Die Bürgermeisterin oder der Bürgermeister ist Mitglied des Hauptausschusses ohne Stimmrecht.

(3) Für den Hauptausschuß gelten im übrigen die Vorschriften über die Ausschüsse entsprechend.

§ 45 b Aufgaben des Hauptausschusses

(1) Der Hauptausschuß koordiniert die Arbeit der Ausschüsse und kontrolliert die Umsetzung der von der Gemeindevertretung festgelegten Ziele und Grundsätze in der von der Bürgermeisterin oder dem Bürgermeister geleiteten Gemeindeverwaltung. Zu seinen Aufgaben im Rahmen dieser Zuständigkeit gehört es vor allem,

1. die Beschlüsse der Gemeindevertretung über die Festlegung von Zielen und Grundsätzen vorzubereiten,

2. das von der Gemeindevertretung nach § 28 Abs. 1 Nr. 26 zu beschließende Berichtswesen zu entwickeln und bei der Kontrolle der Gemeindeverwaltung anzuwenden,

3. auf die Einheitlichkeit der Arbeit der Ausschüsse hinzuwirken; in diesem Rahmen kann er die den Ausschüssen im Einzelfall übertragenen Entscheidungen (§ 45 Abs. 2) an sich ziehen, wenn der Ausschuß noch nicht entschieden hat,

4. die Entscheidungen zu treffen, die ihm die Gemeindevertretung übertragen hat.

(2) Der Hauptausschuß ist Dienstvorgesetzter der Bürgermeisterin oder des Bürgermeisters; er hat keine Disziplinarbefugnis. Führt die Bürgermeisterin oder der Bürgermeister Aufgaben zur Erfüllung

nach Weisung durch, darf der Hauptausschuß die Zuständigkeit des Dienstvorgesetzten nach § 77 Abs. 2 des Landesbeamtengesetzes nur mit Zustimmung der Kommunalaufsichtsbehörde wahrnehmen.

§ 46 Mitglieder und Geschäftsordnung der Ausschüsse

(1) Jede Fraktion kann verlangen, daß die Mitglieder eines Ausschusses durch Verhältniswahl gewählt werden[70].

(2) Wenn die Hauptsatzung dies bestimmt, können neben Gemeindevertreterinnen und -vertretern auch andere Bürgerinnen und Bürger zu Mitgliedern von Ausschüssen gewählt werden[71]. Sie müssen der Gemeindevertretung angehören können. Ihre Zahl darf die der Gemeindevertreterinnen und -vertreter im Ausschuß nicht erreichen. Sie können einem Ausschuß vorsitzen. In diesem Fall ist ihnen in der Gemeindevertretung in Angelegenheiten ihres Ausschusses auf Wunsch das Wort zu erteilen. Sie scheiden aus dem Ausschuß aus, wenn sie Mitglied der Gemeindevertretung werden.

(3) Die Gemeindevertretung kann stellvertretende Mitglieder der Ausschüsse wählen; Absatz 1, Absatz 2 Satz 1 und 2 sowie § 33 Abs. 1 Satz 4 und 5 gelten entsprechend.

(4) Die Gemeindevertretung wählt die Vorsitzenden der ständigen Ausschüsse. Das Vorschlagsrecht steht den Fraktionen zu; die Fraktionen können in der Reihenfolge ihrer Höchstzahlen entsprechend § 33 Abs. 2 Satz 2 bestimmen, für welche Vorsitzenden ihnen das Vorschlagsrecht zusteht (Zugriffsverfahren). Zur oder zum Vorsitzenden kann nur ein Mitglied des Ausschusses vorgeschlagen werden. Für die Wahl gilt § 39 Abs. 1 entsprechend. Wird während der Wahlzeit die Wahlstelle einer oder eines Vorsitzenden frei, gilt für die Wahl der Nachfolgerin oder des Nachfolgers Satz 1 bis 4 entsprechend; dabei werden jeder Fraktion so viele Höchstzahlen gestrichen, wie am Tage des Ausscheidens der oder des Vorsitzenden, für deren

---

70) Kein Verstoß gegen Bundesrecht, BVerwG v. 12. 9. 1977 – VII B 112.77 – Gemeinde 1978/ 152. Kein Anspruch eines einzelnen fraktionslosen Gemeindevertreters auf Wahl in einem Ausschuß, VG Schleswig U. v. 15. 4. 1993 – 6 A 757/92 – Gemeinde 1993/2634.
71) Zur Frage des Vertretungsverbotes nach § 23 GO vgl. VG Schleswig v. 16. 5. 1980 – 6 A 92/79 – Gemeinde 1980/326; a. A. Meisner in Gemeinde 1980/399.

oder dessen Wahlstelle das Vorschlagsrecht festgestellt werden soll, Vorsitzende der Ausschüsse einer Fraktion angehören. Steht das Vorschlagsrecht für eine Wahlstelle fest, wird die vorschlagsberechtigte Fraktion von diesem Zeitpunkt an bei der Feststellung des Vorschlagsrechts für weitere Wahlstellen so behandelt, als ob die Wahlstelle auf ihren Vorschlag besetzt worden sei. Für stellvertretende Vorsitzende gilt Satz 1 bis 6 entsprechend.

(5) Die Mitglieder, die nicht der Gemeindevertretung angehören, werden von der oder dem Vorsitzenden des Ausschusses durch Handschlag auf die gewissenhafte Erfüllung ihrer Obliegenheiten verpflichtet und in ihr Amt eingeführt. Die Mitglieder der Ausschüsse handeln in ihrer Tätigkeit nach ihrer freien, durch das öffentliche Wohl bestimmten Überzeugung.

(6) Die Bürgermeisterin oder der Bürgermeister ist berechtigt und auf Verlangen verpflichtet, an den Sitzungen der Ausschüsse teilzunehmen. Ihr oder ihm ist auf Wunsch das Wort zu erteilen. Sie oder er kann zu den Tagesordnungspunkten Anträge stellen. Bei der Wahrnehmung der Rechte und Erfüllung der Pflichten aus Satz 1 und 3 kann sich die Bürgermeisterin oder der Bürgermeister vertreten lassen.

(7) Die Sitzungen der Ausschüsse sind öffentlich, wenn die Gemeindevertretung nicht anderes beschließt. Liegt ein derartiger Beschluß nicht vor, ist die Öffentlichkeit auszuschließen, wenn überwiegende Belange des öffentlichen Wohls oder berechtigte Interessen einzelner es erfordern. Der Ausschuß beschließt darüber in nichtöffentlicher Sitzung.

(8) Gemeindevertreterinnen oder -vertreter, die nicht Mitglieder der Ausschüsse sind, können an den Sitzungen der Ausschüsse teilnehmen. Ihnen ist auf Wunsch das Wort zu erteilen.

(9) Wird die Wahlstelle eines Mitglieds eines Ausschusses, mit Ausnahme eines gesetzlichen Mitglieds, während der Wahlzeit frei, wird die Nachfolgerin oder der Nachfolger nach § 40 Abs. 3 gewählt; jede Fraktion kann verlangen, daß alle Wahlstellen des Ausschusses neu besetzt werden; in diesem Fall verlieren die Mitglieder des Ausschusses zu Beginn der nächsten Sitzung der Gemeindevertretung ihre Wahlstellen. Satz 1 Halbsatz 2 und 3 gilt nicht, wenn die Wahlstelle eines stellvertretenden Mitglieds eines Ausschusses frei wird. Wer

freiwillig ausscheidet, kann in diesen Ausschuß nicht wieder gewählt werden, es sei denn, daß alle Ausschüsse neu gewählt werden.

(10) Wird die Gemeindevertretung neu gewählt, bleiben die Ausschüsse bis zum Zusammentritt der neugewählten Ausschüsse tätig.

(11) Im übrigen gelten für die Ausschüsse die Vorschriften über die Gemeindevertretung entsprechend. Abweichend von § 34 Abs. 4 Satz 2 brauchen Zeit, Ort und Tagesordnung der Ausschußsitzungen nicht örtlich bekanntgemacht zu werden; die Bürgermeisterin oder der Bürgermeister soll die Öffentlichkeit über öffentliche Ausschußsitzungen vorher in geeigneter Weise unterrichten. Abweichend von § 34 Abs. 4 Satz 3 muß die oder der Vorsitzende eine Angelegenheit auf die Tagesordnung setzen, wenn die Bürgermeisterin oder der Bürgermeister, der Hauptausschuß in Ausübung seiner Zuständigkeit nach § 45 b Abs. 1 Satz 2 Nr. 3 oder ein der Gemeindevertretung angehörendes Ausschußmitglied dies verlangt. Die Gemeindevertretung regelt durch die Geschäftsordnung die inneren Angelegenheiten der Ausschüsse, insbesondere den Ablauf der Sitzungen, soweit dieses Gesetz keine Regelung enthält.

§ 47 Widerspruch gegen Ausschußbeschlüsse[72]

(1) Verletzt der Beschluß eines Ausschusses das Recht, so hat die Bürgermeisterin oder der Bürgermeister dem Beschluß zu widersprechen. Die Bürgermeisterin oder der Bürgermeister kann dem Beschluß widersprechen, wenn der Beschluß das Wohl der Gemeinde gefährdet.

(2) Der Widerspruch muß innerhalb von zwei Wochen nach Beschlußfassung schriftlich eingelegt und begründet werden. Er ist an die Vorsitzende oder den Vorsitzenden des Ausschusses zu richten und enthält die Aufforderung, den Beschluß aufzuheben. Der Ausschuß muß über die Angelegenheit in einer neuen Sitzung nochmals beraten; bis dahin hat der Widerspruch aufschiebende Wirkung. Gibt der Ausschuß dem Widerspruch nicht statt, beschließt die Gemeindevertretung über den Widerspruch. Das Recht der Gemeindevertre-

---

72) Vgl. dazu Anm. 1 zu § 43.

tung, die Entscheidung nach § 45 Abs. 2 an sich zu ziehen und den Beschluß aufzuheben, bleibt unberührt.

2. ABSCHNITT: Ortsteile, Beiräte, Beteiligung von Kindern und Jugendlichen

§ 47 a Ortsteile

Die Gemeinde kann durch Beschluß der Gemeindevertretung Ortsteile bilden und deren Namen bestimmen. Die Gemeindevertretung kann die Bezeichnung Ortsteil durch die Bezeichnung Dorfschaft oder eine andere Bezeichnung ersetzen.

§ 47 b Ortsteilverfassung[73)]

(1) Die Gemeinde kann durch die Hauptsatzung für einen Ortsteil einen Ortsbeirat bilden. Die Hauptsatzung kann für den Ortsbeirat eine andere Bezeichnung vorsehen.

(2) Mitglieder des Ortsbeirats können Gemeindevertreterinnen und -vertreter und andere Bürgerinnen und Bürger sein, die der Gemeindevertretung angehören können. Die Zahl der anderen Bürgerinnen und Bürger muß die der Gemeindevertreterinnen und -vertreter im Ortsbeirat übersteigen. Die Hauptsatzung bestimmt die Zahl seiner Mitglieder.

(3) Die Gemeindevertretung wählt den Ortsbeirat. Bei der Wahl soll das Wahlergebnis berücksichtigt werden, das die Parteien und Wählergruppen bei der Wahl zur Gemeindevertretung im Ortsteil erzielt haben.

---

73) Nach Art. 9 Nr. 4 des Änderungsgesetzes 1977 kann die Hauptsatzung in den Großgemeinden des früheren Kreises Eutin bestimmen, daß die Ortsbeiräte abweichend von § 47 b Abs. 3 GO nach bisherigem Recht gewählt werden. Hierzu bestimmt die DVO/AO v. 29. 10. 1990 (GVOBl. S. 535) folgendes:
   § 3 Dorfvorstände
   Die Großgemeinden des früheren Kreises Eutin, deren Ortsbeiräte (Dorfvorstände) nach bisherigem Recht gewählt werden (Artikel 9 Nr. 4 Satz 4 des Gesetzes vom 5. 8. 1977 – GVOBl. S. 210), regeln das Wahlverfahren durch Satzung. Der Landrat des Kreises Ostholstein als untere Kommunalaufsichtsbehörde erläßt ein Satzungsmuster.

(4)   Die Sitzungen des Ortsbeirats sind öffentlich. Die Öffentlichkeit ist auszuschließen, wenn überwiegende Belange des öffentlichen Wohls oder berechtigte Interessen einzelner es erfordern. Über den Ausschluß der Öffentlichkeit beschließt die Gemeindevertretung allgemein, der Ortsbeirat im Einzelfall. Antragsberechtigt sind die Mitglieder des Ortsbeirats und die Bürgermeisterin oder der Bürgermeister. § 35 Abs. 2 Satz 3 und 4 sowie Absatz 3 gilt entsprechend.

§ 47c   Stellung des Ortsbeirats

(1)   Der Ortsbeirat ist über alle wichtigen Angelegenheiten, die den Ortsteil betreffen, zu unterrichten. Die Geschäftsordnung bestimmt die Art der Unterrichtung. Der Ortsbeirat kann in Angelegenheiten, die den Ortsteil betreffen, Anträge an die Gemeindevertretung stellen. Die oder der Vorsitzende des Ortsbeirats kann an der Sitzung eines Ausschusses teilnehmen, wenn der Ausschuß einen Antrag des Ortsbeirats behandelt; der oder dem Vorsitzenden ist auf Wunsch das Wort zu erteilen.

(2)   Die Gemeindevertretung kann durch die Hauptsatzung bestimmte Entscheidungen auf den Ortsbeirat übertragen, wenn nicht § 28 entgegensteht; sie kann jedoch dann die Entscheidung auch im Einzelfall jederzeit an sich ziehen. Die Hauptsatzung kann bestimmen, daß die oder der Vorsitzende des Ortsbeirats und deren oder dessen Stellvertretende zu Ehrenbeamtinnen und -beamten ernannt werden. § 52 Abs. 2 und § 53 gelten entsprechend.

(3)   Im übrigen gelten die Vorschriften über die Ausschüsse mit Ausnahme des § 46 Abs. 1, 3, 4, 7 und 9.

§ 47d   Sonstige Beiräte

(1)   Die Gemeinde kann durch Satzung die Bildung von Beiräten für gesellschaftlich bedeutsame Gruppen vorsehen.

(2)   Die Satzung bestimmt die Anforderungen an die Mitgliedschaft im Beirat, die Zahl der Beiratsmitglieder, das Wahlverfahren und die Grundzüge der inneren Ordnung.

(3)   Die Sitzungen der Beiräte sind öffentlich, soweit durch Satzung nichts anderes geregelt ist. § 46 Abs. 7 Satz 2 gilt entsprechend.

§ 47 e   Stellung der sonstigen Beiräte

(1)   Der Beirat ist über alle wichtigen Angelegenheiten, die die von ihm vertretene gesellschaftlich bedeutsame Gruppe betreffen, zu unterrichten. Die Geschäftsordnung der Gemeindevertretung bestimmt die Art der Unterrichtung.

(2)   Durch Satzung kann bestimmt werden, daß

1. der Beirat Anträge an die Gemeindevertretung und die Ausschüsse in Angelegenheiten stellen kann, die die von ihm vertretene gesellschaftlich bedeutsame Gruppe betreffen,

2. die oder der Vorsitzende des Beirats nach dessen Beschlußfassung an den Sitzungen der Gemeindevertretung und der Ausschüsse in Angelegenheiten, die die von ihm vertretene gesellschaftlich bedeutsame Gruppe betreffen, teilnehmen, das Wort verlangen und Anträge stellen kann.

(3)   Der Beirat regelt seine inneren Angelegenheiten, insbesondere den Ablauf der Sitzungen, durch eine Geschäftsordnung, soweit dieses Gesetz und die Satzung (§ 47 d) keine Regelung enthalten.

§ 47 f   Beteiligung von Kindern und Jugendlichen

(1)   Die Gemeinde soll bei Planungen und Vorhaben, die die Interessen von Kindern und Jugendlichen berühren, diese in angemessener Weise beteiligen. Hierzu soll die Gemeinde über die Beteiligung der Einwohnerinnen und Einwohner nach den §§ 16 a bis 16 f hinaus geeignete Verfahren entwickeln.

(2)   Bei der Durchführung von Planungen und Vorhaben, die die Interessen von Kindern und Jugendlichen berühren, soll die Gemeinde in geeigneter Weise darlegen, wie sie diese Interessen berücksichtigt und die Beteiligung nach Abs. 1 durchgeführt hat.

3. ABSCHNITT: Leitung der Gemeindeverwaltung

Unterabschnitt 1: Bürgermeisterverfassung

§ 48 Ehrenamtlich verwaltete Gemeinden

Gemeinden werden ehrenamtlich verwaltet, wenn sie amtsangehörig sind oder weniger als 2000 Einwohnerinnen und Einwohner haben. Ehrenamtliche Bürgermeisterin oder ehrenamtlicher Bürgermeister ist für die Dauer der Wahlzeit die oder der Vorsitzende der Gemeindevertretung.

§ 49 Hauptamtlich verwaltete Gemeinden

(1) Die Verwaltung der Gemeinden ab 2000 Einwohnerinnen und Einwohnern wird von einer hauptamtlichen Bürgermeisterin oder einem hauptamtlichen Bürgermeister geleitet, wenn die Gemeinde keinem Amt angehört oder die Geschäfte eines Amtes führt. Dasselbe gilt für Gemeinden unter 2000 Einwohnerinnen und Einwohner, die nach bisherigem Recht hauptamtlich verwaltet wurden.

(2) In Gemeinden zwischen 2000 und 5000 Einwohnerinnen und Einwohnern, die nach Absatz 1 hauptamtlich geleitet werden müßten, kann die Hauptsatzung bestimmen, daß die Verwaltung von einer ehrenamtlichen Bürgermeisterin oder einem ehrenamtlichen Bürgermeister geleitet wird.

A. Ehrenamtliche Bürgermeisterin, ehrenamtlicher
   Bürgermeister

§ 50 Aufgaben

(1) Die Bürgermeisterin oder der Bürgermeister bereitet die Beschlüsse der Gemeindevertretung vor und ist für die sachliche Erledigung der Aufgaben verantwortlich.

(2) Die Bürgermeisterin oder der Bürgermeister führt die Aufgaben durch, die der Gemeinde zur Erfüllung nach Weisung übertragen sind und nach den Vorschriften der Amtsordnung nicht vom Amt

wahrgenommen werden und ist dafür der Aufsichtsbehörde verantwortlich. Soweit die Bürgermeisterin oder der Bürgermeister bei der Durchführung dieser Aufgaben nach Ermessen handeln kann, kann sie oder er sich von den Ausschüssen der Gemeindevertretung beraten lassen.

(3) Dringende Maßnahmen, die sofort ausgeführt werden müssen, ordnet die Bürgermeisterin oder der Bürgermeister für die Gemeindevertretung und für die Ausschüsse an. Sie oder er darf diese Befugnis nicht übertragen. Die Gründe für die Eilentscheidung und die Art der Erledigung sind der Gemeindevertretung oder dem Ausschuß unverzüglich mitzuteilen. Die Gemeindevertretung oder der Ausschuß kann die Eilentscheidung aufheben, soweit nicht bereits Rechte Dritter entstanden sind.

(4) Sofern die Gemeinde Beamtinnen und Beamte, Angestellte oder Arbeiterinnen und Arbeiter hauptamtlich beschäftigt, ist die Bürgermeisterin oder der Bürgermeister ihre Dienstvorgesetzte oder ihr Dienstvorgesetzter. Die Gemeindevertretung beschließt über die Einstellung der Dienstkräfte. Die Bürgermeisterin oder der Bürgermeister kann Beamtinnen, Beamte und Angestellte der Gemeinde mit der Wahrnehmung bestimmter Angelegenheiten beauftragen.

(5) Bei amtsfreien Gemeinden leitet die Bürgermeisterin oder der Bürgermeister außerdem die Verwaltung der Gemeinde nach den Grundsätzen und Richtlinien der Gemeindevertretung und im Rahmen der von ihr bereitgestellten Mittel. Sie oder er führt die Beschlüsse der Gemeindevertretung durch und ist für den Geschäftsgang der Verwaltung verantwortlich.

(6) Die Bürgermeisterin oder der Bürgermeister wird für die Dauer der Wahlzeit zur Ehrenbeamtin oder zum Ehrenbeamten ernannt.

§ 51 Gesetzliche Vertretung

(1) Die Bürgermeisterin oder der Bürgermeister ist gesetzliche Vertreterin oder gesetzlicher Vertreter der Gemeinde.

(2) Erklärungen, durch die die Gemeinde verpflichtet werden soll[74], bedürfen der Schriftform. Sie sind von der Bürgermeisterin oder vom

---

74) OVG Lüneburg v. 11. 1. 1968 – III A 68/66 – Gemeinde 1968/215.

Bürgermeister, für deren oder dessen Vertretung § 52 a Abs. 1 gilt, handschriftlich zu unterzeichnen und mit dem Dienstsiegel zu versehen[75].

(3) Wird für ein Geschäft oder für einen Kreis von Geschäften eine Bevollmächtigte oder ein Bevollmächtigter bestellt, so bedarf die Vollmacht der Form des Absatzes 2. Die im Rahmen dieser Vollmacht abgegebenen Erklärungen bedürfen der Schriftform.

(4) Die Absätze 2 und 3 gelten nicht, wenn der Wert der Leistung der Gemeinde einen in der Hauptsatzung bestimmten Betrag nicht übersteigt.

§ 52   Wahl

(1) Bei der Wahl der Bürgermeisterin oder des Bürgermeisters steht den Fraktionen ein Vorschlagsrecht nach § 33 Abs. 2 nicht zu. Die Wahl bedarf der Mehrheit von mehr als der Hälfte der gesetzlichen Zahl der Gemeindevertreterinnen und -vertreter. Wird diese Mehrheit nicht erreicht, so wird über dieselben vorgeschlagenen Personen erneut abgestimmt. Wenn sich nur eine Person bewirbt, wird über diese erneut abgestimmt. Erhält sie nicht die Stimmen von mehr als der Hälfte der gesetzlichen Zahl der Gemeindevertreterinnen und -vertreter, ist die Wahl in einer späteren Sitzung zu wiederholen. Werden mehrere Personen vorgeschlagen und erhält keine davon die erforderliche Mehrheit, so findet eine Stichwahl zwischen zweien statt, bei der die Person gewählt ist, die die meisten Stimmen erhält. Die vorgeschlagenen Personen nehmen an der Stichwahl in der Reihenfolge der auf sie entfallenen Stimmenzahlen teil. Bei gleicher Stimmenzahl entscheidet beim ersten Zusammentritt in einer neuen Wahlzeit das vom ältesten Mitglied der Gemeindevertretung, im übrigen das von der Stellvertreterin oder dem Stellvertreter der Bürgermeisterin oder des Bürgermeisters zu ziehende Los über die Teilnahme an der Stichwahl. Führt auch die Stichwahl zu keinem Ergebnis, so entscheidet das Los entsprechend Satz 8.

---

75) Zur Rechtsfolge bei Formverstößen vgl. BGH v. 2. 3. 1972 – VII ZR 143/70 – Gemeinde 1972/279; BGH v. 16. 11. 1978 – III ZR 81/77 – Gemeinde 1979/277, sowie BGH v. 13. 10. 1983 – III ZR 158/82 – Gemeinde 1984/167.

(2)   Wird die Gemeindevertretung neu gewählt, so bleibt die Bürgermeisterin oder der Bürgermeister bis zum Amtsantritt der Nachfolgerin oder des Nachfolgers im Amt.

§ 52a   Stellvertretung

(1)   Während der Dauer ihrer Wahlzeit sind die nach § 33 Abs. 3 zu wählenden Stellvertretenden der oder des Vorsitzenden der Gemeindevertretung gleichzeitig Stellvertretende der Bürgermeisterin oder des Bürgermeisters. Sie vertreten die Bürgermeisterin oder den Bürgermeister im Fall der Verhinderung in der Reihenfolge ihrer Wahl. § 33 Abs. 1 Satz 5 gilt entsprechend.

(2)   Die Stellvertretenden werden für die Dauer ihrer Wahlzeit zu Ehrenbeamtinnen oder -beamten ernannt. Wird die Gemeindevertretung neu gewählt, bleiben sie bis zum Amtsantritt ihrer Nachfolgerinnen oder Nachfolger im Amt.

(3)   Die Bürgermeisterin oder der Bürgermeister darf mit den Stellvertretenden nicht in der Weise des § 22 Abs. 1 verbunden sein. Entsteht ein Behinderungsgrund während der Amtszeit, so scheidet die oder der Stellvertretende aus.

§ 53   Vereidigung

(1)   Die Bürgermeisterin oder der Bürgermeister wird von dem ältesten Mitglied der Gemeindevertretung, die Stellvertretenden werden von der Bürgermeisterin oder dem Bürgermeister in öffentlicher Sitzung der Gemeindevertretung vereidigt und in ihr Amt eingeführt. Sie leisten den Beamteneid[76].

(2)   Scheidet die Bürgermeisterin oder der Bürgermeister vor Ablauf der Wahlzeit aus, nimmt die Stellvertreterin oder der Stellvertreter die Vereidigung und Amtseinführung der Nachfolgerin oder des Nachfolgers vor.

---

76) § 74 Landesbeamtengesetz i.d.F. vom 2.6.1991 (GVOBl. S. 275). geä.d.G. vom 19.3.1996 (GVOBl. S. 301).

§ 54 Gemeindeversammlung

In Gemeinden bis zu 70 Einwohnerinnen und Einwohnern tritt an die Stelle der Gemeindevertretung die aus den Bürgerinnen und Bürgern der Gemeinde bestehende Gemeindeversammlung. Den Vorsitz hat die Bürgermeisterin oder der Bürgermeister.

B. Hauptamtliche Bürgermeisterin, hauptamtlicher Bürgermeister

§ 55 Aufgaben

(1) Die Bürgermeisterin oder der Bürgermeister leitet die Verwaltung der Gemeinde in eigener Zuständigkeit nach den Zielen und Grundsätzen der Gemeindevertretung und im Rahmen der von ihr bereitgestellten Mittel. Sie oder er ist für die sachliche und wirtschaftliche Erledigung der Aufgaben, die Organisation und den Geschäftsgang der Verwaltung sowie für die Geschäfte der laufenden Verwaltung verantwortlich. Sie oder er ist oberste Dienstbehörde und Dienstvorgesetzte oder Dienstvorgesetzter der Beamtinnen und Beamten sowie der Angestellten, Arbeiterinnen und Arbeiter der Gemeinde. Zu ihren oder seinen Aufgaben gehört es insbesondere,

1. die Gesetze auszuführen,

2. die Beschlüsse der Gemeindevertretung und der Ausschüsse vorzubereiten und auszuführen und über die Ausführung der Beschlüsse dem Hauptausschuß regelmäßig zu berichten,

3. die Entscheidungen zu treffen, die die Gemeindevertretung ihr oder ihm übertragen hat; die Bürgermeisterin oder der Bürgermeister kann diese Entscheidungen Beamtinnen, Beamten und Angestellten übertragen, sowie die Gemeindevertretung die Übertragung nicht ausdrücklich ausgeschlossen hat,

4. im Rahmen des von der Gemeindevertretung beschlossenen Stellenplans und der nach § 28 Abs. 1 Nr. 12 festgelegten allgemeinen Grundsätze die beamten-, arbeits- und tarifrechtlichen Entscheidungen für alle Beamtinnen und Beamten, Angestellten sowie Arbeiterinnen und Arbeiter der Gemeinde zu treffen. Die Hauptsatzung kann vorsehen, daß die Personalentscheidungen für Inhabe-

rinnen und Inhaber von Stellen, die der Bürgermeisterin oder dem Bürgermeister unmittelbar unterstellt sind und Leitungsaufgaben erfüllen, auf Vorschlag der Bürgermeisterin oder des Bürgermeisters von der Gemeindevertretung oder vom Hauptausschuß getroffen werden.

(2) Dringende Maßnahmen, die sofort ausgeführt werden müssen, ordnet die Bürgermeisterin oder der Bürgermeister für die Gemeindevertretung und für die Ausschüsse an. Sie oder er darf diese Befugnis nicht übertragen. Die Gründe für die Eilentscheidung und die Art der Erledigung sind der Gemeindevertretung oder dem Ausschuß unverzüglich mitzuteilen. Die Gemeindevertretung oder der Ausschuß kann die Eilentscheidung aufheben, soweit nicht bereits Rechte Dritter entstanden sind.

(3) Die Bürgermeisterin oder der Bürgermeister führt die Aufgaben durch, die der Gemeinde zur Erfüllung nach Weisung übertragen sind und ist dafür der Aufsichtsbehörde verantwortlich. Soweit die Bürgermeisterin oder der Bürgermeister bei der Durchführung dieser Aufgaben nach Ermessen handeln kann, kann sie oder er sich von den Ausschüssen der Gemeindevertretung beraten lassen.

(4) Für die Bürgermeisterin oder den Bürgermeister gilt § 25 entsprechend.

§ 56 Gesetzliche Vertretung

(1) Die Bürgermeisterin oder der Bürgermeister ist gesetzliche Vertreterin oder gesetzlicher Vertreter der Gemeinde.

(2) Erklärungen, durch die die Gemeinde verpflichtet werden soll, bedürfen der Schriftform. Sie sind von der Bürgermeisterin oder vom Bürgermeister, für deren oder dessen Vertretung § 57e Abs. 1 und 2 gilt handschriftlich zu unterzeichnen und mit dem Dienstsiegel zu versehen.

(3) Wird für ein Geschäft oder für einen Kreis von Geschäften eine Bevollmächtigte oder ein Bevollmächtigter bestellt, so bedarf die Vollmacht der Form des Absatzes 2. Die im Rahmen dieser Vollmacht abgegebenen Erklärungen bedürfen der Schriftform.

(4) Die Absätze 2 und 3 gelten nicht, wenn der Wert der Leistung der Gemeinde einen in der Hauptsatzung bestimmten Betrag nicht übersteigt.

§ 57 Wahlgrundsätze, Amtszeit

(1) Die Bürgermeisterin oder der Bürgermeister wird von den Bürgerinnen und Bürgern in allgemeiner, unmittelbarer, freier, gleicher und geheimer Wahl und nach den Grundsätzen der Mehrheitswahl gewählt.

(2) Die Wahl erfolgt durch die Gemeindevertretung, wenn

1. zur Wahl keine Bewerberin oder kein Bewerber zugelassen wird oder

2. die einzige zugelassene Bewerberin oder der einzige zugelassene Bewerber bei der Wahl nicht die erforderliche Mehrheit erhält.

(3) Wählbar zur Bürgermeisterin oder zum Bürgermeister ist, wer

1. die Wählbarkeit zum Deutschen Bundestag besitzt; wählbar ist auch, wer die Staatsangehörigkeit eines übrigen Mitgliedstaates der Europäischen Union besitzt,

2. am Wahltag das 27. Lebensjahr vollendet hat und im Falle der Erstwahl das 60. Lebensjahr nicht vollendet hat.

Bewerberinnen und Bewerber müssen die für dieses Amt erforderliche Eignung, Befähigung und Sachkunde besitzen.

(4) Die Amtszeit der Bürgermeisterin oder des Bürgermeisters beträgt nach näherer Regelung in der Hauptsatzung mindestens sechs und höchstens acht Jahre. Sie beginnt mit dem Amtsantritt.

§ 57a Zeitpunkt der Wahl, Stellenausschreibung

(1) Wird die Wahl der Bürgermeisterin oder des Bürgermeisters wegen Ablaufs der Amtszeit oder wegen Eintritts in den Ruhestand notwendig, ist sie frühestens fünf Monate und spätestens drei Monate vor Freiwerden der Stelle durchzuführen. In allen anderen Fällen erfolgt die Wahl spätestens sechs Monate nach Freiwerden der Stelle.

(2) Die Stelle der Bürgermeisterin oder des Bürgermeisters ist spätestens fünf Monate vor dem Wahltag öffentlich auszuschreiben. Bewerberinnen und Bewerbern, die zur Wahl zugelassen worden sind, ist Gelegenheit zu geben, sich den Bürgerinnen und Bürgern in mindestens einer öffentlichen Versammlung vorzustellen.

§ 57b   Wahlverfahren

Die Einzelheiten des Wahlverfahrens regelt das Gemeinde- und Kreiswahlgesetz[77].

§ 57c   Ernennung, Weiterführung des Amtes

(1) Die gewählte Bürgermeisterin oder der gewählte Bürgermeister wird zur Beamtin oder zum Beamten auf Zeit ernannt. Die Entscheidung der Kommunalaufsichtsbehörde über die Gültigkeit der Wahl oder ihre Entscheidung über Einsprüche im Sinne des § 45i Nr. 2 des Gemeinde- und Kreiswahlgesetzes gilt als Mitwirkung nach § 15 Abs. 1 Nr. 3 des Landesbeamtengesetzes.

(2) Die Bürgermeisterin oder der Bürgermeister ist bei Ablauf der ersten Amtszeit verpflichtet,

1. ihre oder seine schriftliche Zustimmung nach § 45f Abs. 2 Satz 3 des Gemeinde- und Kreiswahlgesetzes zur Aufnahme in einen von mindestens einem Drittel der gesetzlichen Zahl der Gemeindevertreterinnen und -vertreter zum Zwecke der Wiederwahl eingereichten Wahlvorschlag nach § 45f Abs. 1 Nr. 1 des Gemeinde- und Kreiswahlgesetzes zu erteilen[78] und

---

77) Unter 5. abgedruckt.
78) Gesetz zur Änderung des kommunalen Verfassungsrechts 1995 v. 22. 12. 1995 (GVOBl. 1996 S. 33).
   Artikel 11:   Übergangs- und Schlußvorschriften
   1. Für die bei Inkrafttreten dieses Gesetzes im Amt befindlichen hauptamtlichen Bürgermeisterinnen und Bürgermeister gilt § 40a der Gemeindeordnung in der bisherigen Fassung bis zum Ablauf der Wahlzeit fort; abweichend von § 57c Abs. 2 Satz 1 Nr. 1 der Gemeindeordnung gilt für diesen Personenkreis die Verpflichtung, die schriftliche Zustimmung zur Aufnahme in einen Wahlvorschlag zum Zwecke der Wiederwahl zu erteilen, nur für den Fall, daß die Gemeindevertretung den Wahlvorschlag mit mehr als der Hälfte ihrer gesetzlichen Mitglieder beschließt. Für Landrätinnen und Landräte gilt Satz 1 entsprechend.

2. im Fall der Wiederwahl ihr oder sein Amt weiterzuführen, wenn sie oder er unter mindestens gleich günstigen Bedingungen für wenigstens die gleiche Zeit wiederernannt werden soll.

Bei Verweigerung der Zustimmung zu Nr. 1 oder einer Weigerung, das Amt weiterzuführen, ist die Bürgermeisterin oder der Bürgermeister nach § 40 Abs. 1 Nr. 4 des Landesbeamtengesetzes mit Ablauf der Amtszeit zu entlassen.

(3)   Bei einer Wiederwahl ist eine neue Ernennungsurkunde auszuhändigen; danach ist der Diensteid zu leisten.

§ 57d   Abwahl[79)]

(1)   Die Bürgermeisterin oder der Bürgermeister kann vor Ablauf der Amtszeit von den Bürgerinnen und Bürgern abgewählt werden. Zur Einleitung des Abwahlverfahrens bedarf es

1. eines Beschlusses der Gemeindevertretung mit einer Mehrheit von mindestens zwei Dritteln der gesetzlichen Zahl der Mitglieder oder

2. eines Antrags der Wahlberechtigten, der von mindestens 25 v. H. der Wahlberechtigten unterzeichnet sein muß.

(2)   Die Abwahl bedarf einer Mehrheit der gültigen Stimmen, die mindestens ein Drittel der Zahl der Wahlberechtigten betragen muß. Für die Durchführung des Abwahlverfahrens sind die Vorschriften über den Bürgerentscheid sinngemäß anzuwenden.

(3)   Die Bürgermeisterin oder der Bürgermeister scheidet mit Ablauf des Tages, an dem der Abstimmungsausschuß die Abwahl feststellt, aus dem Amt und tritt in den einstweiligen Ruhestand.

§ 57e   Stellvertretung

(1)   Die Gemeindevertretung wählt aus ihrer Mitte für die Dauer der Wahlzeit eine erste stellvertretende Bürgermeisterin oder einen ersten stellvertretenden Bürgermeister und eine zweite stellvertretende Bürgermeisterin oder einen zweiten stellvertretenden Bürgermeister; die Gemeindevertretung kann eine dritte Stellvertreterin

---

79) Siehe Anm. 78.

oder einen dritten Stellvertreter wählen. In dieser Reihenfolge vertreten die Stellvertretenden die Bürgermeisterin oder den Bürgermeister im Fall der Verhinderung. § 33 Abs. 1 Satz 5 gilt entsprechend.

(2) Die oder der Vorsitzende der Gemeindevertretung und deren oder dessen Stellvertretende verlieren ihr Amt, wenn sie die Wahl zu Stellvertretenden der Bürgermeisterin oder des Bürgermeisters annehmen. Das gleiche gilt für die Stellvertretenden der Bürgermeisterin oder des Bürgermeisters, wenn sie die Wahl zur oder zum Vorsitzenden der Gemeindevertretung oder zu deren oder dessen Stellvertretenden annehmen.

(3) Die Stellvertretenden werden für die Dauer ihrer Wahlzeit zu Ehrenbeamtinnen oder -beamten ernannt. Wird die Gemeindevertretung neu gewählt, bleiben sie bis zum Amtsantritt ihrer Nachfolgerinnen oder Nachfolger im Amt.

(4) Die Bürgermeisterin oder der Bürgermeister darf mit den Stellvertretenden nicht in der Weise des § 22 Abs. 1 verbunden sein. Entsteht ein Behinderungsgrund während der Amtszeit, so scheidet die oder der Stellvertretende aus.

§ 58 Vereidigung

Die Bürgermeisterin oder der Bürgermeister und die Stellvertretenden werden vor ihrem Amtsantritt von der oder dem Vorsitzenden der Gemeindevertretung in öffentlicher Sitzung vereidigt. Sie leisten den Beamteneid.

UNTERABSCHNITT 2: Städte

§ 59 Stadtrecht

(1) Städte sind Gemeinden mit Stadtrecht, denen nach bisherigem Recht die Bezeichnung Stadt zustand oder denen die Landesregierung das Stadtrecht verleiht.

(2) Die Landesregierung kann einer Gemeinde auf Antrag das Stadtrecht verleihen, wenn die Gemeinde

1. mindestens 10 000 Einwohnerinnen und Einwohner hat,

2. mindestens Unterzentrum oder Stadtrandkern ist und

3. nach Struktur, Siedlungsform und anderen, die soziale und kulturelle Eigenart der örtlichen Gemeinschaft bestimmenden Merkmalen städtisches Gepräge aufweist.

(3) Die Landesregierung kann einer Gemeinde mit ihrem Einverständnis das Stadtrecht entziehen, wenn die Voraussetzungen nach Absatz 2 nicht oder nicht mehr vorliegen.

(4) In Städten über 20 000 Einwohnerinnen und Einwohner muß eine Beamtin oder ein Beamter des höheren Dienstes die Befähigung zum Richteramt oder zum höheren allgemeinen Verwaltungsdienst haben.

(5) Die Hauptsatzung kann in Städten für den Hauptausschuß und für dessen Mitglieder besondere Bezeichnungen vorsehen.

§ 60 Hauptamtlich und ehrenamtlich verwaltete Städte

(1) Die Verwaltung der Städte wird von einer hauptamtlichen Bürgermeisterin oder einem hauptamtlichen Bürgermeister geleitet. In Städten bis zu 5 000 Einwohnerinnen und Einwohnern kann die Hauptsatzung bestimmen, daß die Verwaltung von einer ehrenamtlichen Bürgermeisterin oder einem ehrenamtlichen Bürgermeister geleitet wird. Die hauptamtliche Bürgermeisterin oder der hauptamtliche Bürgermeister tritt mit dem Ablauf ihrer oder seiner Amtszeit in den Ruhestand.

(2) Für ehrenamtlich verwaltete Städte gelten § 33 Abs. 3 Satz 2, § 48 Satz 2 und die §§ 50 bis 53 entsprechend.

§ 61 Wahl, Rechtsstellung und Abwahl der Bürgermeisterin oder des Bürgermeisters

(1) Für die hauptamtliche Bürgermeisterin oder den hauptamtlichen Bürgermeister gelten die §§ 25 und 57 bis 57 d entsprechend.

(2) In kreisfreien Städten kann die Hauptsatzung die Amtsbezeichnung „Oberbürgermeisterin" für die Bürgermeisterin oder „Oberbürgermeister" für den Bürgermeister vorsehen.

§ 62 Stellvertretung der Bürgermeisterin oder des Bürgermeisters

(1) In Städten, deren Verwaltung von einer hauptamtlichen Bürgermeisterin oder einem hauptamtlichen Bürgermeister geleitet wird, wählt die Stadtvertretung eine erste Stellvertreterin oder einen ersten Stellvertreter und eine zweite Stellvertreterin oder einen zweiten Stellvertreter der Bürgermeisterin oder des Bürgermeisters; die Stadtvertretung kann eine dritte Stellvertreterin oder einen dritten Stellvertreter wählen. Die Stellvertretenden vertreten die Bürgermeisterin oder den Bürgermeister im Fall der Verhinderung in der Reihenfolge ihrer Wahl. § 33 Abs. 1 Satz 5 gilt entsprechend.

(2) Die erste Stellvertreterin oder der erste Stellvertreter der Bürgermeisterin oder des Bürgermeisters führt die Amtsbezeichnung Erste Stadträtin oder Erster Stadtrat. Die Hauptsatzung kann eine andere Amtsbezeichnung vorsehen. Die Amtsbezeichnung „Bürgermeisterin" oder „Bürgermeister" ist nur in kreisfreien Städten zulässig.

(3) Zu Stellvertretenden der Bürgermeisterin oder des Bürgermeisters sind Stadträtinnen oder Stadträte für die Dauer ihrer Amtszeit zu wählen. Für die Wahl gilt § 39 Abs. 1 entsprechend. Sind Stadträtinnen oder Stadträte nicht vorhanden oder übersteigt die Zahl der Stellvertretenden die der Stadträtinnen und Stadträte, wählt die Stadtvertretung die Stellvertretenden oder die weiteren Stellvertretenden aus ihrer Mitte für die Dauer der Wahlzeit nach § 33 Abs. 2; § 57 e Abs. 2 bis 4 gilt entsprechend.

§ 63 Vereidigung

Die hauptamtliche Bürgermeisterin oder der hauptamtliche Bürgermeister und ihre oder seine Stellvertretenden werden vor ihrem Amtsantritt von der oder dem Vorsitzenden der Stadtvertretung in öffentlicher Sitzung vereidigt. Sie leisten den Beamteneid[80].

---

80) § 74 Landesbeamtengesetz i.d.F. vom 2. 6. 1991 (GVOBl. S. 275). geä.d.G. vom 19. 3. 1996 (GVOBl. S. 301)

§ 64 Gesetzliche Vertretung

(1) Die hauptamtliche Bürgermeisterin oder der hauptamtliche Bürgermeister ist gesetzliche Vertreterin oder gesetzlicher Vertreter der Stadt.

(2) Erklärungen, durch die die Stadt verpflichtet werden soll[81], bedürfen der Schriftform. Sie sind von der Bürgermeisterin oder dem Bürgermeister, für deren oder dessen Vertretung § 62 gilt, handschriftlich zu unterzeichnen und mit dem Dienstsiegel zu versehen.

(3) § 56 Abs. 3 und 4 gilt entsprechend.

§ 65 Aufgaben der Bürgermeisterin oder des Bürgermeisters

(1) Die Bürgermeisterin oder der Bürgermeister leitet die Verwaltung der Stadt in eigener Zuständigkeit nach den Zielen und Grundsätzen der Stadtvertretung und im Rahmen der von ihr bereitgestellten Mittel. Sie oder er ist für die sachliche und wirtschaftliche Erledigung der Aufgaben, die Organisation und den Geschäftsgang der Verwaltung sowie für die Geschäfte der laufenden Verwaltung verantwortlich. Sie oder er ist oberste Dienstbehörde und Dienstvorgesetzte oder Dienstvorgesetzter der Beamtinnen und Beamten sowie der Angestellten, Arbeiterinnen und Arbeiter der Stadt. Zu ihren oder seinen Aufgaben gehört es insbesondere,

1. die Gesetze auszuführen,

2. die Beschlüsse der Stadtvertretung und der Ausschüsse vorzubereiten und auszuführen und über die Ausführung der Beschlüsse dem Hauptausschuß regelmäßig zu berichten,

3. die Entscheidungen zu treffen, die die Stadtvertretung ihr oder ihm übertragen hat; die Bürgermeisterin oder der Bürgermeister kann diese Entscheidungen Beamtinnen, Beamten oder Angestellten übertragen, soweit die Stadtvertretung die Übertragung nicht ausdrücklich ausgeschlossen hat,

---

81) OVG Lüneburg v. 11. 1. 1968 – III A 68/66 – Gemeinde 1968/15.

4. im Rahmen des von der Stadtvertretung beschlossenen Stellenplans und der nach § 28 Abs. 1 Nr. 12 festgelegten allgemeinen Grundsätze die beamten-, arbeits- und tarifrechtlichen Entscheidungen für alle Beamtinnen und Beamten, Angestellten sowie Arbeiterinnen und Arbeiter der Stadt zu treffen. Die Hauptsatzung kann vorsehen, daß die Personalentscheidungen für Inhaberinnen oder Inhaber von Stellen, die der Bürgermeisterin oder dem Bürgermeister oder einer Stadträtin oder einem Stadtrat unmittelbar unterstellt sind und Leitungsaufgaben erfüllen, auf Vorschlag der Bürgermeisterin oder des Bürgermeisters von der Stadtvertretung oder vom Hauptausschuß getroffen werden.

(2) Die Bürgermeisterin oder der Bürgermeister gliedert die Verwaltung in Sachgebiete und weist den Stadträtinnen und Stadträten Sachgebiete zu. Sie oder er kann daneben auch andere Beamtinnen und Beamte und Angestellte mit der Wahrnehmung bestimmter Sachgebiete beauftragen. Die Sachgebiete sollen so bestimmt sein, daß sie untereinander ausgewogen sind.

(3) Die Bürgermeisterin oder der Bürgermeister legt ihren oder seinen Vorschlag zur Verwaltungsgliederung und Sachgebietszuweisung an die Stadträtinnen und Stadträte sowie Vorschläge zur Änderung der Verwaltungsgliederung und/oder der Sachgebietszuweisung an die Stadträtinnen und Stadträte der Stadtvertretung vor. Diese kann dem Vorschlag widersprechen. Der Beschluß bedarf der Mehrheit von zwei Dritteln der gesetzlichen Zahl der Stadtvertreterinnen und -vertreter. Widerspricht die Stadtvertretung dem Vorschlag der Bürgermeisterin oder des Bürgermeisters, so hat diese oder dieser der Stadtvertretung einen neuen Vorschlag vorzulegen.

(4) Dringende Maßnahmen, die sofort ausgeführt werden müssen, ordnet die Bürgermeisterin oder der Bürgermeister für die Stadtvertretung und für die Ausschüsse an. Sie oder er darf diese Befugnis nicht übertragen. Die Gründe für die Eilentscheidung und die Art der Erledigung sind der Stadtvertretung oder dem Ausschuß unverzüglich mitzuteilen. Die Stadtvertretung oder der Ausschuß kann die Eilentscheidung aufheben, soweit nicht bereits Rechte Dritter entstanden sind.

(5) Die Bürgermeisterin oder der Bürgermeister führt die Aufgaben durch, die der Stadt zur Erfüllung nach Weisung übertragen sind. Sie

oder er ist dafür der Aufsichtsbehörde verantwortlich. Soweit die Bürgermeisterin oder der Bürgermeister bei der Durchführung dieser Aufgaben nach Ermessen handeln kann, kann sie oder er sich von den Ausschüssen der Stadtvertretung beraten lassen.

§ 66 Stadträtinnen und Stadträte

(1) Die Einstellung von Stadträtinnen und Stadträten ist nur in Städten über 20 000 Einwohnerinnen und Einwohner zulässig. Ihre Zahl beträgt nach näherer Regelung in der Hauptsatzung

in kreisangehörigen Städten bis 40 000 Einwohnerinnen und Einwohner höchstens	1,
in kreisangehörigen Städten bis 60 000 Einwohnerinnen und Einwohner höchstens	2,
in kreisangehörigen Städten über 60 000 Einwohnerinnen und Einwohner höchstens	3,
in kreisfreien Städten höchstens	5.

(2) Die Hauptsatzung kann für die Stadträtinnen und Stadträte andere Amtsbezeichnungen vorsehen.

§ 67 Wahl, Rechtsstellung der Stadträtinnen und Stadträte

(1) Die Stadtvertretung wählt die Stadträtinnen und Stadträte. Die Amtszeit beträgt nach näherer Regelung in der Hauptsatzung mindestens sechs und höchstens acht Jahre.

(2) Zur Stadträtin oder zum Stadtrat kann nur gewählt werden, wer zu gemeindlichen Ehrenämtern wählbar ist und im Fall der Erstwahl am Wahltag das 60. Lebensjahr noch nicht vollendet hat. Bewerberinnen und Bewerber müssen die für dieses Amt erforderliche Eignung, Befähigung und Sachkunde besitzen. Gewählt werden kann auch, wer bisher in der Stadt weder einen Wohnsitz noch einen gewöhnlichen Aufenthalt hatte.

(3) Vor der Wahl ist die Stelle öffentlich auszuschreiben; davon kann bei einer Wiederwahl durch Beschluß mit der Mehrheit von mehr als der Hälfte der gesetzlichen Zahl der Stadtvertreterinnen und -vertreter, im übrigen nur mit Genehmigung der Kommunalaufsichtsbehörde abgesehen werden. Die Wahl oder Wiederwahl ist früh-

estens sechs Monate vor Ablauf der Amtszeit der Amtsinhaberin oder des Amtsinhabers zulässig.

(4) Stadträtinnen und Stadträte sind zu Beamtinnen oder Beamten auf Zeit zu ernennen. Sie sind im Fall der Wiederwahl verpflichtet, das Amt weiterzuführen, wenn sie unter mindestens gleich günstigen Bedingungen für wenigstens die gleiche Zeit wiederernannt werden sollen. Bei einer Weigerung, das Amt weiterzuführen, ist die Stadträtin oder der Stadtrat nach § 40 Abs. 1 Nr. 4 des Landesbeamtengesetzes zu entlassen. Bei einer Wiederwahl ist eine neue Ernennungsurkunde auszuhändigen; danach ist der Diensteid zu leisten.

(5) Die Stadträtinnen und Stadträte leiten das ihnen zugewiesene Sachgebiet nach den Weisungen der Bürgermeisterin oder des Bürgermeisters.

(6) Für die Stadträtinnen und Stadträte gilt § 25 entsprechend.

§§ 68 bis 74 *(entfallen)*

SECHSTER TEIL: Gemeindewirtschaft

1. ABSCHNITT: Haushaltswirtschaft

§ 75 Allgemeine Haushaltsgrundsätze

(1) Die Gemeinde hat ihre Haushaltswirtschaft so zu planen und zu führen, daß die stetige Erfüllung ihrer Aufgaben gesichert ist. Dabei ist den Erfordernissen des gesamtwirtschaftlichen Gleichgewichts Rechnung zu tragen.

(2) Die Haushaltswirtschaft ist nach den Grundsätzen der Wirtschaftlichkeit und Sparsamkeit zu führen[82)].

---

82) Dazu VG Köln U. v. 25. 6. 1964 – 7 K 634/64 – Gemeinde 1968/34; OVG Rhld.-Pf. U. v. 1. 7. 1974 – 7 A 6/73 – Gemeinde 1975/16; es handelt sich um verbindliche Rechtsgrundsätze, vgl. OVG Lüneburg U. v. 30. 9. 1987 – 5 A 70/87 – Gemeinde 1988/32. Beanstandung bei Verstoß gegen den Grundsatz der Wirtschaftlichkeit und Sparsamkeit OVG Münster B. v. 26. 10. 1990 – 15 A 1099/87 – Gemeinde 1991/318; zur Auslegung des Begriffs Wirtschaftlichkeit und Sparsamkeit Schl.-H. OVG B. v. 2. 10. 1991 – 2 L 3/91 – Gemeinde 1991/393.

(3) Der Haushalt soll in jedem Haushaltsjahr ausgeglichen sein.

§ 76 Grundsätze der Einnahmebeschaffung

(1) Die Gemeinde erhebt Abgaben nach den gesetzlichen Vorschriften.

(2) Sie hat die zur Erfüllung ihrer Aufgaben erforderlichen Einnahmen

1. aus Entgelten für ihre Leistungen,

2. im übrigen aus Steuern

zu beschaffen, soweit die sonstigen Einnahmen nicht ausreichen.

(3) Die Gemeinde darf Kredite nur aufnehmen, wenn eine andere Finanzierung nicht möglich ist oder wirtschaftlich unzweckmäßig wäre.

§ 77 Haushaltssatzung

(1) Die Gemeinde hat für jedes Haushaltsjahr eine Haushaltssatzung zu erlassen.

(2) Die Haushaltssatzung enthält die Festsetzung

1. des Haushaltsplans unter Angabe des Gesamtbetrags

   a) der Einnahmen und der Ausgaben des Haushaltsjahres,

   b) der vorgesehenen Kreditaufnahmen für Investitionen und Investitionsförderungsmaßnahmen (Kreditermächtigung),

   c) der Ermächtigung zum Eingehen von Verpflichtungen (Verpflichtungsermächtigungen), die künftige Haushalte mit Ausgaben für Investitionen und Investitionsförderungsmaßnahmen belasten,

2. des Höchstbetrags der Kassenkredite,

3. der Steuersätze (Hebesätze).

Ist der Verwaltungshaushalt des Haushaltsjahres nicht ausgeglichen oder war dieser in einem der beiden vorangegangenen Haushaltsjahre nicht ausgeglichen, so ist in der Haushaltssatzung die Gesamtzahl der Stellen des Stellenplans festzusetzen. Die Haushaltssatzung kann weitere Vorschriften enthalten, die sich auf die Einnahmen und Ausgaben und den Stellenplan des Haushaltsjahres beziehen.

(3) Die Haushaltssatzung bedarf der Genehmigung der Kommunalaufsichtsbehörde für den Gesamtbetrag der Kredite für Investitionen und Investitionsförderungsmaßnahmen (§ 85 Abs. 2), den Gesamtbetrag der Verpflichtungsermächtigungen (§ 84 Abs. 4), den Höchstbetrag der Kassenkredite (§ 87 Abs. 2) und die Gesamtzahl der Stellen (§ 87 a), soweit die vorstehend genannten Rechtsvorschriften und die auf deren Grundlage erlassene Verordnung dies vorsehen.

(4) Die Haushaltssatzung tritt mit Beginn des Haushaltsjahres in Kraft und gilt für das Haushaltsjahr. Sie kann Festsetzungen für zwei Haushaltsjahre, nach Jahren getrennt, enthalten.

(5) Haushaltsjahr ist das Kalenderjahr, soweit für einzelne Bereiche durch Rechtsvorschrift nichts anderes bestimmt ist.

§ 78 Haushaltsplan

(1) Der Haushaltsplan enthält alle im Haushaltsjahr für die Erfüllung der Aufgaben der Gemeinde voraussichtlich

1. eingehenden Einnahmen,

2. zu leistenden Ausgaben,

3. notwendigen Verpflichtungsermächtigungen.

Die Vorschriften über die Einnahmen, Ausgaben und Verpflichtungsermächtigungen der Sondervermögen der Gemeinde bleiben unberührt.

(2) Der Haushaltsplan ist in einen Verwaltungshaushalt und einen Vermögenshaushalt zu gliedern. Der Stellenplan[83] für die Beamtinnen und Beamten, Angestellten sowie Arbeiterinnen und Arbeiter ist Teil des Haushaltsplans.

---

83) Zur Beanstandung eines Stellenplans OVG Lüneburg U. v. 30. 9. 1987 – 5 A 70/87 – Gemeinde 1988/32.

(3) Der Haushaltsplan ist Grundlage für die Haushaltswirtschaft der Gemeinde. Er ist nach Maßgabe dieses Gesetzes und der aufgrund dieses Gesetzes erlassenen Vorschriften für die Haushaltsführung verbindlich. Ansprüche und Verbindlichkeiten Dritter werden durch ihn weder begründet noch aufgehoben.

§ 79 Erlaß der Haushaltssatzung

(1) Die Haushaltssatzung und der Haushaltsplan mit den vorgeschriebenen Anlagen werden von der Gemeindevertretung in öffentlicher Sitzung beraten. Sie soll vorher in den Ausschüssen eingehend beraten werden.

(2) Die von der Gemeindevertretung in öffentlicher Sitzung beschlossene Haushaltssatzung und der Haushaltsplan mit den Anlagen sind der Kommunalaufsichtsbehörde vorzulegen.

(3) Jeder kann Einsicht in die Haushaltssatzung und den Haushaltsplan und die Anlagen nehmen. In der Bekanntmachung der Haushaltssatzung ist darauf hinzuweisen.

§ 80 Nachtragssatzung

(1) Die Haushaltssatzung kann nur bis zum Ablauf des Haushaltsjahres durch Nachtragssatzung geändert werden. Für die Nachtragssatzung gelten die Vorschriften für die Haushaltssatzung entsprechend.

(2) Die Gemeinde hat unverzüglich eine Nachtragssatzung zu erlassen, wenn

1. sich zeigt, daß trotz Ausnutzung jeder Sparmöglichkeit ein erheblicher Fehlbetrag entstehen wird und der Haushaltsausgleich nur durch eine Änderung der Haushaltssatzung erreicht werden kann,

2. bisher nicht veranschlagte oder zusätzliche Ausgaben bei einzelnen Haushaltsstellen in einem im Verhältnis zu den gesamten Ausgaben erheblichen Umfang geleistet werden müssen; dies gilt nicht für Umschuldungen,

3. Ausgaben für bisher nicht veranschlagte Baumaßnahmen oder Investitionsförderungsmaßnahmen geleistet werden sollen oder

4. Beamtinnen und Beamte, Angestellte oder Arbeiterinnen und Arbeiter eingestellt, befördert oder in eine höhere Vergütungs- oder Lohngruppe eingestuft werden sollen und der Stellenplan die entsprechenden Stellen nicht enthält.

(3) Absatz 2 Nr. 2 bis 4 gilt nicht für

1. unerhebliche Investitionen und Investitionsförderungsmaßnahmen, die unabweisbar sind, und

2. Abweichungen vom Stellenplan und die Leistung höherer Personalausgaben, die aufgrund von Besoldungsgesetzen oder Tarifverträgen notwendig sind.

§ 81 Vorläufige Haushaltsführung

(1) Ist die Haushaltssatzung bei Beginn des Haushaltsjahres noch nicht bekanntgemacht, so darf die Gemeinde

1. Ausgaben leisten, zu deren Leistung sie rechtlich verpflichtet ist oder die für die Fortsetzung notwendiger Aufgaben unaufschiebbar sind; sie darf insbesondere Bauten, Beschaffungen und sonstige Leistungen des Vermögenshaushalts, für die im Haushaltsplan eines Vorjahres Beträge vorgesehen waren, fortsetzen,

2. Abgaben nach den Sätzen des Vorjahres erheben,

3. Kredite umschulden.

(2) Reichen die Deckungsmittel für die Fortsetzung der Bauten, der Beschaffungen und der sonstigen Leistungen des Vermögenshaushalts nach Absatz 1 Nr. 1 nicht aus, so darf die Gemeinde mit Genehmigung der Kommunalaufsichtsbehörde Kredite für Investitionen und Investitionsförderungsmaßnahmen bis zur Höhe von einem Viertel der Kreditermächtigung des Vorjahres aufnehmen. § 85 Abs. 2 Satz 2 und 3 gilt entsprechend.

§ 82 Überplanmäßige und außerplanmäßige Ausgaben

(1) Überplanmäßige und außerplanmäßige Ausgaben sind nur zulässig, wenn sie unabweisbar sind und die Deckung gewährleistet ist. Unabweisbar sind Ausgaben auch dann, wenn ein Aufschub der Ausgabe besonders unwirtschaftlich wäre. Sie dürfen nur geleistet werden, wenn die Gemeindevertretung zugestimmt hat. In Fällen, die

keinen Aufschub dulden, oder bei unerheblichen über- und außerplanmäßigen Ausgaben kann die Bürgermeisterin oder der Bürgermeister die Zustimmung zur Leistung dieser Ausgaben erteilen; sie oder er kann die Befugnis zur Erteilung der Zustimmung im Rahmen eines in der Hauptsatzung festzusetzenden Höchstbetrages übertragen. Die Bürgermeisterin oder der Bürgermeister hat unverzüglich die Genehmigung der Gemeindevertretung zu beantragen.

(2) Für Investitionen, die im folgenden Jahr fortgesetzt werden, sind überplanmäßige Ausgaben auch dann zulässig, wenn ihre Deckung im laufenden Jahr nur durch Erlaß einer Nachtragssatzung möglich wäre, die Deckung aber im folgenden Jahr gewährleistet ist. Absatz 1 Satz 2 bis 4 gilt entsprechend.

(3) Die Absätze 1 und 2 gelten entsprechend für Maßnahmen, durch die später über- oder außerplanmäßige Ausgaben entstehen können.

(4) § 80 Abs. 2 bleibt unberührt.

§ 83 Finanzplanung

(1) Die Gemeinde hat ihrer Haushaltswirtschaft eine fünfjährige Finanzplanung zugrunde zu legen. Das erste Planungsjahr der Finanzplanung ist das laufende Haushaltsjahr.

(2) Im Finanzplan sind Umfang und Zusammensetzung der voraussichtlichen Ausgaben und die Deckungsmöglichkeiten darzustellen. Als Unterlage für die Finanzplanung ist ein Investitionsprogramm aufzustellen.

(3) Der Finanzplan ist der Gemeindevertretung spätestens mit dem Entwurf der Haushaltssatzung vorzulegen. Das Investitionsprogramm ist von der Gemeindevertretung zu beschließen.

(4) Der Finanzplan und das Investitionsprogramm sind jährlich der Entwicklung anzupassen und fortzuführen.

§ 84 Verpflichtungsermächtigungen

(1) Verpflichtungen zur Leistung von Ausgaben für Investitionen und Investitionsförderungsmaßnahmen in künftigen Jahren dürfen nur eingegangen werden, wenn der Haushaltsplan hierzu ermächtigt.

Sie dürfen auch überplanmäßig oder außerplanmäßig eingegangen werden, wenn sie unabweisbar sind und der in der Haushaltssatzung festgesetzte Gesamtbetrag der Verpflichtungsermächtigungen nicht überschritten wird. § 82 Abs. 1 Satz 2 bis 5 gilt entsprechend.

(2) Verpflichtungsermächtigungen dürfen in der Regel zu Lasten der dem Haushaltsjahr folgenden drei Jahre veranschlagt werden, in Ausnahmefällen bis zum Abschluß einer Maßnahme; sie sind nur zulässig, wenn durch sie der Ausgleich künftiger Haushalte nicht gefährdet wird.

(3) Verpflichtungsermächtigungen gelten bis zum Ende des Haushaltsjahres und, wenn die Haushaltssatzung für das folgende Haushaltsjahr nicht rechtzeitig öffentlich bekanntgemacht wird, bis zur Bekanntmachung dieser Haushaltssatzung.

(4) Der Gesamtbetrag der Verpflichtungsermächtigungen bedarf im Rahmen der Haushaltssatzung der Genehmigung der Kommunalaufsichtsbehörde, soweit in den Jahren, zu deren Lasten sie veranschlagt sind, insgesamt Kreditaufnahmen vorgesehen sind.

§ 85 Kredite

(1) Kredite dürfen unter der Voraussetzung des § 76 Abs. 3 nur im Vermögenshaushalt und nur für Investitionen, Investitionsförderungsmaßnahmen und zur Umschuldung aufgenommen werden.

(2) Der Gesamtbetrag der im Vermögenshaushalt vorgesehenen Kreditaufnahmen für Investitionen und Investitionsförderungsmaßnahmen bedarf im Rahmen der Haushaltssatzung der Genehmigung der Kommunalaufsichtsbehörde (Gesamtgenehmigung). Die Gesamtgenehmigung soll nach den Grundsätzen einer geordneten Haushaltswirtschaft erteilt oder versagt werden; sie kann unter Bedingungen und Auflagen erteilt werden. Sie ist in der Regel zu versagen, wenn die Kreditverpflichtungen mit der dauernden Leistungsfähigkeit der Gemeinde nicht im Einklang stehen.

(3) Die Kreditermächtigung gilt bis zum Ende des auf das Haushaltsjahr folgenden Jahres und, wenn die Haushaltssatzung für das übernächste Jahr nicht rechtzeitig öffentlich bekannt gemacht wird, bis zur Bekanntmachung dieser Haushaltssatzung.

(4)   Die Aufnahme der einzelnen Kredite, deren Gesamtbetrag nach Absatz 2 genehmigt worden ist, bedarf der Genehmigung der Kommunalaufsichtsbehörde (Einzelgenehmigung),

1. wenn die Kreditaufnahmen nach § 19 des Gesetzes zur Förderung der Stabilität und des Wachstums der Wirtschaft vom 8. Juni 1967 (BGBl. I S. 582), zuletzt geändert durch Gesetz vom 14. September 1994 (BGBl. I S. 2325), beschränkt worden sind; die Einzelgenehmigung kann nach Maßgabe der Kreditbeschränkungen versagt werden, oder

2. wenn sich die Kommunalaufsichtsbehörde dies wegen einer möglichen Gefährdung der dauernden Leistungsfähigkeit der Gemeinde in der Gesamtgenehmigung vorbehalten hat.

(5)   Die Begründung einer Zahlungsverpflichtung, die wirtschaftlich einer Kreditverpflichtung gleichkommt, bedarf der Genehmigung der Kommunalaufsichtsbehörde. Absatz 2 Satz 2 und 3 gilt entsprechend.

(6)   Das Innenministerium wird ermächtigt, durch Verordnung[84]

1. die Aufnahme von Krediten von der Einzelgenehmigung der Kommunalaufsichtsbehörde (Absatz 4) abhängig zu machen mit der Maßgabe, daß die Einzelgenehmigung versagt werden kann, wenn die Kreditbedingungen die Entwicklung am Kreditmarkt ungünstig beeinflussen oder die Versorgung der Gemeinden mit wirtschaftlich vertretbaren Krediten stören könnten,

2. die Begründung von Zahlungsverpflichtungen (Absatz 5) von der Genehmigungspflicht freizustellen, wenn sie zur Erfüllung bestimmter Aufgaben entstehen oder ihrer Natur nach regelmäßig wiederkehren oder wenn bestimmte Beträge nicht überschritten werden.

(7)   Die Gemeinde darf zur Sicherung des Kredits keine Sicherheiten bestellen. Die Kommunalaufsichtsbehörde kann Ausnahmen zulassen, wenn die Bestellung von Sicherheiten der Verkehrsübung entspricht.

---

84) LVO über die Genehmigungsfreiheit von Rechtsgeschäften vom 14. 6. 1996 (GVOBl. S. 498).

§ 86   Sicherheiten und Gewährleistung für Dritte

(1)   Die Gemeinde darf keine Sicherheiten zugunsten Dritter bestellen. Ausnahmen bedürfen der Genehmigung der Kommunalaufsichtsbehörde.

(2)   Die Gemeinde darf Bürgschaften und Verpflichtungen aus Gewährverträgen nur zur Erfüllung ihrer Aufgaben übernehmen. Die Rechtsgeschäfte bedürfen der Genehmigung der Kommunalaufsichtsbehörde.

(3)   Absatz 2 gilt entsprechend für Rechtsgeschäfte, die den dort genannten Rechtsgeschäften wirtschaftlich gleichkommen, insbesondere für die Zustimmung zu Rechtsgeschäften Dritter, aus denen der Gemeinde in künftigen Haushaltsjahren Verpflichtungen zur Leistung von Ausgaben erwachsen können.

(4)   Das Innenministerium wird ermächtigt, durch Verordnung Rechtsgeschäfte von der Genehmigungspflicht freizustellen[85], die die Gemeinden zur Erfüllung bestimmter Aufgaben eingehen, die ihrer Natur nach regelmäßig wiederkehren oder die bestimmte Wertgrenzen nicht überschreiten.

(5)   Bei Rechtsgeschäften nach den Absätzen 2 und 3 hat die Gemeinde sich vorzubehalten, daß sie oder ihre Beauftragten jederzeit prüfen können, ob

1. die Voraussetzungen für die Kreditzusage oder ihre Erfüllung vorliegen oder vorgelegen haben,

2. im Fall der Übernahme einer Gewährleistung eine Inanspruchnahme der Gemeinde in Betracht kommen kann oder die Voraussetzungen für eine solche vorliegen oder vorgelegen haben.

Die Gemeinde kann mit Genehmigung der Kommunalaufsichtsbehörde davon absehen, sich das Prüfungsrecht vorzubehalten.

§ 87   Kassenkredite

(1)   Zur rechtzeitigen Leistung ihrer Ausgaben kann die Gemeinde Kassenkredite bis zu dem in der Haushaltssatzung festgesetzten

---

85) Dazu LVO über die Genehmigungsfreiheit von Rechtsgeschäften vom 14. 6. 1996 (GVOBl. S. 498).

Höchstbetrag aufnehmen, soweit der Kasse keine anderen Mittel zur Verfügung stehen. Diese Ermächtigung gilt über das Haushaltsjahr hinaus bis zur Bekanntmachung der neuen Haushaltssatzung.

(2) Der in der Haushaltssatzung festgesetzte Höchstbetrag bedarf der Genehmigung der Kommunalaufsichtsbehörde. Das Innenministerium wird ermächtigt, durch Verordnung von der Genehmigungspflicht nach Satz 1 bis zu einer bestimmten Höhe freizustellen.

§ 87a Gesamtzahl der Stellen

Die Gesamtzahl der im Stellenplan ausgewiesenen Stellen bedarf im Rahmen der Haushaltssatzung der Genehmigung der Kommunalaufsichtsbehörde, soweit

1. der Verwaltungshaushalt des Haushaltsjahres nicht ausgeglichen ist oder in einem der beiden vorangegangenen Haushaltsjahre nicht ausgeglichen war und

2. der Stellenplan im Vergleich zum vorangegangenen Stellenplan neue Stellen oder Stellenhebungen ausweist.

Die Genehmigung soll nach den Grundsätzen einer geordneten Haushaltswirtschaft erteilt oder versagt werden; sie kann unter Bedingungen und Auflagen erteilt werden. Sie ist in der Regel zu versagen, wenn die Ausweisung neuer Stellen oder Stellenhebungen mit der dauernden finanziellen Leistungsfähigkeit der Gemeinde nicht im Einklang steht.

§ 88 Rücklagen

Die Gemeinde hat zur Sicherung der Haushaltswirtschaft und für Zwecke des Vermögenshaushalts Rücklagen in angemessener Höhe zu bilden. Rücklagen für andere Zwecke sind zulässig.

§ 89 Erwerb und Verwaltung von Vermögen

(1) Die Gemeinde soll Vermögensgegenstände nur erwerben, soweit dies in absehbarer Zeit zur Erfüllung ihrer Aufgaben oder

zum Schutz der natürlichen Grundlagen des Lebens erforderlich ist.

(2) Die Vermögensgegenstände sind pfleglich und wirtschaftlich zu verwalten[86] und ordnungsgemäß nachzuweisen. Bei Geldanlagen ist auf eine ausreichende Sicherheit zu achten; sie sollen einen angemessenen Ertrag bringen.

(3) Die Gemeinde darf Gemeindevermögen nur dann in Stiftungsvermögen einbringen, wenn ein wichtiges Interesse der Gemeinde daran vorliegt und der von der Gemeinde damit angestrebte Zweck nicht ebensogut auf andere Weise erfüllt wird oder erfüllt werden kann.

§ 90 Veräußerung von Vermögen

(1) Die Gemeinde darf Vermögensgegenstände, die sie zur Erfüllung ihrer Aufgaben in absehbarer Zeit nicht braucht, veräußern. Vermögensgegenstände dürfen in der Regel nur zu ihrem vollen Wert veräußert werden.

(2) Für die Überlassung der Nutzung eines Vermögensgegenstandes gilt Absatz 1 entsprechend.

(3) Die Gemeinde bedarf der Genehmigung der Kommunalaufsichtsbehörde, wenn sie

1. Vermögensgegenstände unentgeltlich veräußern,

2. über Sachen, die einen besonderen wissenschaftlichen, geschichtlichen oder künstlerischen Wert haben, verfügen oder solche Sachen wesentlich verändern

will.

(4) Das Innenministerium wird ermächtigt, durch Verordnung[87] Rechtsgeschäfte von der Genehmigungspflicht nach Absatz 3 freizustellen, wenn sie zur Erfüllung bestimmter Aufgaben abgeschlossen werden oder ihrer Natur nach regelmäßig wiederkehren oder

---

86) Dazu OVG Lüneburg v. 8. 5. 1975 – IV B 42/75 – Gemeinde 1975/382.
87) Dazu LVO über die Genehmigungsfreiheit von Rechtsgeschäften vom 14. 6. 1996 (GVOBl. S. 498).

wenn bestimmte Wertgrenzen oder Grundstücksgrößen nicht überschritten werden.

§ 91 Gemeindekasse

(1) Die Gemeindekasse erledigt alle Kassengeschäfte der Gemeinde; § 99 bleibt unberührt. Die Buchführung kann von den Kassengeschäften abgetrennt werden.

(2) Die Gemeinde hat, wenn sie ihre Kassengeschäfte selbst besorgt, eine Kassenverwalterin oder einen Kassenverwalter und eine Stellvertreterin oder einen Stellvertreter zu bestellen. Die anordnungsbefugten Beamtinnen und Beamten und Angestellten sowie die Leiterin oder der Leiter und die Prüferinnen und Prüfer des Rechnungsprüfungsamtes können nicht gleichzeitig Aufgaben der Kassenverwalterin oder des Kassenverwalters oder ihrer oder seiner Stellvertreterin oder ihres oder seines Stellvertreters wahrnehmen.

(3) Die Kassenverwalterin oder der Kassenverwalter und deren oder dessen Stellvertreterin oder Stellvertreter dürfen mit der Bürgermeisterin oder dem Bürgermeister, in Städten mit der Bürgermeisterin oder dem Bürgermeister oder einer Stadträtin oder einem Stadtrat sowie mit der Kämmerin oder dem Kämmerer, der Leiterin oder dem Leiter und Prüferinnen und Prüfern des Rechnungsprüfungsamtes nicht in der Weise des § 22 Abs. 1 verbunden sein. Entsteht der Behinderungsgrund im Laufe der Amtszeit, so hat eine der beteiligten Personen aus ihrer Funktion auszuscheiden. Ist eine der beteiligten Personen Bürgermeisterin oder Bürgermeister, in Städten Bürgermeisterin oder Bürgermeister oder Stadträtin oder Stadtrat, so hat die andere Person aus ihrer Funktion auszuscheiden.

(4) Die Kassenverwalterin oder der Kassenverwalter, deren oder dessen Stellvertreterin oder Stellvertreter und die ihnen unterstellten Mitarbeiterinnen und Mitarbeiter sind nicht befugt, Zahlungen anzuordnen.

§ 92 Übertragung und Automation von Kassengeschäften

Die Gemeinde, die keinem Amt angehört, kann die Kassengeschäfte ganz oder zum Teil von einer Stelle außerhalb der Gemeindeverwaltung besorgen lassen, wenn die ordnungsgemäße Erledigung und die Prüfung nach den für die Gemeinde geltenden Vorschriften gewährleistet sind. Die Übertragung ist der Kommunalaufsichtsbehörde vorher anzuzeigen.

§ 93 Jahresrechnung

(1) In der Jahresrechnung ist das Ergebnis der Haushaltswirtschaft einschließlich des Standes des Vermögens und der Verbindlichkeiten zu Beginn und am Ende des Haushaltsjahres nachzuweisen. Die Jahresrechnung ist zu erläutern.

(2) Die Jahresrechnung ist innerhalb von drei Monaten nach Abschluß des Haushaltsjahres aufzustellen.

§ 94 Prüfung der Jahresrechnung

(1) In Gemeinden, in denen ein Rechnungsprüfungsamt besteht, prüft dieses die Jahresrechnung mit allen Unterlagen dahin, ob

1. der Haushaltsplan eingehalten ist,

2. die einzelnen Rechnungsbeträge sachlich und rechnerisch vorschriftsmäßig begründet und belegt worden sind,

3. bei den Einnahmen und Ausgaben rechtmäßig verfahren worden ist,

4. die Vermögensrechnung einwandfrei geführt worden ist.

Das Rechnungsprüfungsamt kann die Prüfung nach seinem pflichtgemäßen Ermessen beschränken und auf die Vorlage einzelner Prüfungsunterlagen verzichten.

(2) Das Rechnungsprüfungsamt hat seine Bemerkungen in einem Schlußbericht zusammenzufassen.

(3) Nach Abschluß der Prüfung durch das Rechnungsprüfungsamt legt die Bürgermeisterin oder der Bürgermeister die Jahresrechnung mit dem Schlußbericht des Rechnungsprüfungsamtes der Gemeindevertretung zur Beratung und Beschlußfassung vor. Die Gemeindevertretung beschließt über die Jahresrechnung bis spätestens 31. Dezember des auf das Haushaltsjahr folgenden Jahres.

(4) Die Gemeinde hat innerhalb von drei Monaten nach Vorlage des Schlußberichts des Rechnungsprüfungsamtes nach Absatz 3 das

Vorliegen des Schlußberichts und der Jahresrechnung örtlich bekanntzumachen und sie danach öffentlich auszulegen, soweit nicht schutzwürdige Interessen einzelner entgegenstehen. In der Bekanntmachung ist auf die öffentliche Auslegung des Schlußberichts und der Jahresrechnung hinzuweisen.

(5) In Gemeinden, in denen kein Rechnungsprüfungsamt besteht, tritt an dessen Stelle ein Ausschuß der Gemeindevertretung; Absatz 4 findet keine Anwendung. In anderen Gemeinden soll der Finanzausschuß oder ein besonderer Ausschuß die Beschlußfassung der Gemeindevertretung nach Absatz 3 Satz 2 vorbereiten.

§ 95   *(gestrichen)*

2. ABSCHNITT: Sondervermögen, Treuhandvermögen

§ 96   Nichtrechtsfähige örtliche Stiftungen

(1) Für das Vermögen der nichtrechtsfähigen örtlichen Stiftungen gelten die Vorschriften des 1. Abschnitts. Es ist im Haushalt der Gemeinde gesondert nachzuweisen.

(2) Die Gemeinde kann den Stiftungszweck umwandeln, die Stiftung mit einer anderen zusammenlegen oder aufheben. Sie bedarf dazu der Genehmigung der Kommunalaufsichtsbehörde.

§ 97   Sonstiges Sondervermögen

(1) Für wirtschaftliche Unternehmen ohne Rechtspersönlichkeit und öffentliche Einrichtungen, für die aufgrund gesetzlicher Vorschriften Sonderrechnungen geführt werden, gelten die §§ 75, 76, 83 bis 87, 89 und 90 entsprechend.

(2) Öffentliche Einrichtungen nach § 101 Abs. 2 Satz 1 Nr. 2 können mit öffentlichen Einrichtungen, für die aufgrund gesetzlicher Vorschriften Sonderrechnungen geführt werden, zusammengefaßt werden und sind dann nach den Vorschriften für diese Sondervermögen zu führen; Absatz 1 ist anzuwenden.

§ 98 Treuhandvermögen

(1) Für Vermögen, die die Gemeinde treuhänderisch zu verwalten hat, sind besondere Haushaltspläne aufzustellen und Sonderrechnungen zu führen.

(2) Der 1. Abschnitt gilt mit der Maßgabe, daß an die Stelle der Haushaltssatzung der Beschluß über den Haushaltsplan tritt und von der Bekanntmachung abgesehen werden kann. Anstelle eines Haushaltsplans kann ein Wirtschaftsplan aufgestellt werden. In diesem Fall sind § 97 sowie die Vorschriften über die Wirtschaftsführung und das Rechnungswesen der Eigenbetriebe entsprechend anzuwenden.

(3) Unbedeutendes Treuhandvermögen kann im Haushalt der Gemeinde gesondert nachgewiesen werden.

(4) Abweichende gesetzliche Vorschriften bleiben unberührt.

§ 99 Sonderkassen

Für Sondervermögen und Treuhandvermögen, für die Sonderrechnungen geführt werden, sind Sonderkassen einzurichten; sie sollen mit der Gemeindekasse verbunden werden. § 91 gilt entsprechend.

§ 100 Freistellung von der Finanzplanung

Das Innenministerium wird ermächtigt, durch Verordnung Sondervermögen und Treuhandvermögen von den Verpflichtungen des § 83 freizustellen, soweit die Zahlen der Finanzplanung weder für Haushalts- und Wirtschaftsführung noch für die Finanzstatistik benötigt werden.

3. ABSCHNITT: Wirtschaftliche Betätigung und privatrechtliche Beteiligung der Gemeinde

§ 101 Wirtschaftliche Unternehmen

(1) Die Gemeinde darf wirtschaftliche Unternehmen errichten, übernehmen oder wesentlich erweitern, wenn

1. der öffentliche Zweck das Unternehmen rechtfertigt,

2. das Unternehmen nach Art und Umfang in einem angemessenen Verhältnis zu der Leistungsfähigkeit der Gemeinde und zum voraussichtlichen Bedarf steht und

3. der Zweck nicht besser und wirtschaftlicher auf andere Weise erfüllt werden kann.

(2) Als wirtschaftliche Unternehmen im Sinne dieses Abschnitts gelten nicht

1. Unternehmen, zu denen die Gemeinden gesetzlich verpflichtet ist,

2. Einrichtungen des Bildungs-, Gesundheits- und Sozialwesens, der Kultur, des Sports, der Erholung, der Abfall- und Abwasserbeseitigung sowie Einrichtungen ähnlicher Art und

3. Einrichtungen, die als Hilfsbetriebe ausschließlich der Deckung des Eigenbedarfs der Gemeinde dienen.

Auch diese Unternehmen und Einrichtungen sind nach den Grundsätzen der Wirtschaftlichkeit und Sparsamkeit zu verwalten. Die Gemeinden können diese Unternehmen und Einrichtungen ganz oder teilweise nach den Vorschriften der Eigenbetriebsverordnung vom 29. Dezember 1986 (GVOBl. Schl.-H. 1987 S. 11) führen.

(3) Die Gemeinde hat das Recht, sich zur Erfüllung ihrer Aufgaben Dritter zu bedienen.

(4) Bankunternehmen darf die Gemeinde nicht errichten. Für das öffentliche Sparkassenwesen verbleibt es bei den besonderen Vorschriften[88].

§ 102 Beteiligung an Gesellschaften

(1) Die Gemeinde darf Gesellschaften gründen, sich an der Gründung von Gesellschaften beteiligen oder sich an bestehenden Gesellschaften beteiligen, wenn

1. ein wichtiges Interesse der Gemeinde an der Gründung oder der Beteiligung vorliegt und die kommunale Aufgabe dauerhaft mindestens ebensogut wie in Organisationsformen des öffentlichen

---

88) Sparkassengesetz vom 13. 2. 1988 (GVOBl. S. 97).

Rechts erfüllt wird; vor der Gründung oder der Beteiligung hat die Bürgermeisterin oder der Bürgermeister die Vor- und Nachteile im Verhältnis zu den Organisationsformen des öffentlichen Rechts umfassend abzuwägen, dies der Gemeindevertretung in einem Bericht darzulegen und dabei insbesondere die Angemessenheit und die soziale Ausgewogenheit von Gebühren- und Beitragsgestaltungen sowie die personalwirtschaftlichen, mitbestimmungsrechtlichen und gleichstellungsrechtlichen Änderungen darzustellen,

2. die Haftung und die Einzahlungsverpflichtung der Gemeinde auf einen ihrer Leistungsfähigkeit angemessenen Betrag begrenzt wird,

3. die Gemeinde einen angemessenen Einfluß, insbesondere im Aufsichtsrat oder in einem entsprechenden Überwachungsorgan, erhält und

4. gewährleistet ist, daß der Jahresabschluß und der Lagebericht, soweit nicht weitergehende gesetzliche Vorschriften gelten oder andere gesetzliche Vorschriften entgegenstehen, in entsprechender Anwendung der Vorschriften des Dritten Buches des Handelsgesetzbuches für große Kapitalgesellschaften aufgestellt und geprüft werden.

Die Kommunalaufsichtsbehörde kann in besonderen Fällen Ausnahmen von den Nummern 2 und 4 zulassen.

(2) Die Beteiligung an der Gründung einer Gesellschaft, die auf den Betrieb eines wirtschaftlichen Unternehmens gerichtet ist, oder an einer bestehenden Gesellschaft dieser Art ist nur zulässig, wenn die Gemeinde über die Voraussetzungen des Absatzes 1 hinaus ein Unternehmen dieser Art nach § 101 Abs. 1 selbst errichten oder übernehmen dürfte.

(3) Gehören einer Gemeinde allein oder zusammen mit anderen Gemeinden, Kreisen, Ämtern oder Zweckverbänden mehr als 75 v. H. der Anteile an einer Gesellschaft, so ist die Gesellschaft durch Gesellschaftsvertrag oder Satzung auf den öffentlichen Zweck auszurichten.

(4) Gehören einer Gemeinde mehr als 50 v. H. der Anteile an einer Gesellschaft, so hat sie darauf hinzuwirken, daß

1. für jedes Wirtschaftsjahr ein Wirtschaftsplan in sinngemäßer Anwendung der Vorschriften der Eigenbetriebsverordnung aufgestellt wird,

2. der Wirtschaftsführung eine fünfjährige Finanzplanung zugrunde gelegt und der Gemeinde zur Kenntnis gebracht wird und

3. nach den Wirtschaftsgrundsätzen (§ 107) verfahren wird, wenn die Gesellschaft ein wirtschaftliches Unternehmen betreibt.

(5) Vertreterinnen und Vertreter der Gemeinde in einer Gesellschaft, an der Gemeinden, Kreise, Ämter oder Zweckverbände mit mehr als 50 v.H. beteiligt sind, dürfen einer Beteiligung der Gesellschaft an einer anderen Gesellschaft oder anderen Vereinigung in einer Rechtsform des privaten Rechts nur nach vorheriger Zustimmung der Gemeindevertretung und nur dann zustimmen, wenn für die Gemeinde selbst die Beteiligungsvoraussetzungen vorliegen und die Haftung der sich beteiligenden Gesellschaft auf einen bestimmten Betrag begrenzt ist. Absatz 1 Satz 2 gilt entsprechend. Als Vertreterinnen und Vertreter der Gemeinde nach Satz 1 gelten auch Geschäftsführerinnen und Geschäftsführer, Vorstände sowie Mitglieder von sonstigen Organen und ähnlichen Gremien der Gesellschaft, die von der Gemeinde oder auf ihre Veranlassung in das Organ oder Gremium entsandt oder gewählt worden sind. Beruht die Entsendung oder die Wahl auf Veranlassung mehrerer Gemeinden, Kreise, Ämter oder Zweckverbände, so bedarf es nur der Zustimmung der Gemeindevertretung (des Kreistags, des Amtsausschusses oder der Verbandsversammlung), auf die sich die beteiligten Gemeinden, Kreise, Ämter oder Zweckverbände geeinigt haben. Satz 1 bis 4 gilt nicht, soweit ihnen zwingende Vorschriften des Gesellschaftsrechts entgegenstehen.

§ 103 Veräußerung von wirtschaftlichen Unternehmen, Einrichtungen und Beteiligungen

(1) Die teilweise oder vollständige Veräußerung eines wirtschaftlichen Unternehmens oder einer Beteiligung an einer Gesellschaft sowie andere Rechtsgeschäfte, durch die die Gemeinde ihren Einfluß verliert oder vermindert, sind nur zulässig, wenn dadurch die Erfüllung des öffentlichen Zwecks nicht beeinträchtigt wird. Das gleiche gilt für Einrichtungen nach § 101 Abs. 2.

(2)   Vertreterinnen und Vertreter der Gemeinde in einer Gesellschaft dürfen Rechtsgeschäften nach Absatz 1 oder sonstigen Maßnahmen, die diesen Rechtsgeschäften wirtschaftlich gleichkommen, nur unter den dort genannten Voraussetzungen und nur nach vorheriger Zustimmung der Gemeindevertretung zustimmen. § 102 Abs. 5 Satz 3 bis 5 gilt entsprechend.

§ 104   Vertretung der Gemeinde in Gesellschaften

(1)   Die Vertreterinnen und Vertreter der Gemeinde in Gesellschaften, die der Gemeinde gehören (Eigengesellschaften), und in Gesellschaften, an denen die Gemeinde beteiligt ist, werden von der Gemeinde bestellt.

(2)   Ist der Gemeinde das Recht eingeräumt, Mitglieder des Vorstands, des Aufsichtsrats oder eines ähnlichen Organs einer Gesellschaft zu bestellen, gilt § 25 entsprechend.

§ 105   Beteiligung an einer privatrechtlichen Vereinigung

§ 102 Abs. 1 bis 3 und 5 mit Ausnahme des Absatzes 1 Satz 1 Nr. 4 und die §§ 103 und 104 gelten auch für Beteiligungen an anderen Vereinigungen in einer Rechtsform des privaten Rechts.

§ 106   Eigenbetriebe[89]

Die Organisation und die Wirtschaftsführung der wirtschaftlichen Unternehmen ohne Rechtspersönlichkeit der Gemeinde (Eigenbetriebe) werden durch die Eigenbetriebsverordnung und durch die Betriebssatzung geregelt[90].

§ 107   Wirtschaftsgrundsätze

Wirtschaftliche Unternehmen sind so zu führen, daß der öffentliche Zweck erfüllt wird. Sie sollen für die technische und wirtschaftliche Entwicklung notwendige Rücklagen aus dem Jahresgewinn bilden

---

89) EigenbetriebsVO v. 29. 12. 1986 (GVOBl. 1987, S. 11).
90) Dazu Musterbetriebsatzung RdErl. MdI v. 13. 6. 1975 (Amtsbl. S. 750).

und mindestens eine marktübliche Verzinsung des Eigenkapitals erwirtschaften.

§ 108 Anzeige

(1) Will die Gemeinde

1. eine Gesellschaft gründen, sich an der Gründung einer Gesellschaft oder an einer bestehenden Gesellschaft beteiligen oder über eine wesentliche Änderung des Gesellschaftszwecks oder des Gesellschaftsvertrages entscheiden,

2. die Beteiligung an einer Gesellschaft erhöhen,

3. eine Beteiligung an einer Gesellschaft, ein wirtschaftliches Unternehmen oder eine Einrichtung nach § 101 Abs. 2 vollständig oder teilweise veräußern,

4. ein wirtschaftliches Unternehmen errichten, übernehmen oder wesentlich erweitern oder über eine wesentliche Änderung des Zwecks entscheiden,

5. Rechtsgeschäfte vornehmen, die ihrer Art nach geeignet sind, den Einfluß der Gemeinde auf ein wirtschaftliches Unternehmen zu mindern oder zu beseitigen,

6. einen Eigenbetrieb in eine andere Rechtsform umwandeln oder

7. Unternehmen und Einrichtungen entsprechend den Vorschriften über Eigenbetriebe führen,

hat sie dies der Kommunalaufsichtsbehörde unverzüglich schriftlich anzuzeigen. Aus der Anzeige muß zu ersehen sein, ob die gesetzlichen Voraussetzungen erfüllt sind. Die Entscheidung der Gemeinde wird wirksam, wenn die Kommunalaufsichtsbehörde nicht innerhalb von sechs Wochen nach Eingang der Anzeige wegen Verletzung von Rechtsvorschriften widerspricht oder vor Ablauf der Frist erklärt, daß sie nicht widersprechen wird. Die Kommunalaufsichtsbehörde kann die Frist im Einzelfall verlängern.

(2) Absatz 1 gilt für Entscheidungen der Gemeindevertretung nach § 102 Abs. 5 und § 103 Abs. 2 entsprechend.

§ 109 Verbot des Monopolmißbrauchs

Bei Unternehmen, die nicht im Wettbewerb mit gleichartigen Unternehmen stehen, dürfen der Anschluß und die Belieferung nicht davon abhängig gemacht werden, daß auch andere Leistungen oder Lieferungen abgenommen werden.

4. ABSCHNITT: Örtliche Prüfung

§§ 110 bis 113 *(entfallen)*

§ 114 Einrichtung eines Rechnungsprüfungsamtes

Städte über 20 000 Einwohnerinnen und Einwohner müssen ein Rechnungsprüfungsamt einrichten; andere Gemeinden können es einrichten, wenn ein Bedürfnis hierfür besteht und die Kosten in angemessenem Verhältnis zum Umfang der Verwaltung stehen.

§ 115 Stellung des Rechnungsprüfungsamtes

(1) Das Rechnungsprüfungsamt ist der Gemeindevertretung unmittelbar verantwortlich. Es kann sich in bedeutsamen Angelegenheiten über die Bürgermeisterin oder den Bürgermeister an die Gemeindevertretung wenden. Die Bürgermeisterin oder der Bürgermeister sowie der Hauptausschuß in der Wahrnehmung seiner Aufgaben nach § 45b haben das Recht, dem Rechnungsprüfungsamt Aufträge zur Prüfung der Verwaltung zu erteilen.

(2) Die Gemeindevertretung bestellt die Leiterin oder den Leiter sowie die Prüferinnen und Prüfer des Rechnungsprüfungsamtes und hebt die Bestellung auf. Die Aufhebung der Bestellung ohne Einverständnis der Betroffenen bedarf der Zustimmung der Kommunalaufsichtsbehörde.

(3) Die Leiterin oder der Leiter des Rechnungsprüfungsamtes muß Beamtin oder Beamter auf Lebenszeit sein. Die Leiterin oder der Leiter sowie die Prüferinnen und Prüfer des Rechnungsprüfungsamtes dürfen mit der oder dem Vorsitzenden der Gemeindevertretung, der Bürgermeisterin oder dem Bürgermeister, den Stadträtinnen und Stadträten, den Mitgliedern des Hauptausschusses sowie mit der Kämmerin oder dem Kämmerer nicht in der Weise des § 22 Abs. 1

verbunden sein. Entsteht der Behinderungsgrund im Lauf der Amtszeit, so hat eine der beteiligten Personen aus ihrer Funktion auszuscheiden. Ist eine der beteiligten Personen Bürgermeisterin oder Bürgermeister oder Stadträtin oder Stadtrat, so hat die andere Person aus ihrer Funktion auszuscheiden. Ist eine der beteiligten Personen hauptamtlich, die andere ehrenamtlich tätig, so scheidet die andere Person aus.

(4) Die Leiterin oder der Leiter und die Prüferinnen und Prüfer des Rechnungsprüfungsamtes können nicht zu gleicher Zeit eine andere Stellung in der Gemeindeverwaltung innehaben.

(5) Die Leiterin oder der Leiter und die Prüferinnen und Prüfer des Rechnungsprüfungsamtes dürfen Zahlungen durch die Gemeinde weder anordnen noch ausführen.

§ 116 Aufgaben des Rechnungsprüfungsamtes

(1) Das Rechnungsprüfungsamt hat

1. die Jahresrechnung zu prüfen (§ 94),

2. die Kassenvorgänge und Belege zur Vorbereitung der Prüfung der Jahresrechnung laufend zu prüfen,

3. die Kassen der Gemeinde, ihrer Eigenbetriebe und anderer Sondervermögen dauernd zu überwachen sowie die regelmäßigen und unvermuteten Kassenprüfungen vorzunehmen,

4. die Rechtmäßigkeit, Zweckmäßigkeit und Wirtschaftlichkeit der Verwaltung, der Eigenbetriebe und anderer Sondervermögen zu prüfen und

5. die Finanzvorfälle gemäß § 56 Abs. 3 des Haushaltsgrundsätzegesetzes vom 19. August 1969 (BGBl. I S. 1273), zuletzt geändert durch Gesetz vom 29. Juli 1994 (BGBl. I S. 1890), zu prüfen.

(2) Die Gemeindevertretung kann dem Rechnungsprüfungsamt weitere Aufgaben übertragen, insbesondere

1. die Vorräte und Vermögensbestände zu prüfen,

2. die Vergaben zu prüfen,

3. die Wirtschaftsführung der Eigenbetriebe laufend zu prüfen,

4. die Betätigung der Gemeinde als Gesellschafterin oder Aktionärin zu prüfen und

5. die Kassen-, Buch- und Betriebsprüfung, die sich die Gemeinde bei einer Beteiligung, bei der Hingabe eines Darlehens oder sonst vorbehalten hat.

(3) Das Rechnungsprüfungsamt hat sich gutachtlich zu einer Planung oder Maßnahme zu äußern, wenn die Gemeindevertretung oder die Bürgermeisterin oder der Bürgermeister oder der Hauptausschuß in der Wahrnehmung seiner Aufgaben nach § 45 b es verlangt.

§ 117 *(entfällt)*

5. ABSCHNITT: Wirksamkeit von Rechtsgeschäften

§ 118

(1) Geschäfte des bürgerlichen Rechtsverkehrs, die ohne die nach den Vorschriften der Abschnitte 1 bis 4 erforderliche Genehmigung der Kommunalaufsichtsbehörde abgeschlossen werden, sind unwirksam.

(2) Rechtsgeschäfte, die gegen das Verbot des § 85 Abs. 7 und des § 109 verstoßen, sind nichtig.

§ 119 *(entfällt)*

SIEBENTER TEIL: Aufsicht

§ 120 Kommunalaufsicht

Das Land übt die Aufsicht darüber aus, daß die Gemeinden die Selbstverwaltungsaufgaben rechtmäßig erfüllen[91]. Die Kommunal-

---

91) **Zur Frage Rechtsaufsicht und Genehmigungsvorbehalte** vgl. OVG Lüneburg v. 2. 7. 1963 – II A 6/61 – Gemeinde 1965/21; OVG Lüneburg v. 3. 9. 1969 – II A 51/69 – Gemeinde 1970/107; OVG Lüneburg v. 12. 3. 1971 – VII A 40/69 – Gemeinde 1971/369; OVG Rhld.-Pf.

aufsichtsbehörden sollen die Gemeinden vor allem beraten und unterstützen.

§ 121 Kommunalaufsichtsbehörden

(1) Kommunalaufsichtsbehörde für die Gemeinden und für die kreisangehörigen Städte bis 20 000 Einwohnerinnen und Einwohner ist die Landrätin oder der Landrat.

(2) Kommunalaufsichtsbehörde für die Städte über 20 000 Einwohnerinnen und Einwohner sowie oberste Kommunalaufsichtsbehörde ist das Innenministerium.

(3) Das Innenministerium kann in Angelegenheiten der Kommunalaufsicht der Landrätin oder dem Landrat Weisungen erteilen; es kann zur Kommunalaufsicht über die kreisangehörigen Städte über 20 000 Einwohnerinnen und Einwohner die Landrätin oder den Landrat heranziehen.

(4) Ist in einer von der Landrätin oder dem Landrat als Kommunalaufsichtsbehörde zu entscheidenden Angelegenheit der Kreis zugleich als Gemeindeverband unmittelbar beteiligt, so entscheidet anstelle der Landrätin oder des Landrats das Innenministerium.

§ 122 Auskunftsrecht

Die Kommunalaufsichtsbehörde kann sich jederzeit – auch durch Beauftragte – über die Angelegenheiten der Gemeinde unterrichten, sie kann an Ort und Stelle prüfen und besichtigen, mündliche und schriftliche Berichte, Beschlüsse und Sitzungsniederschriften der Gemeindevertretung und ihrer Ausschüsse sowie Akten und sonstige Unterlagen anfordern oder einsehen.

---

v. 1. 7. 1974 – 7 A 21/74 – Gemeinde 1975/224; VG Schleswig v. 4. 6. 1975 – 1 A 82/73 – Gemeinde 1975/250 und Berufungsurteil OVG Lüneburg v. 15. 12. 1976 – VII A 261/75 – Gemeinde 1977/122; OVG Lüneburg v. 27. 11. 1979 – V A 71/79 – Gemeinde 1980/132. **Zur Verletzung von Grundsätzen der Wirtschaftlichkeit** vgl. OVG Rhld.-Pf. v. 1. 7. 1974 – 7 A 6/73 – Gemeinde 1975/16; OVG Lüneburg v. 29. 5. 1975 – V B 42/75 – Gemeinde 1975/382.

§ 123 Beanstandungsrecht, einstweilige Anordnung

(1) Die Kommunalaufsichtsbehörde kann[92] Beschlüsse und Anordnungen[93] der Gemeinde, die das Recht verletzen[94], beanstanden[95] und verlangen, daß die Gemeinde den Beschluß oder die Anordnung binnen einer angemessenen Frist aufhebt[96]. Die Kommunalaufsichtsbehörde kann ferner verlangen, daß die Gemeinde Maßnahmen, die auf Grund derartiger Beschlüsse und Anordnungen getroffen wurden, rückgängig macht. Die Beanstandung hat aufschiebende Wirkung.

(2) Die Kommunalaufsichtsbehörde kann vor einer Beanstandung anordnen, daß ein Beschluß oder eine Anordnung der Gemeinde bis zur Ermittlung des Sachverhalts, höchstens jedoch einen Monat, ausgesetzt wird (einstweilige Anordnung).

§ 124 Anordnungsrecht

Erfüllt die Gemeinde die ihr nach dem Gesetz obliegenden Pflichten oder Aufgaben nicht, so kann die Kommunalaufsichtsbehörde anordnen, daß die Gemeinde innerhalb einer bestimmten Frist das Erforderliche veranlaßt[97].

---

92) Zum Opportunitätsprinzip vgl. BVerwG v. 19. 6. 1972 – VII B 64/71 – Gemeinde 1973/120.

93) Zur Frage der Beanstandung einer Erklärung zur atomwaffenfreien Zone, vgl. VG Schleswig, B. v. 9. 7. 1987 – 6 D 41/87 – Gemeinde 1988/61; OVG Lüneburg, U. v. 28. 10. 1986 – 5 A 117/85 – Gemeinde 1987/47; zur Befassung mit Fragen des Asylrechts, vgl. VG Schleswig, U. v. 10. 2. 1988 – 6 A 13/87 – Gemeinde 1988/190.

94) Beanstandung nur bei eindeutiger Rechtsverletzung vgl. VG Schleswig, U. v. 26. 9. 1989 – 6 A 354/89 – Gemeinde 1990/68. Beanstandung bei Verstoß gegen den Grundsatz der Wirtschaftlichkeit und Sparsamkeit OVG Münster B. 26. 10. 1991 – 15 A 1099/87 – Gemeinde 1991/356.

95) Einstufung in eine Vergütungsgruppe des BAT, vgl. OVG Lüneburg v. 25. 2. 1970 – V A 23/68 – Gemeinde 1970/238 Verstoß gegen Eingemeindungsvertrag durch abweichende Bauleitplanung, vgl. OVG Lüneburg v. 31. 5. 1983 – 5 A 78/81 – Gemeinde 1983/336.

96) Gegen Beanstandung klagbefugt die Gemeinde (nicht die Gemeindevertretung bestr.), vgl. VG Schleswig v. 30. 4. 1982 – 6 A 296/80 – Gemeinde 1982/238.

97) Realisierung eines Schadenersatzanspruches der Gemeinde, vgl. OVG Koblenz v. 8. 3. 1965 – GA 13/64 – Gemeinde 1965/284.

§ 125 Ersatzvornahme

Kommt die Gemeinde einer Anordnung der Kommunalaufsichtsbehörde nicht innerhalb der bestimmten Zeit nach, so kann die Kommunalaufsichtsbehörde die Anordnung anstelle und auf Kosten der Gemeinde selbst durchführen[98)] oder die Durchführung einem anderen übertragen.

§ 126   *(entfällt[99)])*

§ 127   Bestellung von Beauftragten

Wenn und solange der ordnungsgemäße Gang der Verwaltung der Gemeinde es erfordert und die Befugnisse der Kommunalaufsichtsbehörde nach den §§ 122 bis 125 nicht ausreichen, kann diese eine Beauftragte oder einen Beauftragten bestellen, die oder der alle oder einzelne Aufgaben der Gemeinde auf Kosten der Gemeinde wahrnimmt. Die oder der Beauftragte hat die Stellung eines Organs der Gemeinde.

§ 128   *(entfällt[100)])*

§ 129   Schutzvorschrift

Andere Behörden und Stellen als die Kommunalaufsichtsbehörden gemäß § 121 sind zu Eingriffen in die Gemeindeverwaltung nach den §§ 123 bis 127 nicht befugt. Die §§ 17 und 18 des Landesverwaltungsgesetzes bleiben unberührt.

§ 130   *(entfällt)*

---

98) Zur Frage des Ersetzens des verweigerten Einvernehmens einer Gemeinde vgl. VG Schleswig v. 29. 5. 1970 – 8 A 59/70 – Gemeinde 1971/28.
99) Die Möglichkeit einer Finanzsperre ist durch das Änderungsgesetz 1977 gestrichen worden.
100) Rechtsmittel, gegenstandslos durch §§ 77 Abs. 2 und 195 Abs. 2 VwGO. Seither gelten die Generalklausel der Verwaltungsgerichtsbarkeit und für das Widerspruchsverfahren die §§ 68–76 der **Verwaltungsgerichtsordnung** sowie §§ 119, 120 **Landesverwaltungsgesetz**.

§ 131 Zwangsvollstreckung und Konkurs

(1) Zur Einleitung der Zwangsvollstreckung gegen die Gemeinden wegen einer Geldforderung bedarf die Gläubigerin oder der Gläubiger einer Zulassungsverfügung der Kommunalaufsichtsbehörde, es sei denn, daß es sich um die Verfolgung dinglicher Rechte handelt. In der Verfügung hat die Kommunalaufsichtsbehörde die Vermögensgegenstände zu bezeichnen, in welche die Zwangsvollstreckung zugelassen wird, und über den Zeitpunkt zu befinden, in dem sie stattfinden soll. Die Zwangsvollstreckung wird nach den Vorschriften der Zivilprozeßordnung durchgeführt.

(2) Ein Konkursverfahren über das Vermögen der Gemeinde findet nicht statt.

ACHTER TEIL: Schlußvorschriften

§ 132 Beteiligungsrechte

Die obersten Landesbehörden haben zu Entwürfen von Rechtsvorschriften und allgemeinen Verwaltungsvorschriften, die die Selbstverwaltung der Gemeinden berühren, die Landesverbände der Gemeinden zu hören.

§ 133 Einwohnerzahl

(1) Soweit für die Anwendung dieses Gesetzes oder einer auf Grund dieses Gesetzes erlassenen Verordnung das Überschreiten einer Einwohnerzahl maßgebend ist, gilt die vom Statistischen Landesamt nach dem Stand vom 31. März fortgeschriebene Einwohnerzahl vom 1. Januar des folgenden Jahres an.

(2) Bei einer Gebietsänderung stellt das Statistische Landesamt die neuen Einwohnerzahlen der Gemeinden fest und gibt sie ihnen bekannt. Stichtag und Tag des Wirksamwerdens ist der Tag der Gebietsänderung, soweit das Statistische Landesamt nichts anderes bestimmt.

(3) Ein Rückgang unter die Einwohnerzahl ist so lange unbeachtlich, als das Innenministerium nichts anderes bestimmt. Die Ent-

scheidung ist im Amtsblatt für Schleswig-Holstein zu veröffentlichen.

§ 134 Ordnungswidrigkeiten

(1) Ordnungswidrig handelt, wer als Gemeindevertreterin oder -ver-
treter, als weiteres Mitglied eines Ortsbeirats oder als Ausschußmitglied, das nicht der Gemeindevertretung angehört, vorsätzlich oder
fahrlässig

1. entgegen der Entscheidung nach § 32 Abs. 3, § 46 Abs. 11, § 47c
   Abs. 3 in Verbindung mit § 23 Ansprüche Dritter gegen die Gemeinde geltend macht,

2. eine Weisung der Gemeinde nach § 32 Abs. 3, § 46 Abs. 11, § 47c
   Abs. 3 in Verbindung mit § 25 nicht befolgt oder

3. ohne triftigen Grund einer Sitzung der Gemeindevertretung, eines
   Ausschusses oder eines Ortsbeirats fernbleibt.

(2) Ordnungswidrig handelt, wer als ehrenamtlich tätige Bürgerin
oder ehrenamtlich tätiger Bürger vorsätzlich oder fahrlässig

1. entgegen der Entscheidung nach § 23 Ansprüche Dritter gegen
   die Gemeinde geltend macht oder

2. eine Weisung der Gemeinde nach § 25 nicht befolgt.

(3) Ordnungswidrig handelt, wer als Gemeindevertreterin oder -ver-
treter, als weiteres Mitglied eines Ortsbeirats, als Ausschußmitglied,
das nicht der Gemeindevertretung angehört, oder als ehrenamtlich
tätige Bürgerin oder ehrenamtlich tätiger Bürger

1. es vorsätzlich unterläßt, einen Ausschließungsgrund (§ 22 Abs. 4
   Satz 1) mitzuteilen oder

2. vorsätzlich gegen die Verschwiegenheitspflicht (§ 21 Abs. 2, § 32
   Abs. 3 Satz 1 in Verbindung mit § 21 Abs. 2) verstößt, soweit die
   Tat nicht nach § 203 Abs. 2 oder § 353b des Strafgesetzbuches
   bestraft werden kann.

(4) Ordnungswidrig handelt, wer als Bürgerin oder Bürger vorsätz-
lich oder fahrlässig ohne wichtigen Grund die Übernahme eines
Ehrenamtes oder einer ehrenamtlichen Tätigkeit ablehnt oder die
Ausübung verweigert.

(5) Ordnungswidrig handelt, wer vorsätzlich oder fahrlässig einer Satzung über die Benutzung einer öffentlichen Einrichtung zuwiderhandelt, soweit die Satzung für einen bestimmten Tatbestand auf diese Bußgeldvorschrift verweist.

(6) Die Ordnungswidrigkeit kann mit einer Geldbuße geahndet werden.

(7) Verwaltungsbehörden nach § 36 Abs. 1 Nr. 1 des Gesetzes über Ordnungswidrigkeiten sind die Bürgermeisterinnen und Bürgermeister der amtsfreien Gemeinden und die Amtsvorsteherinnen und Amtsvorsteher. Die Ordnungswidrigkeiten der Gemeindevertreterinnen und -vertreter nach den Absätzen 1 und 3, der Ausschußmitglieder nach § 46 Abs. 2 und der weiteren Mitglieder eines Ortsbeirats werden nur auf Antrag der Gemeindevertretung verfolgt. Für die Antragsfrist und die Zurücknahme des Antrags gelten die §§ 77 b und 77 d des Strafgesetzbuchs entsprechend.

§ 135   Durchführungsbestimmungen

(1) Das Innenministerium wird ermächtigt, durch Verordnung nähere Bestimmungen zu treffen über

1. die Vertretung der Gemeinde bei öffentlichen Anlässen,

2. den Schriftkopf im Schriftverkehr bei Selbstverwaltungsaufgaben und Aufgaben zur Erfüllung nach Weisung und über den Zusatz, mit dem die Stadträtinnen und Stadträte im Schriftverkehr zeichnen,

3. die Änderung von Gemeindenamen,

4. das Verfahren und die Durchführung von Gebietsänderungen und über die Auseinandersetzung,

5. die Durchführung des Einwohnerantrags nach § 16 f und des Bürgerentscheids nach § 16 g,

6. die Gewährung von Entschädigungen an Ehrenbeamtinnen und -beamte, ehrenamtlich tätige Bürgerinnen und Bürger, Gemeindevertreterinnen und -vertreter, ehrenamtlich tätige Gleichstellungsbeauftragte, Ausschußmitglieder nach § 46 Abs. 2 Satz 1 und Mitglieder der Beiräte nach § 47 b Abs. 2 und § 47 d, insbesondere über

a) die pauschalierte Erstattung von Auslagen, entgangenem Arbeitsverdienst, Verdienstausfallentschädigung für Selbständige, Entschädigung für Abwesenheit vom Haushalt und Reisekosten,

b) die Höchstbeträge für pauschalierte Entschädigungen, insbesondere für Aufwandsentschädigungen, und

c) die Wirkung der Änderung der Einwohnerzahl auf die Höhe der Entschädigung;

dabei sind die Einwohnerzahlen der Gemeinden zu berücksichtigen. Die Höhe der Entschädigungen nach Buchstabe b) ist nach Ablauf der ersten Hälfte der Wahlzeit anzupassen. Grundlage dafür ist die Preisentwicklung ausgewählter Waren und Leistungen im Preisindex für die Lebenshaltung aller privaten Haushalte im vorangegangenen Jahr.

(2) Das Innenministerium wird ermächtigt, durch Verordnung nähere Bestimmungen zu treffen über

1. (entfällt)

2. Inhalt und Gestaltung des Haushaltsplans, des Finanzplans und des Investitionsprogramms sowie die Haushaltsführung und die Haushaltsüberwachung,

3. die Veranschlagung von Einnahmen, Ausgaben und Verpflichtungsermächtigungen für einen vom Haushaltsjahr abweichenden Wirtschaftszeitraum,

4. die Bildung, vorübergehende Inanspruchnahme und Verwendung von Rücklagen sowie deren Mindesthöhe,

5. die Erfassung, den Nachweis, die Bewertung und die Abschreibung der Vermögensgegenstände,

6. die Geldanlagen und ihre Sicherung,

7. die Ausschreibung von Lieferungen und Leistungen sowie die Vergabe von Aufträgen,

8. die Stundung, die Niederschlagung und den Erlaß von Ansprüchen sowie die Behandlung von Kleinbeträgen,

9. die Aufgaben und die Organisation der Gemeindekasse und der Sonderkassen, deren Beaufsichtigung und Prüfung sowie die Abwicklung des Zahlungsverkehrs und die Buchführung,

10. Inhalt und Gestaltung der Jahresrechnung sowie die Abdeckung von Fehlbeträgen,

11. die Besetzung von Stellen mit Beamtinnen und Beamten, Angestellten sowie Arbeiterinnen und Arbeitern.

(3) Das Innenministerium wird ermächtigt, für Eigenbetriebe durch Verordnung nähere Bestimmungen zu treffen über

1. die Leitung und Vertretung,

2. Zuständigkeiten der gemeindlichen Organe und Abgrenzung der Befugnisse der Leitung von denen der gemeindlichen Organe,

3. Inhalt und Erlaß der Betriebssatzungen,

4. Inhalt und Gestaltung des Wirtschaftsplans sowie die Wirtschaftsführung und ihre Überwachung,

5. die Erhaltung des Vermögens, insbesondere die Erfassung, den Nachweis, die Bewertung und Abschreibung der Vermögensgegenstände,

6. das Rechnungswesen und die Buchführung,

7. die Berichterstattung und die Rechenschaftspflicht der Leitung,

8. Inhalt und Gestaltung des Jahresabschlusses.

(4) Die Ermächtigungen nach den Absätzen 2 und 3 schließen die Befugnis ein, zur Vergleichbarkeit der Haushalte und Wirtschaftspläne Muster für verbindlich zu erklären, insbesondere für

1. die Haushaltssatzung,

2. die Gliederung und Gruppierung des Haushaltsplans und des Finanzplans,

3. die Form des Haushaltsplans und seiner Anlagen, des Finanzplans und des Investitionsprogramms,

4. die Gliederung, Gruppierung und Form der Vermögensnachweise,

5. die Zahlungsanordnungen, die Buchführung und die Jahresrechnung,

6. die Aufstellung der Jahresbilanz,

7. die Gliederung und Form der Anlagennachweise,

8. die Gliederung und Form der Erfolgsrechnung und der Erfolgsübersicht.

§ 135 a Weiterentwicklung der kommunalen Selbstverwaltung (Experimentierklausel)

Zur Erprobung neuer Steuerungsmodelle, zur Weiterentwicklung der kommunalen Selbstverwaltung auch in der grenzüberschreitenden kommunalen Zusammenarbeit sowie zur Weiterentwicklung der wirtschaftlichen Betätigung und der privatrechtlichen Beteiligung der Gemeinden kann das Innenministerium im Einzelfall zeitlich begrenzte Ausnahmen von organisations- und gemeindewirtschaftsrechtlichen Vorschriften des Gesetzes oder der zur Durchführung ergangenen Verordnungen sowie von den ausschließlich für die Mitarbeiterinnen und Mitarbeiter der kommunalen Körperschaften geltenden dienstrechtlichen Vorschriften des Landes zulassen.

Kreisordnung für Schleswig-Holstein (Kreisordnung – KrO)

in der Fassung vom 30. Mai 1997 (GVOBl. S. 334)

und (paragraphenweise zugeordnet)

Landesverordnung zur Durchführung der Kreisordnung (KrODVO)

Vom 4. März 1998 (GVOBl. S. 139)

Inhaltsverzeichnis

ERSTER TEIL: Grundlagen der Kreisverfassung

§ 1 Selbstverwaltung

(1) Die Kreise sind Gemeindeverbände und dem Land eingegliederte Gebietskörperschaften.[1]

(2) Die Kreise verwalten ihr Gebiet nach den Grundsätzen der gemeindlichen Selbstverwaltung.

(3) Eingriffe in die Rechte der Kreise sind nur durch Gesetz oder auf Grund eines Gesetzes zulässig.

DVO – KrO

§ 1 Vertretung des Kreises bei öffentlichen Anlässen (Repräsentation)

Bei öffentlichen Anlässen wird der Kreis durch die Kreispräsidentin oder den Kreispräsidenten und durch die Landrätin oder den Landrat vertreten. Die Kreispräsidentin oder der Kreispräsident und die Landrätin oder der Landrat stimmen ihr Auftreten für den Kreis im Einzelfall miteinander ab.

§ 2 Selbstverwaltungsaufgaben

(1) Soweit die öffentlichen Aufgaben von den kreisangehörigen Gemeinden und Ämtern wegen geringer Leistungsfähigkeit und Größe nicht erfüllt werden können und soweit die Gesetze nicht ausdrücklich etwas anderes bestimmen, sind die Kreise berechtigt und im Rahmen ihrer Leistungsfähigkeit verpflichtet, in ihrem Gebiet alle öffentlichen Aufgaben in eigener Verantwortung zu erfüllen[2]. Die Kreise sind nicht verpflichtet, diese öffentlichen Aufgaben selbst zu erfüllen, wenn sie ebensogut auf andere Weise, insbesondere durch Private, erfüllt werden; Absatz 2 bleibt unberührt. Bevor der Kreis eine öffentliche Aufgabe übernimmt, die zu erfüllen er nicht gesetzlich verpflichtet ist, hat er zu prüfen, ob die Aufgabe nicht ebensogut

---

1) Vgl. Art. 28 Abs. 2 Satz 2 GG: „Auch die Gemeindeverbände haben im Rahmen ihres gesetzlichen Aufgabenbereichs nach Maßgabe der Gesetze das Recht der Selbstverwaltung"; Art. 45 Abs. 2 Schl.H. Landesverfassung: „Die Gemeindeverbände haben im Rahmen ihrer gesetzlichen Zuständigkeit die gleiche Stellung."
2) Zur Abgrenzung der Aufgaben zwischen Kreis und Gemeinden, vgl. OVG Münster v. 2. 10. 1965 – III A 63/65 – Gemeinde 1966/220 und OVG Lüneburg v. 8. 3. 1979 – XI A 183/77 – Gemeinde 1979/353; Borchert, Kreisaufgaben und Kreisumlage, Gemeinde 1993/239 ff.

auf andere Weise, insbesondere durch Private, erfüllt werden kann; § 57 dieses Gesetzes in Verbindung mit § 102 Abs. 1 und 5 sowie § 105 der Gemeindeordnung bleibt unberührt.

(2) Die Kreise können durch Gesetz zur Erfüllung einzelner Aufgaben verpflichtet werden[3].

(3) Zur Verwirklichung des Grundrechts der Gleichberechtigung von Mann und Frau haben die Kreise Gleichstellungsbeauftragte zu bestellen[4]. Die Gleichstellungsbeauftragte ist hauptamtlich tätig; das Nähere regelt die Hauptsatzung. Die Hauptsatzung soll im übrigen bestimmen, daß die Gleichstellungsbeauftragte in Ausübung ihrer Tätigkeit unabhängig ist und an den Sitzungen des Kreistages und der Ausschüsse teilnehmen kann. Ihr ist in Angelegenheiten ihres Aufgabenbereichs auf Wunsch das Wort zu erteilen. Die Bestellung zur Gleichstellungsbeauftragten kann mit der Zustimmung der Mehrheit der gesetzlichen Zahl der Kreistagsabgeordneten oder in entsprechender Anwendung des § 626 BGB widerrufen werden[5].

DVO–KrO

§ 2 Schriftverkehr des Kreises

Der Kreis verwendet als Schriftkopf

> Kreis X
> Die Landrätin
> oder
> Der Landrat

§ 3 Aufgaben zur Erfüllung nach Weisung

(1) Den Kreisen können durch Gesetz oder aufgrund eines Gesetzes durch Verordnung Aufgaben zur Erfüllung nach Weisung übertragen werden.

---

3) Zur Übertragung gemeindlicher Aufgaben durch Gesetz auf den Kreis, vgl. BVerfG U. v. 23. 11. 1988 – 2 BvR 1619/83 – (sog. Rastede-Urteil), Gemeinde 1989/169, dazu v. Mutius, Gemeinde 1989/193.
4) Zur Verfassungsmäßigkeit, BVerfG B. v. 26. 10. 1994 – 2 BvR 445/91 – Die Gemeinde 1995/48.
5) Zur Abberufung Schl.-H. OVG U. v. 21. 11. 1996 – 2 L 161/96 – Die Gemeinde 1997/151.

(2) Soweit Kreise Träger von Aufgaben der Verteidigung sind, haben ihre Behörden die für die Behörden des Landes geltenden Vorschriften über die Geheimhaltung zu befolgen.

§ 3a Finanzierung der Aufgaben

Die Kreise haben die zur ordnungsgemäßen Erfüllung ihrer Aufgaben notwendigen Mittel aus eigenen Einnahmen aufzubringen. Soweit die eigenen Finanzquellen nicht ausreichen, regelt das Land den Finanzausgleich unter Berücksichtigung der Steuerkraft und des notwendigen Ausgabebedarfs der Kreise[6].

§ 4 Satzungen

(1) Die Kreise können ihre Angelegenheiten durch Satzungen regeln, soweit die Gesetze nichts anderes bestimmen. Sie haben eine Hauptsatzung zu erlassen[7]. Diese bedarf der Genehmigung des Innenministeriums. Das Innenministerium kann die Genehmigung auf Teile der Hauptsatzung beschränken.

(2) Satzungen werden von der Landrätin oder dem Landrat ausgefertigt.

§ 5 Gebiet

Das Gebiet des Kreises soll so bemessen sein, daß er imstande ist, die gesunde soziale und wirtschaftliche Entwicklung seiner Bevölkerung und seiner Gemeinden zu fördern und im Zusammenwirken mit seinen Gemeinden und Ämtern die Aufgaben der Selbstverwaltung zu erfüllen.

---

6) Zur Genehmigung des Kreisumlagesatzes vgl. VG Köln U. v. 17. 1. 1986 – 3 K 3475/84 – Gemeinde 1986/269; die Grundsätze der Erhebung der Kreisumlage sind in dem § 30 des Gesetzes über den Finanzausgleich in Schleswig-Holstein (FAG) i. d. F. v. 1. März 1991 (GVOBl. S. 119) zuletzt geändert durch Gesetz vom 2. Februar 1994 (GVOBl. S. 119) enthalten. Zu den Grenzen der Festsetzungsmöglichkeit der Kreisumlage OVG Rhl.-Pf. U. v. 21. 5. 1993, Gemeinde 1993/251, aber Schl.-H. OVG U. v. 20. 12. 1994 – 2 K 4/94 – Die Gemeinde 1995, S. 116; BVerwG B. v. 24. 4. 1996 – 7 NB 2.95 – Die Gemeinde 1996, S. 177.

7) Satzungsmuster für die Hauptsatzungen der Gemeinden, Kreise und Ämter sowie für Verbandssatzungen der Zweckverbände; RdErl. d. IM v. 16. 9. 1997 – IV 3301/III 330c – 160.111.1 Amtsblatt. SH. S. 411.

§ 6 Einwohnerinnen und Einwohner, Bürgerinnen und Bürger

(1) Einwohnerinnen und Einwohner des Kreises sind die Einwohnerinnen und Einwohner der kreisangehörigen Gemeinden.

(2) Bürgerinnen und Bürger des Kreises sind die zum Kreistag wahlberechtigten Einwohnerinnen und Einwohner[8]. Die Bürgerrechte ruhen, solange die Bürgerin oder der Bürger in der Ausübung des Wahlrechts behindert ist.

§ 7 Organe des Kreises

Organe des Kreises sind der Kreistag und die Landrätin oder der Landrat.

§ 8 Wirtschaftliche Aufgabenerfüllung

Der Kreis hat sein Vermögen und seine Einkünfte nach den Grundsätzen der Wirtschaftlichkeit und Sparsamkeit zu verwalten und eine wirksame und kostengünstige Aufgabenerfüllung sicherzustellen. Bei der Erhebung von Abgaben ist auf die wirtschaftlichen Kräfte der kreisangehörigen Gemeinden und anderer Abgabenpflichtiger Rücksicht zu nehmen.

§ 9 Pflichten und Obliegenheiten des Landes

Das Land schützt die Kreise in ihren Rechten und sichert die Erfüllung ihrer Pflichten.

§ 10 *(entfällt)*

---

8) Vgl. § 3 Gemeinde- und Kreiswahlgesetz unter 5, S. 230

ZWEITER TEIL: Name, Wappen, Flagge und Siegel des
Kreises

§ 11 Name

Die Kreise führen ihre bisherigen Namen. Ein Kreis kann seinen Namen mit Genehmigung des Innenministeriums ändern.

§ 12 Wappen, Flagge und Siegel

(1) Die Kreise führen Dienstsiegel.

(2) Die Kreise führen ihre bisherigen Wappen und Flaggen. Die Annahme neuer und die Änderung von Wappen und Flaggen bedürfen der Genehmigung des Innenministeriums.

(3) Kreise, die zur Führung eines Wappens berechtigt sind, führen dieses in ihrem Dienstsiegel.

DRITTER TEIL: Kreisgebiet

§ 13 Gebietsbestand

Das Kreisgebiet besteht aus der Gesamtheit der nach geltendem Recht zum Kreis gehörenden Gemeinden. Grenzstreitigkeiten entscheidet das Innenministerium.

§ 14 Gebietsänderung

Aus Gründen des öffentlichen Wohls können Kreisgrenzen geändert und Kreise aufgelöst oder neu gebildet werden.

§ 15 Verfahren

(1) Gebietsänderungen können nach Anhörung der betroffenen Kreise durch Gesetz oder Entscheidung des Innenministeriums ausgesprochen werden[9]. Gebietsänderungen durch Entscheidung des

---

9) VG Schleswig v. 10. 6. 1969 – 8 A 24/69 – Die Gemeinde 1969, S. 27.

Innenministeriums sind nur zulässig, wenn die betroffenen Kreise einverstanden sind.

(2) Will ein Kreis Verhandlungen über eine Änderung von Kreisgrenzen aufnehmen, so hat er das Innenministerium unverzüglich zu unterrichten.

(3) Das Innenministerium gibt die Änderung von Kreisgrenzen im Amtsblatt für Schleswig-Holstein öffentlich bekannt.

§ 16 Durchführung

(1) Die Kreise können die näheren Bedingungen der Gebietsänderung durch Gebietsänderungsvertrag festlegen, insbesondere

1. die Geltung von Kreissatzungen nach § 70 des Landesverwaltungsgesetzes und

2. die Auseinandersetzung.

Der Vertrag bedarf der Genehmigung des Innenministeriums.

(2) Ist eine Regelung nach Absatz 1 Nr. 2 nicht oder nicht vollständig getroffen, entscheidet das Innenministerium.

(3) Der Gebietsänderungsvertrag nach Absatz 1 und die Entscheidung des Innenministeriums nach Absatz 2 begründen unmittelbar Rechte und Pflichten der Kreise und bewirken den Übergang, die Beschränkung oder die Aufhebung von dinglichen Rechten. Die zuständigen Behörden sind verpflichtet, das Grundbuch, das Wasserbuch und andere öffentliche Bücher zu berichtigen.

(4) Die durch die Gebietsänderung erforderlichen Rechtshandlungen sind frei von öffentlichen Abgaben und Verwaltungskosten.

DVO–KrO

§ 3 Verfahren und Durchführung von Gebietsänderungen

(1) Haben sich Kreise über eine Änderung ihrer Grenzen geeinigt, haben sie dies dem Innenminister mit einer eingehenden Darstellung der tatsächlichen Verhältnisse, insbesondere der finanziellen Auswirkungen, zu berichten. Dem Bericht sind beizufügen

1. die Beschlüsse der Kreistage

2. Auszüge aus den Sitzungsniederschriften

3. die Stellungnahmen der angehörten Stellen

4. einen Auszug aus der Flurkarte oder einer topographischen Karte in einem die Gebietsänderung mit hinreichender Deutlichkeit darstellenden Maßstab und mit farbiger Kennzeichnung der Gebietsänderung

5. eine vom zuständigen Katasteramt bestätigte Aufstellung der von der Gebietsänderung betroffenen Flurstücke, die auch Angaben über die Größe (Fläche) der Flurstücke enthalten soll.

Die Unterlagen sollen dem Innenminister spätestens am 30. September vorliegen.

(2) Die betroffenen Kreise sollen für das Wirksamwerden der Änderung der Kreisgrenzen einen in der Zukunft liegenden Zeitpunkt, und zwar den 1. Januar des auf die Einigung folgenden Jahres vorschlagen.

(3) Gebietsänderungsverträge dürfen keinen der Beteiligten unwirtschaftlich belasten oder unverhältnismäßig begünstigen; laufende Ausgleichszahlungen sollen einen Zeitraum von zehn Jahren nicht überschreiten.

(4) Soweit der Wohnsitz oder der dauernde Aufenthalt im Kreis für Rechte und Pflichten maßgebend ist, wird die Dauer des Wohnens oder des dauernden Aufenthalts in dem eingegliederten Gebietsteil auf die Dauer des Wohnens oder des dauernden Aufenthalts in dem erweiterten Kreis angerechnet.

(5) Unterschiedliches Kreisrecht innerhalb eines Kreises soll spätestens drei Jahre nach Wirksamwerden der Gebietsänderung durch einheitliches Kreisrecht ersetzt werden.

DVO – KrO

§ 4 Auseinandersetzung

(1) Die Auseinandersetzung nach § 16 der Kreisordnung findet nur zwischen den betroffenen Kreisen statt.

(2) Die Auseinandersetzung soll

1. die durch die Gebietsänderung entstandene Gemeinsamkeit von Rechten und Pflichten der Kreise beseitigen und auf die einzelnen Rechtsnachfolger verteilen (Auseinandersetzung im engeren Sinn),

2. erforderlichenfalls die Interessen der betroffenen Kreise in billiger Weise ausgleichen (Ausgleich).

(3) Die Auseinandersetzung im engeren Sinn verteilt insbesondere die Anteile aus dem Finanzausgleich bis zur Feststellung neuer Verteilungsschlüssel, die für das laufende Haushaltsjahr festgesetzten Umlagen, das Vermögen und den Kassenbestand. Als Maßstab für die Verteilung kommen insbesondere die Fläche, die Einwohnerzahl oder das Gesamtverhältnis der zu übernehmenden Vorteile und Lasten in Betracht.

(4) Ein Ausgleich kommt in Betracht, wenn

1. ein betroffener Kreis durch die Gebietsänderung wesentlich entlastet und ein anderer betroffener Kreis wesentlich belastet wird oder

2. besondere Billigkeitsgründe einen Ausgleich erfordern.

Bei einem Vergleich der Entlastung oder Belastung können nur die Ausgaben und Aufgaben herangezogen werden, die zur Zeit der Gebietsänderung bestanden. Der Ausgleich kann durch Kapitalzahlungen, befristete Renten und Überführung von Vermögensgegenständen geleistet werden.

VIERTER TEIL: Einwohnerinnen und Einwohner, Bürgerinnen und Bürger des Kreises

§ 16 a Unterrichtung der Einwohnerinnen und Einwohner

(1) Der Kreis unterrichtet die Einwohnerinnen und Einwohner über allgemein bedeutsame Angelegenheiten des Kreises und fördert das Interesse an der Selbstverwaltung.

(2) Bei wichtigen Planungen und Vorhaben, die von dem Kreis durchgeführt werden, sollen die Einwohnerinnen und Einwohner möglichst frühzeitig über die Grundlagen, Ziele und Auswirkungen unterrichtet werden. Sofern dafür ein besonderes Bedürfnis besteht, soll den Einwohnerinnen und Einwohnern allgemein Gelegenheit zur Äußerung gegeben werden. Ein Verstoß gegen Satz 1 und 2 berührt die Rechtmäßigkeit einer Entscheidung nicht. Vorschriften über eine förmliche Beteiligung oder Anhörung bleiben unberührt.

(3) Die Unterrichtung kann in den Fällen, in denen der Kreistag oder ein Ausschuß entschieden hat, durch die Person erfolgen, die jeweils den Vorsitz hat. In allen anderen Fällen unterrichtet die Landrätin oder der Landrat.

§ 16 b Einwohnerfragestunde, Anhörung

(1) Der Kreistag kann bei öffentlichen Sitzungen Einwohnerinnen und Einwohnern, die das 14. Lebensjahr vollendet haben, die Möglichkeit einräumen, Fragen zu Beratungsgegenständen oder anderen Kreisangelegenheiten zu stellen und Vorschläge oder Anregun-

gen zu unterbreiten. Die Einwohnerfragestunde ist Bestandteil der öffentlichen Sitzung des Kreistags.

(2) Der Kreistag kann beschließen, Sachkundige sowie Einwohnerinnen und Einwohner, die von dem Gegenstand der Beratung betroffen sind, anzuhören. An der Beratung und Beschlußfassung in nichtöffentlicher Sitzung dürfen sie nicht teilnehmen.

(3) Das Nähere regelt die Geschäftsordnung.

§ 16c Hilfe bei Verwaltungsangelegenheiten

Die Kreise beraten im Rahmen ihrer rechtlichen und tatsächlichen Möglichkeiten die Einwohnerinnen und Einwohner und sind bei der Antragstellung für Verwaltungsverfahren behilflich, auch wenn für deren Durchführung eine andere Behörde zuständig ist. Zur Rechtsberatung in fremden Angelegenheiten sind die Kreise nicht berechtigt.

§ 16d Anregungen und Beschwerden

Die Einwohnerinnen und Einwohner haben das Recht, sich schriftlich oder zur Niederschrift mit Anregungen und Beschwerden an den Kreistag zu wenden. Die Zuständigkeiten der Landrätin oder des Landrats werden hierdurch nicht berührt. Antragstellerinnen und Antragsteller sind über die Stellungnahme des Kreistags zu unterrichten.

§ 16e Einwohnerantrag

(1) Die Einwohnerinnen und Einwohner, die das 14. Lebensjahr vollendet haben, können beantragen, daß der Kreistag bestimmte ihm obliegende Selbstverwaltungsaufgaben berät und entscheidet.

(2) Der Antrag von Einwohnerinnen und Einwohnern muß schriftlich eingereicht werden. Er muß ein bestimmtes Begehren sowie eine Begründung enthalten. Jeder Antrag muß bis zu drei Personen benennen, die berechtigt sind, die Unterzeichnenden zu vertreten; diese sind vom Kreistag zu hören.

(3)   Der Antrag muß von mindestens 5 v. H. der Einwohnerinnen und Einwohner unterzeichnet sein.

(4)   Der Antrag braucht nicht beraten und entschieden zu werden, wenn in derselben Angelegenheit innerhalb der letzten zwölf Monate bereits ein zulässiger Antrag gestellt worden ist.

(5)   Über die Zulässigkeit des Antrags von Einwohnerinnen und Einwohnern entscheidet das Innenministerium. Zulässige Anträge hat der Kreistag unverzüglich nach Eingang zu beraten und zu entscheiden.

DVO – KrO

§ 5   Einwohnerantrag

(1)   Das mit dem Einwohnerantrag nach § 16 e der Kreisordnung verfolgte Begehren darf sich nur auf Aufgaben beziehen, für deren Erledigung der Kreistag zuständig ist. Der Einwohnerantrag kann auch von im Kreis wohnenden Ausländerinnen und Ausländern sowie Jugendlichen unterzeichnet werden; die Antragstellerinnen und Antragsteller müssen das 14. Lebensjahr vollendet haben.

(2)   Für die erforderlichen Unterschriften sind Antragslisten oder Einzelanträge zu verwenden, die von jeder Antragstellerin und jedem Antragsteller persönlich und handschriftlich mit Vor- und Familiennamen zu unterzeichnen sind; neben der Unterschrift sind Familienname, Vorname, Tag der Geburt, Wohnung sowie Datum der Unterzeichnung lesbar einzutragen. Jeder neuen Unterschriftenseite oder jedem Einzelantrag ist der Wortlaut des Antrags voranzustellen.

(3)   Der Einwohnerantrag ist bei dem Kreis einzureichen. Dieser leitet ihn ohne die Antragslisten und Einzelanträge unverzüglich dem Innenministerium zur Prüfung der Zulässigkeit zu. Entspricht der Inhalt des Einwohnerantrags den gesetzlichen Vorschriften, benachrichtigt das Innenministerium den Kreis. Dieser veranlaßt die Prüfung der Antragslisten und Einzelanträge durch die örtlich jeweils zuständigen Meldebehörden. Die Meldebehörden bescheinigen die Richtigkeit der Eintragungen nach dem Melderegister und teilen das Ergebnis ihrer Prüfung unverzüglich dem Innenministerium mit.

(4)   Das Innenministerium stellt das Quorum nach § 16 e Abs. 3 der Kreisordnung fest; dabei gilt die vom Statistischen Landesamt zum 31. Dezember des vorvergangenen Jahres ermittelte Zahl der Einwohnerinnen und Einwohner des Kreises, die das 14. Lebensjahr vollendet haben. Wird das Quorum nicht erreicht, kann das Innenministerium bis zur Feststellung des Quorums eine Nachfrist setzen.

(5) Das Innenministerium stellt den im Einwohnerantrag benannten Vertretungspersonen sowie dem Kreis unverzüglich seine abschließende Entscheidung über die Zulässigkeit zu.

(6) Vor der Beratung und Entscheidung des Einwohnerantrags durch den Kreistag sind die im Einwohnerantrag bezeichneten Vertretungspersonen in der Sitzung des Kreistages zu hören.

(7) Die Zwölf-Monats-Frist für einen weiteren Einwohnerantrag in derselben Angelegenheit beginnt mit dem Tag des Zugangs der Zulässigkeitsentscheidung des Innenministers bei dem Kreis.

§ 16 f Bürgerentscheid, Bürgerbegehren

(1) Der Kreistag kann mit einer Mehrheit von zwei Dritteln der gesetzlichen Zahl der Kreistagsabgeordneten beschließen, daß Bürgerinnen und Bürger über wichtige Selbstverwaltungsaufgaben selbst entscheiden (Bürgerentscheid). Wichtige Selbstverwaltungsaufgaben sind insbesondere:

1. die Übernahme neuer Aufgaben, die zu erfüllen der Kreis nicht gesetzlich verpflichtet ist,

2. die Errichtung, wesentliche Erweiterung und die Auflösung einer öffentlichen Einrichtung, die den Einwohnerinnen und Einwohnern zu dienen bestimmt ist,

3. die Mitgliedschaft in Zweckverbänden, die Träger von Aufgaben nach Nummer 2 sind,

4. die Gebietsänderungen.

(2) Ein Bürgerentscheid findet nicht statt über

1. Selbstverwaltungsaufgaben, die zu erfüllen der Kreis nach § 2 Abs. 2 verpflichtet ist, soweit ihm nicht ein Entscheidungsspielraum zusteht,

2. Angelegenheiten, über die kraft Gesetzes der Kreistag entscheidet (§ 23 Nr. 1),

3. die Haushaltssatzung einschließlich der Wirtschaftspläne der Eigenbetriebe sowie die kommunalen Abgaben und die privatrechtlichen Entgelte,

4. die Jahresrechnung des Kreises und den Jahresabschluß der Eigenbetriebe,

5. die Hauptsatzung,

6. die Rechtsverhältnisse der Kreistagsabgeordneten, der kommunalen Wahlbeamtinnen und -beamten und der Beamtinnen und Beamten, Angestellten und Arbeiterinnen und Arbeiter des Kreises,

7. die innere Organisation der Kreisverwaltung,

8. Entscheidungen in Rechtsmittelverfahren.

(3) Über wichtige Selbstverwaltungsaufgaben können die Bürgerinnen und Bürger einen Bürgerentscheid beantragen (Bürgerbegehren). Ein Bürgerbegehren darf nur Selbstverwaltungsaufgaben zum Gegenstand haben, über die innerhalb der letzten zwei Jahre nicht bereits ein Bürgerentscheid auf Grund eines Bürgerbegehrens durchgeführt worden ist. Richtet sich das Bürgerbegehren gegen einen Beschluß des Kreistags, muß es innerhalb von vier Wochen nach der Bekanntgabe des Beschlusses eingereicht sein. Das Bürgerbegehren muß schriftlich eingereicht werden und die zur Entscheidung zu bringende Frage, eine Begründung sowie einen nach den gesetzlichen Bestimmungen durchführbaren Vorschlag für die Deckung der Kosten der verlangten Maßnahme enthalten. Das Bürgerbegehren muß bis zu drei Personen benennen, die berechtigt sind, die Unterzeichnenden zu vertreten.

(4) Das Bürgerbegehren muß von mindestens 10 v. H. der Bürgerinnen und Bürger unterzeichnet sein.

(5) Über die Zulässigkeit eines Bürgerbegehrens entscheidet das Innenministerium. Der Bürgerentscheid entfällt, wenn der Kreistag die Durchführung der mit dem Bürgerbegehren verlangten Maßnahme beschließt. Dieser Beschluß kann innerhalb von zwei Jahren nur durch einen Bürgerentscheid nach Absatz 1 Satz 1 abgeändert werden.

(6) Wird ein Bürgerentscheid durchgeführt, muß den Bürgerinnen und Bürgern die innerhalb der Kreisorgane vertretene Auffassung dargelegt werden.

(7) Bei einem Bürgerentscheid ist die gestellte Frage in dem Sinne entschieden, in dem sie von der Mehrheit der gültigen Stimmen beantwortet wurde, sofern diese Mehrheit mindestens 25 v. H. der Stimmberechtigten beträgt. Bei Stimmengleichheit gilt die Frage als

mit Nein beantwortet. Ist die nach Satz 1 erforderliche Mehrheit nicht erreicht worden, hat der Kreistag die Angelegenheit zu entscheiden.

(8) Der Bürgerentscheid hat die Wirkung eines endgültigen Beschlusses des Kreistags. Er kann innerhalb von zwei Jahren nur durch einen Bürgerentscheid nach Absatz 1 Satz 1 abgeändert werden.

DVO – KrO

§ 6 Bürgerbegehren

(1) Die mit dem Bürgerbegehren nach § 16 f Abs. 3 der Kreisordnung einzubringende Frage ist so zu formulieren, daß sie das Ziel des Begehrens hinreichend klar und eindeutig zum Ausdruck bringt. Sie darf die freie und sachliche Willensbildung der Bürgerinnen und Bürger, insbesondere durch beleidigende, polemische oder suggestive Formulierungen nicht gefährden. Für inhaltlich zusammengehörende Teilbereiche ist eine zusammenfassende Abstimmungsfrage zu formulieren. Die Koppelung unterschiedlicher Bürgerbegehren in einem Verfahren ist nicht zulässig.

(2) Der Kostendeckungsvorschlag muß auch die voraussichtlich zu erwartende Kostenhöhe und die eventuellen Folgekosten der verlangten Maßnahme enthalten.

(3) Das Bürgerbegehren darf nur von Bürgerinnen und Bürgern unterzeichnet werden, die am Tag des Eingangs des Antrags bei dem Kreis nach § 3 des Gemeinde- und Kreiswahlgesetzes im Kreisgebiet wahlberechtigt sind.

(4) Für die erforderlichen Unterschriften sind Antragslisten oder Einzelanträge zu verwenden, die von jeder Antragstellerin und jedem Antragsteller persönlich und handschriftlich mit Vor- und Familiennamen zu unterzeichnen sind; neben der Unterschrift sind Familienname, Vorname, Tag der Geburt, Wohnung sowie Datum der Unterzeichnung lesbar einzutragen. Jeder neuen Unterschriftenseite oder jedem Einzelantrag ist das Ziel des Begehrens voranzustellen. Außerdem sind den Antragstellerinnen und Antragstellern vor der Eintragung die Begründung sowie der Kostendeckungsvorschlag in geeigneter Weise zur Kenntnis zu geben.

(5) Das Bürgerbegehren ist bei dem Kreis einzureichen. Dieser leitet es ohne die Antragslisten und Einzelanträge unverzüglich dem Innenministerium zur Prüfung der Zulässigkeit zu. Entspricht der Inhalt des Bürgerbegehrens den gesetzlichen Vorschriften, benachrichtigt das Innenministerium den Kreis. Dieser veranlaßt die Prüfung der Antragslisten und Einzelanträge durch die örtlich jeweils zuständigen Meldebehörde. Die Meldebehörden bescheinigen die Richtigkeit der Eintragungen

und die Wahlberechtigung und teilen das Ergebnis ihrer Prüfung unverzüglich dem Innenministerium mit.

(6) Das Innenministerium stellt das Quorum nach § 16 f Abs. 4 der Kreisordnung fest; dabei ist die Zahl der Wahlberechtigten der letzten Kreiswahl maßgebend. Wird das Quorum nicht erreicht, kann das Innenministerium mit Ausnahme des § 16 f Abs. 3 Satz 3 Kreisordnung bis zur Feststellung des Quorums eine Nachfrist gewähren.

(7) Das Innenministerium stellt den im Bürgerbegehren benannten Vertretungspersonen sowie dem Kreis unverzüglich seine abschließende Entscheidung über die Zulässigkeit zu.

(8) Die Unterschriftensammlung für die Wiederholung eines Bürgerbegehrens nach § 16 f Abs. 3 Satz 2 der Kreisordnung darf nicht vor Ablauf der zweijährigen Frist, gerechnet vom Tag des Bürgerentscheids in der gleichen Angelegenheit, beginnen.

(9) Die Vier-Wochen-Frist nach § 16 f Abs. 3 Satz 3 der Kreisordnung beginnt mit dem Tag nach der Beschlußfassung durch den Kreistag in öffentlicher Sitzung oder dem Tag nach der öffentlichen Bekanntgabe von in nichtöffentlicher Sitzung gefaßten Beschlüssen. Gegen den Beschluß des Kreistags ist ein Bürgerbegehren auch dann gerichtet, wenn es den Beschluß nicht ausdrücklich erwähnt, sondern in positiver Formulierung ein anderes Vorhaben anstelle des vom Kreistag geschlossenen Vorhabens anstrebt.

§ 7 Bürgerentscheid

(1) Der Bürgerentscheid findet unverzüglich nach dem Beschluß des Kreistags nach § 16 f Abs. 1 oder der abschließenden Zulässigkeitsentscheidung des Innenministers nach § 16 f Abs. 5 der Kreisordnung statt. Der Kreistag legt dafür einen Sonntag fest; der Termin und die dabei zur Entscheidung zu bringende Frage sind örtlich bekanntzumachen. Bürgerentscheide zu unterschiedlichen Fragen können an demselben Sonntag durchgeführt werden. Eine Zusammenlegung mit allgemeinen Wahlen ist zulässig.

(2) Die innerhalb der Kreisorgane nach § 7 der Kreisordnung vertretene Auffassung zu der gestellten Frage ist den Bürgerinnen und Bürgern so rechtzeitig vor dem Bürgerentscheid örtlich bekanntzugeben, daß sie die maßgeblichen Argumente in ihre Entscheidung einbeziehen können. Die Auffassung der Kreisorgane kann zusammengefaßt dargestellt werden; dabei kann in der örtlichen Bekanntmachung darauf hingewiesen werden, daß die vollständige Auffassung der Kreisorgane bei dem Kreis zur Einsichtnahme ausliegt.

(3) Für die Durchführung des Bürgerentscheids gelten die Bestimmungen des Gemeinde- und Kreiswahlgesetzes und der Gemeinde- und Kreiswahlordnung über die Kreiswahl entsprechend.

(4) Die auf den Stimmzetteln zur Entscheidung zu bringende Frage muß so gestellt sein, daß sie mit Ja oder Nein beantwortet werden kann. Kommt der Bürgerentscheid durch Beschluß des Kreistags zustande, wird die Formulierung der Frage vom Kreistag entschieden, bei einem Bürgerentscheid aufgrund eines Bürgerbegehrens von den Bürgerinnen und Bürgern, die den Bürgerentscheid erwirkt haben.

§ 16 g   Verwaltungshilfe

Die Gemeinden sind verpflichtet, den Kreis bei der Durchführung eines Einwohnerantrags (§ 16 e) und eines Bürgerentscheids und Bürgerbegehrens (§ 16 f) im erforderlichen Umfang zu unterstützen. Der Kreis erstattet den Gemeinden die dadurch entstehenden sächlichen und personellen Kosten.

§ 17   Anschluß- und Benutzungszwang

(1)   Der Kreis schafft im Rahmen seiner Aufgaben (§ 2 Abs. 1) und in den Grenzen seiner Leistungsfähigkeit die öffentlichen Einrichtungen, die für die wirtschaftliche, soziale und kulturelle Betreuung seiner Einwohnerinnen und Einwohner erforderlich sind.

(2)   Er kann bei dringendem öffentlichen Bedürfnis durch Satzung für die Grundstücke seines Gebiets den Anschluß an die Wasserversorgung, die Abwasserbeseitigung, die Abfallentsorgung und ähnliche der Gesundheit und dem Schutz der natürlichen Grundlagen des Lebens dienende Einrichtungen (Anschlußzwang) und die Benutzung dieser Einrichtungen und der Schlachthöfe (Benutzungszwang) vorschreiben. Die Satzung kann Ausnahmen vom Anschluß- und Benutzungszwang zulassen. Sie kann den Zwang auch auf bestimmte Teile des Kreisgebiets und auf bestimmte Gruppen von Grundstücken oder Personen beschränken.

§ 18   Öffentliche Einrichtungen

(1)   Alle Einwohnerinnen und Einwohner des Kreises sind im Rahmen der bestehenden Vorschriften berechtigt, die öffentlichen Einrichtungen des Kreises zu benutzen. Sie sind verpflichtet, die Lasten zu tragen, die sich aus ihrer Zugehörigkeit zu dem Kreis ergeben.

(2)   Personen, die nicht im Kreis wohnen, aber dort Grundbesitz haben oder ein Gewerbe betreiben, sind in gleicher Weise berechtigt, die öffentlichen Einrichtungen zu benutzen, die im Kreis für Grundbesitzerinnen und -besitzer und Gewerbetreibende bestehen. Sie sind verpflichtet, für ihren Grundbesitz oder Gewerbebetrieb im Kreisgebiet zu den Kreislasten beizutragen.

(3)   Diese Vorschriften gelten entsprechend für juristische Personen und für Personenvereinigungen.

§ 19   Entsprechende Anwendung der Gemeindeordnung

(1)   Die Vorschriften des Vierten Teils der Gemeindeordnung über Ehrenämter und ehrenamtliche Tätigkeiten und über die Rechte und Pflichten, die sich daraus ergeben, gelten für die Bürgerinnen und Bürger sowie für die Einwohnerinnen und Einwohner des Kreises entsprechend.

(2)   Ehrenbeamtinnen und -beamte dürfen Ansprüche Dritter gegen die Landrätin oder den Landrat als untere Landesbehörde nicht geltend machen[10], es sei denn, daß sie als gesetzliche Vertreterinnen und Vertreter handeln. Das gilt auch für ehrenamtlich tätige Bürgerinnen und Bürger, wenn der Auftrag mit den Aufgaben ihrer ehrenamtlichen Tätigkeit zusammenhängt. Ob diese Voraussetzungen vorliegen, stellt der Kreistag fest; er kann diese Befugnis übertragen.

FÜNFTER TEIL: Kreis und Gemeinden

§ 20 Zusammenwirken von Kreis und Gemeinden

(1)   Die Selbstverwaltung des Kreises soll die Selbstverwaltung der kreisangehörigen Gemeinden ergänzen und fördern[11].

---

10) Rechtsanwälte vgl. BVerwG v. 23. 11. 1983 – 7 B 61.83 – Die Gemeinde 1985, S. 53; BVerfG v. 7. 10. 1987 – 2 BvR 674/64 – Die Gemeinde 1988, S. 28 zur Verfassungsmäßigkeit.

11) Zur Ausgleichs- und Ergänzungsfunktion: Schl.-H. OVG U. v. 20. 12. 1994 – 2 K 4/94 – Die Gemeinde 1995, S. 116; BVerwG B. v. 24. 4. 96 – 7 NB 2.95 – Die Gemeinde 1996, S. 206; BVerwG B. 28. 2. 1997 – 8 N 1.96 – Die Gemeinde 1997, S. 177.

(2) Kreis und Gemeinden sollen im Zusammenwirken alle Aufgaben der örtlichen Selbstverwaltung erfüllen.

(3) Der Kreis soll sich gegenüber den Ämtern und Gemeinden auf diejenigen Aufgaben beschränken, deren Durchführung durch den Kreis erforderlich ist, um seine Einwohnerinnen und Einwohner gleichmäßig zu versorgen und zu betreuen.

§ 21 Übernahme von Aufgaben durch den Kreis

(1) Der Kreis kann nach Verhandlung mit den Beteiligten durch Beschluß des Kreistags Aufgaben kreisangehöriger Gemeinden, Ämter und Zweckverbände für den ganzen Kreis oder einen Kreisteil in seine ausschließliche Zuständigkeit übernehmen.

(2) Voraussetzung hierfür ist[12], daß

1. die Übernahme auf den Kreis für eine einheitliche Versorgung des Gebiets erforderlich ist und damit einem Bedürfnis der Einwohnerinnen und Einwohner in einer dem öffentlichen Wohl entsprechenden Weise genügt wird sowie

2. die ausschließliche Zuständigkeit des Kreises erforderlich ist, um die Aufgaben wirtschaftlich zweckmäßig durchzuführen.

(3) Der Beschluß nach Absatz 1 bedarf der Mehrheit von zwei Dritteln der gesetzlichen Zahl der Kreistagsabgeordneten und der Genehmigung des Innenministeriums.

(4) Der Kreis und die Beteiligten regeln durch öffentlich-rechtlichen Vertrag die Auseinandersetzung, insbesondere die Übernahme von Einrichtungen. Kommt ein öffentlich-rechtlicher Vertrag nicht zustande, entscheidet das Innenministerium. § 16 Abs. 3 und 4 gilt entsprechend.

---

12) VG Schleswig v. 18. 12. 1968 – 8 A 7/88 – Die Gemeinde 1969, S. 113.

SECHSTER TEIL: Verwaltung des Kreises

1. ABSCHNITT: Kreistag

§ 22 Aufgaben des Kreistags

(1) Der Kreistag legt die Ziele und Grundsätze für die Verwaltung des Kreises fest. Er trifft alle für den Kreis wichtigen Entscheidungen in Selbstverwaltungsangelegenheiten und überwacht ihre Durchführung, soweit dieses Gesetz keine anderen Zuständigkeiten vorsieht. Er kann bestimmte Entscheidungen allgemein durch Hauptsatzung oder im Einzelfall auf die Landrätin oder den Landrat oder den Hauptausschuß übertragen, soweit nicht § 23 entgegensteht. Hat der Kreistag die Entscheidung im Einzelfall übertragen, so kann er selbst entscheiden, wenn die Landrätin oder der Landrat oder der Hauptausschuß noch nicht entschieden hat.

(2) Der Kreistag ist über die Arbeiten der Ausschüsse und über wichtige Verwaltungsangelegenheiten zu unterrichten; die Geschäftsordnung bestimmt die Art der Unterrichtung. Wichtige Anordnungen der Aufsichtsbehörde sowie alle Anordnungen, bei denen die Aufsichtsbehörde dies ausdrücklich bestimmt, sind dem Kreistag mitzuteilen.

(3) Macht ein Drittel der gesetzlichen Zahl der Kreistagsabgeordneten von seinen Rechten nach § 29 Abs. 1 Satz 3 oder § 29 Abs. 4 Satz 3 Gebrauch oder erklärt die Kreispräsidentin oder der Kreispräsident, die Angelegenheit sei oder werde auf die Tagesordnung der nächsten Sitzung des Kreistags gesetzt, darf eine Entscheidung nach Absatz 1 Satz 2 und nach § 40 Abs. 2 bis zur Beschlußfassung des Kreistags nicht getroffen werden. § 52 Abs. 3 und § 57 dieses Gesetzes in Verbindung mit § 82 der Gemeindeordnung bleiben unberührt.

§ 23 Vorbehaltene Aufgaben

Der Kreistag kann die Entscheidung über die folgenden Angelegenheiten nicht übertragen:

1. Angelegenheiten, über die kraft Gesetzes der Kreistag entscheidet,

2. den Erlaß, die Änderung und die Aufhebung von Satzungen,

3. die Übernahme neuer Aufgaben, die zu erfüllen der Kreis nicht gesetzlich verpflichtet ist,

4. die Beteiligung bei der Aufstellung und Fortschreibung von Raumordnungsplänen,

5. die Gebietsänderung,

6. die Einführung oder die Änderung eines Wappens oder einer Flagge,

7. die Verleihung und die Aberkennung des Ehrenbürgerrechts und einer Ehrenbezeichnung,

8. die Änderung und die Bestimmung des Kreisnamens,

9. den Abschluß von Partnerschaften mit anderen Kreisen,

10. den Verzicht auf Ansprüche des Kreises und die Niederschlagung solcher Ansprüche, die Führung von Rechtsstreiten und den Abschluß von Vergleichen, soweit sie für den Kreis von erheblicher wirtschaftlicher Bedeutung sind; der Kreistag kann die Entscheidung auf die Landrätin oder den Landrat übertragen, wenn der Anspruch einen in der Hauptsatzung bestimmten Betrag nicht übersteigt,

11. die allgemeinen Grundsätze für die Ernennung, Einstellung und Entlassung, für die Bezüge und Vergütungen sowie für die Versorgung von Beamtinnen und Beamten, Angestellten sowie Arbeiterinnen und Arbeitern des Kreises, soweit nicht ihre Stellung und ihre Ansprüche durch das allgemeine Beamten- und Tarifrecht geregelt sind,

12. die Festsetzung allgemeiner privatrechtlicher Entgelte,

13. die Übernahme von Bürgschaften, den Abschluß von Gewährverträgen und die Bestellung anderer Sicherheiten für Dritte, sowie Rechtsgeschäfte, die dem wirtschaftlich gleichkommen; der Kreistag kann die Entscheidung auf die Landrätin oder den Landrat übertragen, wenn die Verpflichtung des Kreises einen in der Hauptsatzung bestimmten Betrag nicht übersteigt,

14. den Erwerb von Vermögensgegenständen und den Abschluß von Leasingverträgen; der Kreistag kann die Entscheidung auf die Landrätin oder den Landrat übertragen, wenn der Wert des Vermögensgegenstandes, die laufende Belastung oder die Gesamtbelastung aus dem Leasingvertrag einen in der Hauptsatzung bestimmten Betrag nicht übersteigt,

15. die Veräußerung und Belastung von Kreisvermögen; der Kreistag kann die Entscheidung auf die Landrätin oder den Landrat übertragen, wenn der Wert des Vermögensgegenstandes oder der Belastung einen in der Hauptsatzung bestimmten Betrag nicht übersteigt,

16. die Errichtung, die wesentliche Erweiterung und die Auflösung von öffentlichen Einrichtungen und wirtschaftlichen Unternehmen (§ 57 dieses Gesetzes in Verbindung mit § 101 Abs. 1 und 2 der Gemeindeordnung),

17. die Gründung von Gesellschaften und anderen privatrechtlichen Vereinigungen sowie die Beteiligung an diesen und an deren Gründung (§ 57 dieses Gesetzes in Verbindung mit den §§ 102 und 105 der Gemeindeordnung); der Kreistag kann die Entscheidung auf den Hauptausschuß übertragen, wenn die Beteiligung des Kreises einen in der Hauptsatzung bestimmten Betrag oder Vomhundertsatz der Beteiligung nicht übersteigt,

18. die Umwandlung der Rechtsform, die Verpachtung und die teilweise Verpachtung von Eigenbetrieben,

19. die Bestellung von Vertreterinnen und Vertretern des Kreises in Eigengesellschaften und anderen privatrechtlichen Vereinigungen, an denen der Kreis beteiligt ist; der Kreistag kann die Entscheidung auf den Hauptausschuß übertragen, wenn die Beteiligung des Kreises einen in der Hauptsatzung bestimmten Betrag oder Vomhundertsatz der Beteiligung nicht übersteigt,

20. die Stellungnahme zum Prüfungsergebnis der überörtlichen Prüfung sowie eine Stellungnahme zum Prüfungsbericht über die Jahresabschlußprüfung der Eigenbetriebe,

21. die Errichtung, die Umwandlung des Zwecks und die Aufhebung einer Stiftung einschließlich der Entscheidung über den Verbleib

des Stiftungsvermögens; der Kreistag kann die Entscheidung auf den Hauptausschuß übertragen, wenn der Anteil des Kreises am Stiftungsvermögen oder bei einer Entscheidung über dessen Verbleib der Wert dieses Vermögens einen in der Hauptsatzung bestimmten Betrag nicht übersteigt,

22. die Mitgliedschaft in Zweckverbänden und auf Gesetz beruhenden sonstigen Verbänden,

23. den Abschluß, die Änderung und die Kündigung öffentlich-rechtlicher Vereinbarungen, soweit sie die Übertragung oder die Übernahme wesentlicher Aufgaben oder der Satzungsbefugnis zum Gegenstand haben,

24. die Bildung, Änderung und Aufhebung von Verwaltungsgemeinschaften zur Erfüllung einer oder mehrerer wesentlicher Aufgaben des Kreises und

25. die Festlegung der Grundsätze des Berichtswesens nach § 40 b Abs. 1 Satz 2 Nr. 2.

§ 24 Zuständigkeit bei Interessenwiderstreit

(1) Ein Beschluß des Kreistags über

1. die Geltendmachung von Ansprüchen des Kreises gegen die Landrätin oder den Landrat,

2. die Amtsführung der Landrätin oder des Landrats bei der Durchführung von Beschlüssen des Kreistags und der Ausschüsse

ist von der Kreispräsidentin oder dem Kreispräsidenten auszuführen.

(2) Verträge des Kreises mit

1. Kreistagsabgeordneten sowie der Landrätin oder dem Landrat,

2. juristischen Personen, an denen Kreistagsabgeordnete oder die Landrätin oder der Landrat beteiligt sind,

sind nur rechtsverbindlich, wenn der Kreistag zustimmt. Das gilt nicht für Verträge nach feststehendem Tarif und für Verträge, die sich innerhalb einer von der Hauptsatzung festgelegten Wertgrenze halten.

§ 25 Kontrollrecht

(1) Einzelnen Kreistagsabgeordneten hat die Landrätin oder der Landrat auf Verlangen Auskunft zu erteilen und Akteneinsicht zu gewähren, soweit dies für die Vorbereitung oder Kontrolle der Ausführung von einzelnen Beschlüssen des Kreistags oder seiner Ausschüsse erforderlich ist.

(2) Auskunft und Akteneinsicht dürfen nicht gewährt werden, wenn die Vorgänge nach einem Gesetz geheimzuhalten sind oder das Bekanntwerden des Inhalts die berechtigten Interessen einzelner beeinträchtigen kann. Soweit Auskunft und Akteneinsicht zulässig sind, dürfen diese Rechte bei Personalakten nur den Mitgliedern eines Personalausschusses und den Mitgliedern des Hauptausschusses bei der Wahrnehmung personalrechtlicher Befugnisse gewährt werden. Gleiches gilt für die Mitglieder des Sozialausschusses und des Jugendhilfeausschusses bei Akten, die dem Sozialgeheimnis unterliegen.

(3) Kreistagsabgeordneten, die von der Beratung und der Entscheidung in der Angelegenheit ausgeschlossen sind (§ 27 Abs. 3 dieses Gesetzes in Verbindung mit § 22 der Gemeindeordnung), darf Auskunft und Akteneinsicht nicht gewährt werden.

(4) Akten im Sinne dieser Vorschrift sind auch Dateien, Karteien, Tonbänder und andere Informationsträger.

§ 26 Zusammensetzung und Wahl des Kreistags

(1) Der Kreistag besteht aus gewählten Vertreterinnen und Vertretern (Kreistagsabgeordnete).

(2) Die Zahl der Kreistagsabgeordneten, die Wahlzeit und das Wahlverfahren werden durch Gesetz geregelt.

§ 26a Unvereinbarkeit

(1) Ein Mitglied des Kreistages darf nicht tätig sein als

1. Beamtin oder Beamter, Angestellte oder Angestellter des Kreises,

2. Beamtin oder Beamter, Angestellte oder Angestellter des Landes bei der Wahrnehmung von Aufgaben der Kommunalaufsicht oder des Landesrechnungshofs oder als

3. leitende Angestellte oder leitender Angestellter eines privatrechtlichen Unternehmens, an dem der Kreis mit mehr als 50 v. H. beteiligt ist; leitende Angestellte oder leitender Angestellter ist, wer allein oder mit anderen ständig berechtigt ist, das Unternehmen in seiner Gesamtheit zu vertreten.

(2)   Beamtinnen und Beamte im Sinne des Absatzes 1 sind diejenigen Beamtinnen und Beamten, die Dienstbezüge erhalten.

(3)   Übernimmt ein Mitglied eines Kreistages ein nach Absatz 1 mit seinem Mandat unvereinbares Amt oder eine nach Absatz 1 mit seinem Mandat unvereinbare Stellung oder Funktion, so stellt das Innenministerium die Unvereinbarkeit fest. Das Mitglied verliert seinen Sitz mit der Unanfechtbarkeit der Feststellung.

§ 27   Rechte und Pflichten

(1)   Die Kreistagsabgeordneten handeln in ihrer Tätigkeit nach ihrer freien, durch das öffentliche Wohl bestimmten Überzeugung.

(2)   Die Bürgerinnen und Bürger entscheiden frei, ob sie die Wahl zum Kreistag annehmen oder auf ihren Sitz im Kreistag verzichten. Haben sie die Wahl zum Kreistag angenommen, so haben sie die ihnen aus ihrer Mitgliedschaft im Kreistag erwachsenden Pflichten auszuüben, solange sie nicht auf ihren Sitz im Kreistag verzichten.

(3)   § 21 Abs. 2 bis 5 (Verschwiegenheitspflicht), § 22 (Ausschließungsgründe[13]), § 23 Satz 1 und 2 (Treuepflicht[14]), § 24 Abs. 1, 3, 4 und 5 (Entschädigungen, Ersatz für Sachschäden), § 24 a (Kündigungsschutz, Freizeitgewährung) und § 25 (Vertretung der Ge-

---

13) Unterlassen der Mitteilung ist Ordnungswidrigkeit nach § 72 Abs. 3 KrO; zur Unmittelbarkeit des Vorteils bei Gebührensatzungen vgl. VG Schleswig v. 7. 5. 1982 – 6 A 91/81 – Gemeinde 1982/376.

14) Gilt für Rechtsanwälte/Kreisausschußmitglieder auch für den Aufgabenbereich Weisungsangelegenheiten gegenüber dem Landrat als Untere Landesbehörde, vgl. BVerwG v. 23. 11. 1983 – 7 B 61.83 – Gemeinde 1985/53 und BVerfG B. v. 7. 10. 1987 – 2 BvR 674/84 – Gemeinde 1988/28. Bei Verstoß Geldbuße möglich nach § 72 Abs. 1 Nr. 1 KrO.

meinde in Vereinigungen[15]) der Gemeindeordnung gelten für Kreistagsabgeordnete entsprechend. Für die Kreispräsidentin oder den Kreispräsidenten und deren oder dessen Stellvertretende sowie für die Vorsitzenden der Fraktionen und für die Mitglieder des Hauptausschusses gilt zusätzlich § 24 Abs. 2 (Aufwandsentschädigung) entsprechend. Unabhängig von der Gewährung einer Entschädigung nach § 24 Abs. 1 Nr. 2 bis 5 der Gemeindeordnung erhalten Kreistagsabgeordnete für die Teilnahme an Sitzungen des Kreistages, der Ausschüsse und der Fraktionen sowie für die Teilnahme an sonstigen in der Hauptsatzung bestimmten Sitzungen ein angemessenes Sitzungsgeld oder eine angemessene Aufwandsentschädigung, die teilweise als Sitzungsgeld gezahlt werden kann. Zuständig für die Befreiung von der Verschwiegenheitspflicht sowie für die Entscheidung nach § 22 Abs. 4 (Ausschließungsgründe) und für die Feststellung nach § 23 Satz 4 (Treuepflicht) der Gemeindeordnung ist der Kreistag; er kann die Entscheidung übertragen.

(4) Die Mitglieder des Kreistags und der Ausschüsse haben der Kreispräsidentin oder dem Kreispräsidenten ihren Beruf sowie andere vergütete oder ehrenamtliche Tätigkeiten mitzuteilen, soweit dies für die Ausübung ihres Mandats von Bedeutung sein kann. Die Angaben sind zu veröffentlichen. Das Nähere regelt die Geschäftsordnung.

(5) Kreistagsabgeordnete dürfen Ansprüche Dritter gegen die Landrätin oder den Landrat als untere Landesbehörde nicht geltend machen, es sei denn, daß sie als gesetzliche Vertreterinnen oder Vertreter handeln. Ob diese Voraussetzungen vorliegen, entscheidet der Kreistag.

§ 27 a   Fraktionen

(1) Im Kreistag bilden eine Fraktion[16]

1. die Kreistagsabgeordneten, die derselben Partei angehören und

2. die Kreistagsabgeordneten, die auf Vorschlag einer Wählergruppe gewählt wurden.

---

15) Nichtbefolgung einer Weisung ist Ordnungswidrigkeit nach § 72 Abs. 1 Nr. 2 KrO.
16) Zur Geschäftsfähigkeit einer Kreistagsfraktion, VG Schleswig B. v. 13. 7. 1990 – 6 A 282/88 – Die Gemeinde 1990, S. 377.

(2) Eine Fraktion kann beschließen, daß Bürgerinnen und Bürger, die nach § 41 Abs. 2 zu Mitgliedern von Ausschüssen gewählt worden sind, Stimmrecht in den Fraktionssitzungen erhalten. Die Geschäftsordnung der Fraktion kann bestimmen, daß das Stimmrecht auf Angelegenheiten ihres Ausschusses beschränkt wird; das Stimmrecht kann für Wahlen und Wahlvorschläge ausgeschlossen werden.

(3) Mitglieder einer Fraktion scheiden aus ihrer Fraktion aus, wenn sie aus ihrer Partei oder Wählergruppe ausscheiden. Mitglieder einer Fraktion nach Absatz 4 können ihre Fraktion durch schriftliche Erklärung gegenüber der Kreispräsidentin oder dem Kreispräsidenten verlassen.

(4) Fraktionslose Kreistagsabgeordnete können sich durch schriftliche Erklärung gegenüber der Kreispräsidentin oder dem Kreispräsidenten zu einer Fraktion zusammenschließen oder einer Fraktion mit deren Zustimmung beitreten.

(5) Die Mindestzahl der Mitglieder einer Fraktion beträgt zwei. Die Fraktionen sind entsprechend der Benennung der politischen Parteien oder Wählergruppen in den Wahlvorschlägen zur Kreiswahl zu bezeichnen.

§ 28 Kreispräsidentin oder Kreispräsident

(1) Der Kreistag wählt aus seiner Mitte seine Vorsitzende oder seinen Vorsitzenden und deren oder dessen Stellvertretende. Die Wahl der oder des Vorsitzenden in der ersten Sitzung nach Beginn der Wahlzeit leitet das älteste Mitglied, die Wahl der Stellvertretenden leitet die oder der Vorsitzende. Scheidet die oder der Vorsitzende aus, leitet die oder der Stellvertretende die Wahl der oder des neuen Vorsitzenden. Die Stellvertretenden vertreten die Vorsitzende oder den Vorsitzenden im Fall der Verhinderung in der Reihenfolge ihrer Wahl. Ein Ausscheiden des oder der Vorsitzenden während der Wahlzeit gilt bis zur Wahl der Nachfolgerin oder des Nachfolgers, längstens für die Dauer von fünf Monaten, als Verhinderung.

(2) Jede Fraktion kann verlangen, daß die oder der Vorsitzende des Kreistags und deren oder dessen Stellvertretende auf Vorschlag der nach Satz 2 vorschlagsberechtigten Fraktionen gewählt werden. In

diesem Fall steht den Fraktionen das Vorschlagsrecht für die Wahl der oder des Vorsitzenden, der oder des ersten, zweiten usw. Stellvertretenden in der Reihenfolge der Höchstzahlen zu, die sich aus der Teilung der Sitzzahlen der Fraktionen durch 1, 2, 3 usw. ergeben. Für die Wahl gilt § 34 Abs. 1 entsprechend. Werden während der Wahlzeit eine oder mehrere Wahlstellen frei, gelten für die Wahl der Nachfolgerin oder des Nachfolgers die Sätze 1 bis 3 entsprechend.

(3) Die oder der Vorsitzende des Kreistags führt die Bezeichnung Kreispräsidentin oder Kreispräsident.

(4) Die Kreispräsidentin oder der Kreispräsident wird von dem ältesten Mitglied, die anderen Kreistagsabgeordneten werden von der Kreispräsidentin oder dem Kreispräsidenten durch Handschlag auf die gewissenhafte Erfüllung ihrer Obliegenheiten verpflichtet und in ihre Tätigkeit eingeführt. Scheidet die Kreispräsidentin oder der Kreispräsident vor Ablauf der Wahlzeit aus, nimmt die Stellvertreterin oder der Stellvertreter die Verpflichtung und Einführung der Nachfolgerin oder des Nachfolgers vor.

(5) Die Kreispräsidentin oder der Kreispräsident kann an den Sitzungen der Ausschüsse teilnehmen; ihr oder ihm ist auf Wunsch das Wort zu erteilen.

(6) Die Kreispräsidentin oder der Kreispräsident und deren oder dessen Stellvertretende bleiben bis zum Zusammentritt des neugewählten Kreistags tätig.

(7) Die Kreispräsidentin oder der Kreispräsident vertritt den Kreistag in gerichtlichen Verfahren.

§ 29   Einberufung, Geschäftsordnung

(1) Der Kreistag wird spätestens zum 30. Tag nach Beginn der Wahlzeit, in den Fällen des § 1 Abs. 3 des Gemeinde- und Kreiswahlgesetzes zum 30. Tag nach der Wahl von der oder dem bisherigen Vorsitzenden einberufen. Im übrigen ist er durch die Kreispräsidentin oder den Kreispräsidenten einzuberufen, so oft es die Geschäftslage erfordert, mindestens jedoch einmal im Vierteljahr. Der Kreistag muß unverzüglich einberufen werden, wenn es ein Drittel der gesetzlichen Zahl der Kreistagsabgeordneten unter Angabe des Beratungsgegenstands verlangt.

(2) Der Kreistag regelt seine inneren Angelegenheiten, insbesondere den Ablauf der Sitzungen, durch eine Geschäftsordnung[17], soweit dieses Gesetz keine Regelung enthält.

(3) Die Ladungsfrist beträgt mindestens eine Woche. Sie kann in begründeten Ausnahmefällen unterschritten werden, es sei denn, daß ein Drittel der gesetzlichen Zahl der Kreistagsabgeordneten widerspricht.

(4) Die Kreispräsidentin oder der Kreispräsident setzt nach Beratung mit der Landrätin oder dem Landrat die Tagesordnung fest; sie ist in die Ladung aufzunehmen. Zeit, Ort und Tagesordnung der Sitzung sind unverzüglich örtlich bekanntzumachen. Die Kreispräsidentin oder der Kreispräsident muß eine Angelegenheit auf die Tagesordnung setzen, wenn es die Landrätin oder der Landrat oder ein Drittel der gesetzlichen Zahl der Kreistagsabgeordneten oder eine Fraktion verlangt. Der Kreistag kann die Tagesordnung um dringende Angelegenheiten erweitern; der Beschluß bedarf der Mehrheit von zwei Dritteln der gesetzlichen Zahl der Kreistagsabgeordneten.

§ 30 Öffentlichkeit der Sitzungen

(1) Die Sitzungen des Kreistags sind öffentlich. Die Öffentlichkeit ist auszuschließen, wenn überwiegende Belange des öffentlichen Wohls oder berechtigte Interessen einzelner es erfordern. Die Angelegenheit kann in öffentlicher Sitzung behandelt werden, wenn die Personen, deren Interessen betroffen sind, dies schriftlich verlangen oder hierzu schriftlich ihr Einverständnis erklären.

(2) Über den Ausschluß der Öffentlichkeit beschließt der Kreistag allgemein oder im Einzelfall. Antragsberechtigt sind die Kreistagsabgeordneten und die Landrätin oder der Landrat. Der Beschluß bedarf der Mehrheit von zwei Dritteln der anwesenden Kreistagsabgeordneten. Über den Antrag wird in nichtöffentlicher Sitzung beraten und entschieden; ohne Aussprache wird in öffentlicher Sitzung entschieden.

---

17) Vgl. dazu Hartmut Borchert, Kommunales Geschäftsordnungsrecht Schleswig-Holstein, 2. Aufl. 1994, mit entspr. Hinweisen für Kreistage.

(3) In nichtöffentlicher Sitzung gefaßte Beschlüsse sind spätestens in der nächsten öffentlichen Sitzung bekanntzugeben, wenn nicht überwiegende Belange des öffentlichen Wohls oder berechtigte Interessen einzelner entgegenstehen.

§ 31 Rechte und Pflichten der Landrätin oder des Landrats in den Sitzungen des Kreistags

(1) Die Landrätin oder der Landrat nimmt an den Sitzungen des Kreistags teil.

(2) Die Landrätin oder der Landrat ist verpflichtet, dem Kreistag und einzelnen Kreistagsabgeordneten Auskunft zu erteilen; sie oder er kann sich hierbei vertreten lassen, wenn nicht eine Fraktion oder ein Drittel der gesetzlichen Zahl der Kreistagsabgeordneten widerspricht. Der Landrätin oder dem Landrat ist auf Wunsch das Wort zu erteilen. Sie oder er kann zu den Tagesordnungspunkten Anträge stellen.

§ 32 Verhandlungsleitung

Die Kreispräsidentin oder der Kreispräsident leitet die Verhandlungen des Kreistags. In den Sitzungen handhabt sie oder er die Ordnung und übt das Hausrecht aus.

§ 33 Beschlußfähigkeit

(1) Der Kreistag ist beschlußfähig, wenn mehr als die Hälfte der gesetzlichen Zahl der Kreistagsabgeordneten anwesend ist. Die Kreispräsidentin oder der Kreispräsident stellt die Beschlußfähigkeit zu Beginn der Sitzung fest. Der Kreistag gilt danach als beschlußfähig, bis die Kreispräsidentin oder der Kreispräsident die Beschlußunfähigkeit auf Antrag eines Mitglieds des Kreistags feststellt; dieses Mitglied zählt zu den Anwesenden. Die Kreispräsidentin oder der Kreispräsident muß die Beschlußunfähigkeit auch ohne Antrag feststellen, wenn weniger als ein Drittel der gesetzlichen Zahl der Kreistagsabgeordneten anwesend ist.

(2) Zur Feststellung der Beschlußfähigkeit vermindert sich die gesetzliche Zahl der Kreistagsabgeordneten

1. um die Zahl der nach § 44 Abs. 2 des Gemeinde- und Kreiswahlgesetzes leer bleibenden Sitze sowie

2. im Einzelfall um die Zahl der nach § 27 Abs. 3 dieses Gesetzes in
Verbindung mit § 22 der Gemeindeordnung ausgeschlossenen
Kreistagsabgeordneten.

Vermindert sich die gesetzliche Zahl der Kreistagsabgeordneten
nach Satz 1 um mehr als die Hälfte, ist der Kreistag beschlußfähig,
wenn mindestens ein Drittel der gesetzlichen Zahl der Kreistagsabgeordneten anwesend ist.

(3) Ist eine Angelegenheit wegen Beschlußunfähigkeit des Kreistags zurückgestellt worden und wird der Kreistag zur Verhandlung
über denselben Gegenstand zum zweiten Mal einberufen, so ist der
Kreistag beschlußfähig, wenn mindestens drei stimmberechtigte
Kreistagsabgeordnete anwesend sind. Bei der zweiten Ladung muß
auf diese Vorschrift hingewiesen werden.

§ 34 Beschlußfassung

(1) Beschlüsse des Kreistags werden, soweit nicht das Gesetz etwas anderes vorsieht, mit Stimmenmehrheit gefaßt. Bei der Berechnung der Stimmenmehrheit zählen nur die Ja- und Neinstimmen. Bei
Stimmengleichheit ist ein Antrag abgelehnt.

(2) Es wird offen abgestimmt.

(3) Es kann nur über Anträge abgestimmt werden, die vorher
schriftlich festgelegt worden sind.

§ 35 Wahlen durch den Kreistag

(1) Wahlen sind Beschlüsse, die durch Gesetz oder aufgrund eines
Gesetzes durch Verordnung als Wahlen bezeichnet werden.

(2) Gewählt wird, wenn niemand widerspricht, durch Handzeichen,
sonst durch Stimmzettel.

(3) Gewählt ist, wer die meisten Stimmen erhält. Bei Stimmengleichheit entscheidet das Los, das die Kreispräsidentin oder der
Kreispräsident zieht.

(4)   Bei Verhältniswahl (§ 41 Abs. 1, § 46 Abs. 3) stimmt der Kreistag in einem Wahlgang über die Wahlvorschläge (Listen) der Fraktionen ab. Kreistagsabgeordnete und andere Bürgerinnen und Bürger (§ 41 Abs. 2) müssen in einem Wahlvorschlag aufgeführt werden. Die Zahl der Stimmen, die jeder Wahlvorschlag erhält, wird durch 1, 2, 3, 4, usw. geteilt. Die Wahlstellen werden in der Reihenfolge der Höchstzahlen auf die Wahlvorschläge verteilt. Über die Zuteilung der letzten Wahlstelle entscheidet bei gleicher Höchstzahl das Los, das die Kreispräsidentin oder der Kreispräsident zieht. Die Bewerberinnen und Bewerber einer Fraktion werden in der Reihenfolge berücksichtigt, die sich aus dem Wahlvorschlag ergibt.

§ 35 a   Abberufung durch den Kreistag

(1)   Wer durch Wahl des Kreistags berufen wird, kann durch Beschluß des Kreistags abberufen werden. Ein Antrag auf Abberufung kann nur behandelt werden, wenn er auf der Tagesordnung gestanden hat. Der Beschluß bedarf der Mehrheit der anwesenden Kreistagsabgeordneten.

(2)   Der Beschluß, mit dem die Kreispräsidentin oder der Kreispräsident oder eine oder einer ihrer oder seiner Stellvertretenden aus dem Vorsitz abberufen wird, bedarf der Mehrheit von zwei Dritteln der gesetzlichen Zahl der Kreistagsabgeordneten.

(3)   Wer abberufen wird, scheidet aus seiner Wahlstelle aus.

§ 36   Niederschrift

(1)   Über jede Sitzung des Kreistags ist eine Niederschrift aufzunehmen. Die Niederschrift muß mindestens

1. die Zeit und den Ort der Sitzung,

2. die Namen der Teilnehmerinnen und Teilnehmer,

3. die Tagesordnung,

4. den Wortlaut der Anträge und Beschlüsse und

5. das Ergebnis der Abstimmungen

enthalten. Die Niederschrift muß von der Kreispräsidentin oder dem Kreispräsidenten und der Protokollführerin oder dem Protokollführer unterzeichnet werden. Sie soll innerhalb von 30 Tagen, spätestens zur nächsten Sitzung, vorliegen.

(2) Über Einwendungen gegen die Niederschrift entscheidet der Kreistag.

(3) Die Einsichtnahme in die Niederschriften über die öffentlichen Sitzungen ist den Einwohnerinnen und Einwohnern zu gestatten.

§ 37 Ordnung in den Sitzungen

Die Kreispräsidentin oder der Kreispräsident kann eine Kreistagsabgeordnete oder einen Kreistagsabgeordneten, die oder der die Ordnung verletzt oder gegen das Gesetz oder die Geschäftsverordnung verstößt, zur Ordnung rufen. Nach dreimaligem Ordnungsruf kann sie oder er sie oder ihn von der Sitzung ausschließen. Hat die Kreispräsidentin oder der Kreispräsident eine Kreistagsabgeordnete oder einen Kreistagsabgeordneten von der Sitzung ausgeschlossen, so kann sie oder er sie oder ihn in der jeweils folgenden Sitzung nach einmaligem Ordnungsruf ausschließen.

§ 38 Widerspruch gegen Beschlüsse des Kreistags

(1) Verletzt ein Beschluß des Kreistags das Recht, so hat ihm die Landrätin oder der Landrat zu widersprechen[18]. Die Landrätin oder der Landrat kann dem Beschluß widersprechen, wenn er das Wohl des Kreises gefährdet.

(2) Der Widerspruch muß innerhalb von zwei Wochen nach Beschlußfassung schriftlich eingelegt und begründet werden. Er enthält die Aufforderung, den Beschluß aufzuheben. Der Kreistag muß über die Angelegenheit in einer neuen Sitzung nochmals beschließen; bis dahin hat der Widerspruch aufschiebende Wirkung.

(3) Verletzt auch der neue Beschluß das Recht, so hat ihn die Landrätin oder der Landrat schriftlich unter Darlegung der Gründe binnen zwei Wochen zu beanstanden. Die Beanstandung hat aufschiebende

---

18) Zur Funktion des Widerspruchs vgl. VG Schleswig v. 27. 2. 1972 – 8 A 4/72 – Die Gemeinde 1972, S. 386; OVG Lüneburg v. 26. 10. 1973 – V A 103/72 – Die Gemeinde 1974, S. 98; rechtswidrige Beschlüsse in Weisungsangelegenheiten VG Schleswig v. 23. 9. 1986 – 6 A 384/86 – Die Gemeinde 1986, S. 359.

Wirkung. Gegen die Beanstandung steht dem Kreistag die Klage vor dem Verwaltungsgericht zu.

(4) Widerspruch und Beanstandung sind an die Kreispräsidentin oder den Kreispräsidenten zu richten.

§ 39 Auflösung des Kreistags

(1) Die Innenministerin oder der Innenminister kann einen Kreistag auflösen, wenn

1. dieser dauernd beschlußunfähig ist,

2. eine ordnungsgemäße Erledigung der Kreisaufgaben auf andere Weise nicht gesichert werden kann oder

3. durch Änderung der Kreisgrenze die bisherige Einwohnerzahl eines Kreises um mehr als ein Zehntel zu- oder abgenommen hat.

Die Entscheidung des Innenministeriums ist zuzustellen.

(2) Bei einer Auflösung nach Absatz 1 ist der Kreistag binnen drei Monaten nach Unanfechtbarkeit der Entscheidung des Innenministeriums für den Rest der Wahlzeit neu zu wählen. Das Innenministerium setzt einen Sonntag als Wahltag fest.

§ 40 Aufgaben und Einrichtung der Ausschüsse

(1) Der Kreistag wählt Ausschüsse zur Vorbereitung seiner Beschlüsse und zur Kontrolle der Kreisverwaltung.

(2) Der Kreistag kann den Ausschüssen bestimmte Entscheidungen allgemein durch Hauptsatzung oder im Einzelfall übertragen, soweit nicht § 23 entgegensteht. Hat der Kreistag die Entscheidung im Einzelfall übertragen, so kann er selbst entscheiden, wenn der Ausschuß noch nicht entschieden hat.

(3) Die Hauptsatzung bestimmt die ständigen Ausschüsse, ihr Aufgabengebiet und die Zahl ihrer Mitglieder.

§ 40a Hauptausschuß

(1) Der Kreistag wählt aus seiner Mitte einen Hauptausschuß. Die oder der Vorsitzende wird aus der Mitte des Kreistags gewählt.

(2) Die Landrätin oder der Landrat ist Mitglied im Hauptausschuß ohne Stimmrecht.

(3) Für den Hauptausschuß gelten im übrigen die Vorschriften über die Ausschüsse entsprechend.

§ 40b Aufgaben des Hauptausschusses

(1) Der Hauptausschuß koordiniert die Arbeit der Ausschüsse und kontrolliert die Umsetzung der vom Kreistag festgelegten Ziele und Grundsätze in der von der Landrätin oder dem Landrat geleiteten Kreisverwaltung. Zu seinen Aufgaben im Rahmen dieser Zuständigkeit gehört es vor allem,

1. die Beschlüsse des Kreistags über die Feststellung von Zielen und Grundsätzen vorzubereiten,

2. das vom Kreistag nach § 23 Nr. 25 zu beschließende Berichtswesen zu entwickeln und bei der Kontrolle der Kreisverwaltung anzuwenden,

3. auf die Einheitlichkeit der Arbeit der Ausschüsse hinzuwirken; in diesem Rahmen kann er die den Ausschüssen im Einzelfall übertragenen Entscheidungen (§ 40 Abs. 2) an sich ziehen, wenn der Ausschuß noch nicht entschieden hat,

4. die Entscheidungen zu treffen, die ihm der Kreistag übertragen hat.

(2) Der Hauptausschuß ist Dienstvorgesetzter der Landrätin oder des Landrats; er hat keine Disziplinarbefugnis. Führt die Landrätin oder der Landrat Aufgaben zur Erfüllung nach Weisung durch oder nimmt die Landrätin oder der Landrat oder eine Beamtin oder ein Beamter nach § 48 Abs. 3 Aufgaben als allgemeine untere Landesbehörde wahr, darf der Hauptausschuß die Zuständigkeit des Dienstvorgesetzten nach § 77 Abs. 2 des Landesbeamtengesetzes oder des Innenministeriums wahrnehmen.

§ 41 Mitglieder und Geschäftsordnung der Ausschüsse

(1) Jede Fraktion kann verlangen, daß die Mitglieder eines Ausschusses durch Verhältniswahl gewählt werden.

(2) Wenn die Hauptsatzung dies bestimmt, können neben Kreistagsabgeordneten auch andere Bürgerinnen und Bürger zu Mitgliedern der Ausschüsse gewählt werden. Sie müssen dem Kreistag angehören können. Ihre Zahl darf die der Kreistagsabgeordneten im Ausschuß nicht erreichen. Sie können einem Ausschuß vorsitzen. In diesem Fall ist ihnen im Kreistag in Angelegenheiten ihres Ausschusses auf Wunsch das Wort zu erteilen. Sie scheiden aus dem Ausschuß aus, wenn sie Mitglieder des Kreistags werden.

(3) Der Kreistag kann stellvertretende Mitglieder der Ausschüsse wählen; Absatz 1 Satz 1, Absatz 2 Satz 1 und 2 sowie § 28 Absatz 1 Satz 4 und 5 gilt entsprechend.

(4) Der Kreistag wählt die Vorsitzenden der ständigen Ausschüsse. Das Vorschlagsrecht steht den Fraktionen zu; die Fraktionen können in der Reihenfolge ihrer Höchstzahlen entsprechend § 28 Abs. 2 Satz 2 bestimmen, für welche Vorsitzenden ihnen das Vorschlagsrecht zusteht (Zugriffsverfahren). Zur oder zum Vorsitzenden kann nur ein Mitglied des Ausschusses vorgeschlagen werden. Für die Wahl gilt § 34 Abs. 1 entsprechend. Wird während der Wahlzeit die Wahlstelle einer oder eines Vorsitzenden frei, gelten für die Wahl der Nachfolgerin oder des Nachfolgers die Sätze 1 bis 4 entsprechend; dabei werden jeder Fraktion so viele Höchstzahlen gestrichen, wie am Tage des Ausscheidens der oder des Vorsitzenden, für deren oder dessen Wahlstelle das Vorschlagsrecht festgestellt werden soll, Vorsitzende der Ausschüsse einer Fraktion angehören. Steht das Vorschlagsrecht für eine Wahlstelle fest, wird die vorschlagsberechtigte Fraktion von diesem Zeitpunkt an bei der Feststellung des Vorschlagsrechts für weitere Wahlstellen so behandelt, als ob die Wahlstelle auf ihren Vorschlag besetzt worden sei. Für stellvertretende Vorsitzende gelten die Sätze 1 bis 6 entsprechend.

(5) Die Mitglieder, die nicht dem Kreistag angehören, werden von der oder dem Vorsitzenden des Ausschusses durch Handschlag auf die gewissenhafte Erfüllung ihrer Obliegenheiten verpflichtet und in ihr Amt eingeführt. Die Mitglieder der Ausschüsse handeln in ihrer Tätigkeit nach ihrer freien, durch das öffentliche Wohl bestimmten Überzeugung.

(6) Die Landrätin oder der Landrat ist berechtigt und auf Verlangen verpflichtet, an den Sitzungen der Ausschüsse teilzunehmen. Ihr

oder ihm ist auf Wunsch das Wort zu erteilen. Sie oder er kann zu den Tagesordnungspunkten Anträge stellen. Bei der Wahrnehmung der Rechte und der Erfüllung der Pflichten aus Satz 1 bis 3 kann sich die Landrätin oder der Landrat vertreten lassen.

(7) Die Sitzungen der Ausschüsse sind öffentlich, wenn der Kreistag nichts anderes beschließt. Liegt ein derartiger Beschluß nicht vor, ist die Öffentlichkeit auszuschließen, wenn überwiegende Belange des öffentlichen Wohls oder berechtigte Interessen einzelner es erfordern. Der Ausschuß beschließt darüber in nichtöffentlicher Sitzung.

(8) Kreistagsabgeordnete, die nicht Mitglieder der Ausschüsse sind, können an den Sitzungen der Ausschüsse teilnehmen. Ihnen ist auf Wunsch das Wort zu erteilen.

(9) Wird die Wahlstelle eines Mitglieds eines Ausschusses, mit Ausnahme eines gesetzlichen Mitglieds, während der Wahlzeit frei, wird die Nachfolgerin oder der Nachfolger nach § 35 Abs. 3 gewählt; jede Fraktion kann verlangen, daß alle Wahlstellen des Ausschusses neu besetzt werden; in diesem Fall verlieren die Mitglieder des Ausschusses zu Beginn der nächsten Sitzung des Kreistags ihre Wahlstellen. Satz 1 Halbsatz 2 und 3 gilt nicht, wenn die Wahlstelle eines stellvertretenden Mitglieds eines Ausschusses frei wird. Wer freiwillig ausscheidet, kann in diesen Ausschuß nicht wieder gewählt werden, es sei denn, daß alle Ausschüsse neu gewählt werden.

(10) Wird der Kreistag neu gewählt, bleiben die Ausschüsse bis zum Zusammentritt der neugewählten Ausschüsse tätig.

(11) Im übrigen gelten für die Ausschüsse die Vorschriften über den Kreistag entsprechend. Abweichend von § 29 Abs. 4 Satz 2 brauchen Zeit, Ort und Tagesordnung der Ausschußsitzungen nicht örtlich bekanntgemacht zu werden; die Landrätin oder der Landrat soll die Öffentlichkeit über öffentliche Ausschußsitzungen vorher in geeigneter Weise unterrichten. Abweichend von § 29 Abs. 4 Satz 3 muß die oder der Vorsitzende eine Angelegenheit auf die Tagesordnung setzen, wenn die Landrätin oder der Landrat, der Hauptausschuß in Ausübung seiner Zuständigkeit nach § 40 b Abs. 1 Satz 2 Nr. 3 oder ein dem Kreistag angehörendes Ausschußmitglied dies verlangt. Der Kreistag regelt durch die Geschäftsordnung die inneren Angelegen-

heiten der Ausschüsse, insbesondere den Ablauf der Sitzungen, soweit dieses Gesetz keine Regelung enthält.

§ 42 Widerspruch gegen Ausschußbeschlüsse

(1) Verletzt der Beschluß eines Ausschusses das Recht, so hat die Landrätin oder der Landrat dem Beschluß zu widersprechen. Die Landrätin oder der Landrat kann dem Beschluß widersprechen, wenn der Beschluß das Wohl des Kreises gefährdet.

(2) Der Widerspruch muß innerhalb von zwei Wochen nach Beschlußfassung schriftlich eingelegt und begründet werden. Er ist an die Vorsitzende oder den Vorsitzenden des Ausschusses zu richten und enthält die Aufforderung, den Beschluß aufzuheben. Der Ausschuß muß über die Angelegenheit in einer neuen Sitzung nochmals beraten; bis dahin hat der Widerspruch aufschiebende Wirkung. Gibt der Ausschuß dem Widerspruch nicht statt, beschließt der Kreistag über den Widerspruch. Das Recht des Kreistags, die Entscheidung nach § 40 Abs. 2 an sich zu ziehen und den Beschluß aufzuheben, bleibt unberührt.

2. ABSCHNITT: Beiräte

§ 42a Beiräte

(1) Der Kreis kann durch Satzung die Bildung von Beiräten für gesellschaftlich bedeutsame Gruppen vorsehen.

(2) Die Satzung bestimmt die Anforderungen an die Mitgliedschaft im Beirat, die Zahl der Beiratsmitglieder, das Wahlverfahren und die Grundzüge der inneren Ordnung.

(3) Die Sitzungen der Beiräte sind öffentlich, soweit durch Satzung nichts anderes geregelt ist. § 41 Abs. 7 Satz 2 gilt entsprechend.

§ 42b Stellung der Beiräte

(1) Der Beirat ist über alle wichtigen Angelegenheiten, die die von ihm vertretene gesellschaftlich bedeutsame Gruppe betreffen, zu unterrichten. Die Geschäftsordnung des Kreistags bestimmt die Art der Unterrichtung.

(2)   Durch Satzung kann bestimmt werden, daß

1. der Beirat Anträge an den Kreistag und die Ausschüsse in Angelegenheiten stellen kann, die die von ihm vertretene gesellschaftlich bedeutsame Gruppe betreffen,

2. die oder der Vorsitzende des Beirats nach dessen Beschlußfassung an den Sitzungen des Kreistags und der Ausschüsse in Angelegenheiten, die die von ihm vertretene gesellschaftlich bedeutsame Gruppe betreffen, teilnehmen, das Wort verlangen und Anträge stellen kann.

(3)   Der Beirat regelt seine inneren Angelegenheiten, insbesondere den Ablauf der Sitzungen, durch eine Geschäftsordnung, soweit dieses Gesetz und die Satzung (§ 42 a) keine Regelung enthalten.

3. ABSCHNITT: Landrätin oder Landrat

§ 43   Wahlgrundsätze, Amtszeit

(1)   Die Landrätin oder der Landrat wird von den Bürgerinnen und Bürgern in allgemeiner, unmittelbarer, freier, gleicher und geheimer Wahl und nach den Grundsätzen der Mehrheitswahl gewählt.

(2)   Die Wahl erfolgt durch den Kreistag, wenn

1. zur Wahl keine Bewerberin oder kein Bewerber zugelassen wird oder

2. die einzige zugelassene Bewerberin oder der einzige zugelassene Bewerber bei der Wahl nicht die erforderliche Mehrheit erhält.

(3)   Wählbar zur Landrätin oder zum Landrat ist, wer

1. die Wählbarkeit zum Deutschen Bundestag besitzt; wählbar ist auch, wer die Staatsangehörigkeit eines übrigen Mitgliedstaates der Europäischen Union besitzt,

2. am Wahltag das 27. Lebensjahr vollendet hat und im Falle der Erstwahl das 60. Lebensjahr nicht vollendet hat.

Bewerberinnen und Bewerber müssen die für dieses Amt erforderliche Eignung, Befähigung und Sachkunde besitzen.

(4) Die Amtszeit der Landrätin oder des Landrats beträgt nach näherer Regelung in der Hauptsatzung mindestens sechs und höchstens acht Jahre. Sie beginnt mit dem Amtsantritt.

§ 44 Zeitpunkt der Wahl, Stellenausschreibung

(1) Wird die Wahl der Landrätin oder des Landrats wegen Ablaufs der Amtszeit oder wegen Eintritts in den Ruhestand notwendig, ist sie frühestens fünf Monate und spätestens drei Monate vor Freiwerden der Stelle durchzuführen. In allen anderen Fällen erfolgt die Wahl spätestens sechs Monate nach Freiwerden der Stelle.

(2) Die Stelle der Landrätin oder des Landrats ist spätestens fünf Monate vor dem Wahltag öffentlich auszuschreiben. Bewerberinnen und Bewerbern, die zur Wahl zugelassen worden sind, ist Gelegenheit zu geben, sich den Bürgerinnen und Bürgern in mindestens einer öffentlichen Versammlung vorzustellen.

§ 45 Wahlverfahren

Die Einzelheiten des Wahlverfahrens regelt das Gemeinde- und Kreiswahlgesetz[19].

§ 46 Ernennung, Weiterführung des Amtes

(1) Die gewählte Landrätin oder der gewählte Landrat wird zur Beamtin oder zum Beamten auf Zeit ernannt. Die Entscheidung der Kommunalaufsichtsbehörde über die Gültigkeit der Wahl oder ihre Entscheidung über Einsprüche im Sinne des § 54 Nr. 2 in Verbindung mit § 39 des Gemeinde- und Kreiswahlgesetzes gilt als Mitwirkung nach § 15 Abs. 1 Nr. 3 des Landesbeamtengesetzes.

(2) Die Landrätin oder der Landrat ist bei Ablauf der ersten Amtszeit verpflichtet,

1. ihre oder seine schriftliche Zustimmung nach § 51 Abs. 2 Satz 3 des Gemeinde- und Kreiswahlgesetzes zur Aufnahme in einen von mindestens einem Drittel der gesetzlichen Zahl der Kreistagsabgeordneten zum Zwecke der Wiederwahl eingereichten Wahl-

---

19) Vgl. §§ 46 ff. Gemeinde- und Kreiswahlgesetz – GKWG – abgedruckt S. 255

vorschlag nach § 51 Abs. 1 Nr. 1 des Gemeinde- und Kreiswahlgesetzes zu erteilen und

2. im Fall der Wiederwahl ihr oder sein Amt weiterzuführen, wenn sie
   oder er unter mindestens gleich günstigen Bedingungen für wenigstens die gleiche Zeit wiederernannt werden soll.

Bei Verweigerung der Zustimmung nach Nummer 1 oder einer Weigerung, das Amt weiterzuführen, ist die Landrätin oder der Landrat
nach § 40 Abs. 1 Nr. 4 des Landesbeamtengesetzes mit Ablauf der
Amtszeit zu entlassen.

(3)   Bei einer Wiederwahl ist eine neue Ernennungsurkunde auszuhändigen; danach ist der Diensteid zu leisten.

§ 47   Abwahl

(1)   Die Landrätin oder der Landrat kann vor Ablauf der Amtszeit von
den Bürgerinnen und Bürgern abgewählt werden. Zur Einleitung des
Abwahlverfahrens bedarf es

1. eines Beschlusses des Kreistags mit einer Mehrheit von mindestens zwei Dritteln der gesetzlichen Zahl der Mitglieder oder

2. eines Antrags der Wahlberechtigten, der von mindestens 25 v. H.
   der Wahlberechtigten unterzeichnet sein muß.

(2)   Die Abwahl bedarf einer Mehrheit der gültigen Stimmen, die mindestens ein Drittel der Zahl der Wahlberechtigten betragen muß. Für
die Durchführung des Abwahlverfahrens sind die Vorschriften über
den Bürgerentscheid sinngemäß anzuwenden.

(3)   Die Landrätin oder der Landrat scheidet mit Ablauf des Tages,
an dem der Abstimmungsausschuß die Abwahl feststellt, aus dem
Amt und tritt in den einstweiligen Ruhestand.

§ 48   Stellvertretende der Landrätin oder des Landrats

(1)   Der Kreistag wählt aus seiner Mitte für die Dauer der Wahlzeit
eine erste Stellvertreterin oder einen ersten Stellvertreter und eine
zweite Stellvertreterin oder einen zweiten Stellvertreter der Landrätin
oder des Landrats. Die Hauptsatzung kann für die erste Stellvertreterin oder den ersten Stellvertreter der Landrätin oder des Landrates
die Amtsbezeichnung Erste Kreisrätin oder Erster Kreisrat vorsehen.

Die Stellvertretenden vertreten die Landrätin oder den Landrat, sobald sie oder er verhindert ist; Absatz 3 bleibt unberührt. Wird der Kreistag neu gewählt, bleiben die Stellvertretenden bis zum Amtsantritt ihrer Nachfolgerinnen und Nachfolger im Amt. § 28 Abs. 1 Satz 5 gilt entsprechend.

(2) Die Stellvertretenden werden für die Dauer ihrer Wahlzeit zu Ehrenbeamtinnen oder -beamten ernannt.

(3) Für die Vertretung bei der Wahrnehmung von Aufgaben als untere Landesbehörde bestellt die Landrätin oder der Landrat eine Beamtin oder einen Beamten, die oder der die Befähigung zum Richteramt oder zum höheren Dienst besitzen muß.

(4) Die Landrätin oder der Landrat darf mit ihren oder seinen Stellvertretenden nicht in der Weise des § 22 Abs. 1 der Gemeindeordnung verbunden sein. Entsteht der Behinderungsgrund während der Amtszeit, so scheidet die Stellvertreterin oder der Stellvertreter aus ihrer oder seiner Funktion aus.

§ 49 Vereidigung

Die Landrätin oder der Landrat und ihre oder seine Stellvertretenden werden vor ihrem Amtsantritt von der Kreispräsidentin oder dem Kreispräsidenten in öffentlicher Sitzung vereidigt. Sie leisten den Beamteneid[20].

§ 50 Gesetzliche Vertretung

(1) Die Landrätin oder der Landrat ist die gesetzliche Vertreterin oder der gesetzliche Vertreter des Kreises.

(2) Erklärungen, durch die der Kreis verpflichtet werden soll, bedürfen der Schriftform[21]. Sie sind von der Landrätin oder dem Landrat, für deren oder dessen Vertretung § 48 Abs. 1 gilt, handschriftlich zu unterzeichnen und mit dem Dienstsiegel zu versehen.

---

20) Vgl. § 74 Landesbeamtengesetz i.d.F. v. 2.6. 1991 (GVOBl. S. 275), zuletzt geändert durch Gesetz vom 19. 3. 1996 (GVOBl. S. 301).
21) Dazu OVG Lüneburg v. 11. 1. 1968 – III A 68/67 – Die Gemeinde 1968/215, zum § 44 Abs. 2 KrO a. F.

(3) Wird für ein Geschäft oder für einen Kreis von Geschäften eine Bevollmächtigte oder ein Bevollmächtigter bestellt, so bedarf die Vollmacht der Form nach Absatz 2. Die im Rahmen dieser Vollmacht abgegebenen Erklärungen bedürfen der Schriftform.

(4) Die Absätze 2 und 3 gelten nicht, wenn der Wert der Leistung des Kreises einen in der Hauptsatzung bestimmten Betrag nicht übersteigt.

§ 51 Aufgaben der Landrätin oder des Landrats

(1) Die Landrätin oder der Landrat leitet die Verwaltung des Kreises in eigener Zuständigkeit nach den Zielen und Grundsätzen des Kreistags und im Rahmen der von ihm bereitgestellten Mittel. Sie oder er ist für die sachliche und wirtschaftliche Erledigung der Aufgaben, die Organisation und den Geschäftsgang der Verwaltung sowie für die Geschäfte der laufenden Verwaltung verantwortlich. Sie oder er ist oberste Dienstbehörde und Dienstvorgesetzte oder Dienstvorgesetzter der Beamtinnen und Beamten sowie der Angestellten, Arbeiterinnen und Arbeiter des Kreises. Zur ihren oder seinen Aufgaben gehört es insbesondere,

1. die Gesetze auszuführen,

2. die Beschlüsse des Kreistags und der Ausschüsse vorzubereiten und auszuführen und über die Ausführung der Beschlüsse dem Hauptausschuß regelmäßig zu berichten,

3. die Entscheidungen zu treffen, die der Kreistag ihr oder ihm übertragen hat; die Landrätin oder der Landrat kann diese Entscheidungen Beamtinnen, Beamten und Angestellten übertragen, soweit der Kreistag die Übertragung nicht ausdrücklich ausgeschlossen hat,

4. im Rahmen des vom Kreistag beschlossenen Stellenplans und der nach § 23 Nr. 11 festgelegten allgemeinen Grundsätze für die beamten-, arbeits- und tarifrechtlichen Entscheidungen für alle Beamtinnen und Beamte, Angestellten sowie Arbeiterinnen und Arbeiter des Kreises zu treffen. Die Hauptsatzung kann vorsehen, daß die Personalentscheidungen für Inhaberinnen oder Inhaber von Stellen, die der Landrätin oder dem Landrat unmittelbar unter-

stellt sind und Leitungsaufgaben erfüllen, auf Vorschlag der Landrätin oder des Landrats vom Kreistag oder vom Hauptausschuß getroffen werden.

(2) Dringende Maßnahmen, die sofort ausgeführt werden müssen, ordnet die Landrätin oder der Landrat für den Kreistag oder für die Ausschüsse an. Sie oder er darf diese Befugnis nicht übertragen. Die Gründe für die Eilentscheidung und die Art der Erledigung sind dem Kreistag oder dem Ausschuß unverzüglich mitzuteilen. Der Kreistag oder der Ausschuß kann die Entscheidung aufheben, soweit nicht bereits Rechte Dritter entstanden sind.

(3) Die Landrätin oder der Landrat führt die Aufgaben durch, die dem Kreis zur Erfüllung nach Weisung übertragen sind. Sie oder er ist dafür der Aufsichtsbehörde verantwortlich. Soweit die Landrätin oder der Landrat bei der Durchführung dieser Aufgaben nach Ermessen handeln kann, kann sie oder er sich von den Ausschüssen des Kreistages beraten lassen.

(4) Für die Landrätin oder den Landrat gilt § 25 der Gemeindeordnung entsprechend.

§§ 52 bis 56 *(entfallen)*

SIEBENTER TEIL: Haushalts- und Wirtschaftsführung

§ 57 Anwendung des Gemeinderechts
Für die Haushalts- und Wirtschaftsführung des Kreises gelten die Vorschriften des Gemeinderechts entsprechend.

§ 58 *(entfällt)*

ACHTER TEIL: Aufsicht

§ 59 Kommunalaufsicht

Das Land übt die Aufsicht darüber aus, daß die Kreise die Selbstverwaltungsaufgaben rechtmäßig erfüllen[22]. Die Kommunalaufsichtsbehörde soll die Kreise vor allem beraten und unterstützen.

§ 60 Kommunalaufsichtsbehörde

Kommunalaufsichtsbehörde für die Kreise ist das Innenministerium.

§ 61 Auskunftsrecht

Die Kommunalaufsichtsbehörde kann sich jederzeit – auch durch Beauftragte – über die Angelegenheiten des Kreises unterrichten, sie kann an Ort und Stelle prüfen und besichtigen, mündliche und schriftliche Berichte, Beschlüsse und Sitzungsniederschriften des Kreistags und seiner Ausschüsse sowie Akten und sonstige Unterlagen anfordern oder einsehen. ·

§ 62 Beanstandungsrecht, einstweilige Anordnung

(1) Die Kommunalaufsichtsbehörde kann Beschlüsse und Anordnungen des Kreises, die das Recht verletzen, beanstanden und verlangen, daß der Kreis den Beschluß oder die Anordnung binnen einer angemessenen Frist aufhebt. Die Kommunalaufsichtsbehörde kann ferner verlangen, daß der Kreis Maßnahmen, die aufgrund derartiger Beschlüsse und Anordnungen getroffen wurden, rückgängig macht. Die Beanstandung hat aufschiebende Wirkung.

(2) Die Kommunalaufsichtsbehörde kann vor einer Beanstandung anordnen, daß ein Beschluß oder eine Anordnung des Kreises bis zur Ermittlung des Sachverhalts, höchstens jedoch einen Monat, ausgesetzt wird (einstweilige Anordnung).

---

22) Zu Fragen der Rechtsaufsicht vgl. Anm. zu § 120 GO (S. 125).

§ 63 Anordnungsrecht

Erfüllt der Kreis die ihm nach dem Gesetz obliegenden Pflichten oder Aufgaben nicht, so kann die Kommunalaufsichtsbehörde anordnen, daß er innerhalb einer bestimmten Frist das Erforderliche veranlaßt.

§ 64 Ersatzvornahme

Kommt der Kreis einer Anordnung der Kommunalaufsichtsbehörde nicht innerhalb der bestimmten Zeit nach, so kann die Kommunalaufsichtsbehörde die Anordnung anstelle und auf Kosten des Kreises selbst durchführen oder die Durchführung einem anderen übertragen.

§ 65   *(entfällt)*

§ 66 Bestellung einer oder eines Beauftragten

Wenn und solange der ordnungsgemäße Gang der Verwaltung des Kreises es erfordert und die Befugnisse der Kommunalaufsichtsbehörde nach den §§ 61 bis 64 nicht ausreichen, kann diese eine Beauftragte oder einen Beauftragten bestellen, die oder der alle oder einzelne Aufgaben des Kreises auf dessen Kosten wahrnimmt. Die oder der Beauftragte hat die Stellung eines Organs des Kreises.

§ 67   *(entfällt)*

§ 68 Schutzvorschrift

Andere Behörden und Stellen als die Kommunalaufsichtsbehörde (§ 60) sind zu Eingriffen in die Kreisverwaltung nach den §§ 62 bis 66 nicht befugt. Die §§ 17 und 18 des Landesverwaltungsgesetzes bleiben unberührt.

§ 69   *(entfällt)*

§ 70 Zwangsvollstreckung und Konkurs

(1) Zur Einleitung der Zwangsvollstreckung gegen den Kreis wegen einer Geldforderung bedarf die Gläubigerin oder der Gläubiger einer Zulassungsverfügung der Kommunalaufsichtsbehörde, es sei denn, daß es sich um die Verfolgung dinglicher Rechte handelt. In der Verfügung hat die Kommunalaufsichtsbehörde die Vermögensgegenstände zu bezeichnen, in welche die Zwangsvollstreckung zugelassen wird, und über den Zeitpunkt zu befinden, in dem sie stattfinden soll. Die Zwangsvollstreckung wird nach den Vorschriften der Zivilprozeßordnung durchgeführt.

(2) Ein Konkursverfahren über das Vermögen des Kreises findet nicht statt.

NEUNTER TEIL: Schlußvorschriften

§ 71 Beteiligungsrechte

Die obersten Landesbehörden haben zu Entwürfen von Rechtsvorschriften und allgemeinen Verwaltungsvorschriften, die die Selbstverwaltung der Kreise berühren, den Landesverband der Kreise zu hören.

§ 72 Ordnungswidrigkeiten

(1) Ordnungswidrig handelt, wer als Kreistagsabgeordnete oder Kreistagsabgeordneter oder als Ausschußmitglied, das nicht dem Kreistag angehört, vorsätzlich oder fahrlässig

1. entgegen der Entscheidung nach § 27 Abs. 3 und 5, § 41 Abs. 11 dieses Gesetzes in Verbindung mit § 23 der Gemeindeordnung Ansprüche Dritter gegen den Kreis oder gegen die Landrätin oder den Landrat als untere Landesbehörde geltend macht,

2. eine Weisung des Kreises nach § 27 Abs. 3, § 41 Abs. 11 dieses Gesetzes in Verbindung mit § 25 der Gemeindeordnung nicht befolgt oder

3. ohne triftigen Grund einer Sitzung des Kreistags oder eines Ausschusses fernbleibt.

(2) Ordnungswidrig handelt, wer als ehrenamtlich tätige Bürgerin oder ehrenamtlich tätiger Bürger vorsätzlich oder fahrlässig

1. entgegen der Entscheidung nach § 19 dieses Gesetzes in Verbindung mit § 23 der Gemeindeordnung Ansprüche Dritter gegen den Kreis oder gegen die Landrätin oder den Landrat als untere Landesbehörde geltend macht oder

2. eine Weisung des Kreises nach § 19 dieses Gesetzes in Verbindung mit § 25 der Gemeindeordnung nicht befolgt.

(3) Ordnungswidrig handelt, wer als Kreistagsabgeordnete oder Kreistagsabgeordneter, als Ausschußmitglied, das nicht dem Kreistag angehört, oder als ehrenamtlich tätige Bürgerin oder ehrenamtlich tätiger Bürger

1. es vorsätzlich unterläßt, einen Ausschließungsgrund mitzuteilen (§ 22 Abs. 4 S. 1 der Gemeindeordnung) oder

2. vorsätzlich gegen die Verschwiegenheitspflicht (§ 19 Abs. 1, § 27 Abs. 3 Satz 1 dieses Gesetzes in Verbindung mit § 21 Abs. 2 der Gemeindeordnung) verstößt, soweit die Tat nicht nach § 203 Abs. 2 oder § 353 b des Strafgesetzbuches bestraft werden kann.

(4) Ordnungswidrig handelt, wer als Bürgerin oder Bürger vorsätzlich oder fahrlässig ohne wichtigen Grund die Übernahme eines Ehrenamtes oder einer ehrenamtlichen Tätigkeit ablehnt oder die Ausübung verweigert.

(5) Ordnungswidrig handelt, wer vorsätzlich oder fahrlässig einer Satzung über die Benutzung einer öffentlichen Einrichtung zuwiderhandelt, soweit die Satzung für einen bestimmten Tatbestand auf diese Bußgeldvorschrift verweist.

(6) Die Ordnungswidrigkeit kann mit einer Geldbuße geahndet werden.

(7) Verwaltungsbehörde nach § 36 Abs. 1 Nr. 1 des Gesetzes über Ordnungswidrigkeiten ist die Landrätin oder der Landrat. Die Ordnungswidrigkeiten nach den Absätzen 1 und 3 der Kreistagsabgeordneten und der Ausschußmitglieder, die nicht dem Kreistag angehören, werden nur auf Antrag des Kreistags verfolgt. Für die

Antragsfrist und die Zurücknahme des Antrags gelten die §§ 77 b und 77 d des Strafgesetzbuchs entsprechend.

§ 73 Durchführungsbestimmungen

Das Innenministerium wird ermächtigt, durch Verordnung[23] nähere Bestimmungen zu treffen über

1. die Vertretung des Kreises bei öffentlichen Anlässen,

2. den Schriftkopf im Schriftverkehr bei Selbstverwaltungsaufgaben und Aufgaben zur Erfüllung nach Weisung,

3. das Verfahren und die Durchführung von Gebietsänderungen und die Auseinandersetzung,

4. die Durchführung des Einwohnerantrags nach § 16 e und des Bürgerentscheids und Bürgerbegehrens nach § 16 f,

5. die Gewährung von Entschädigungen an Ehrenbeamtinnen und -beamte, ehrenamtlich tätige Bürgerinnen und Bürger, Kreistagsabgeordnete und Ausschußmitglieder nach § 41 Abs. 2 Satz 1, insbesondere über

   a) die pauschalierte Erstattung von Auslagen, entgangenem Arbeitsverdienst, Verdienstausfallentschädigung für Selbständige, Entschädigung für Abwesenheit vom Haushalt und Reisekosten,

   b) die Höchstbeträge für pauschalierte Entschädigungen, insbesondere für Aufwandsentschädigungen;

   dabei sind die Einwohnerzahlen der Kreise zu berücksichtigen. Die Höhe der Entschädigungen nach Buchstabe b ist nach Ablauf der ersten Hälfte der Wahlzeit anzupassen. Grundlage dafür ist die Preisentwicklung ausgewählter Waren und Leistungen im Preisindex für die Lebenshaltung aller privaten Haushalte im vorausgegangenen Jahr.

---

23) Landesverordnung zur Durchführung der Kreisordnung (KrODVO) vom 4. März 1998 (GVOBl. S. 139).

§ 73 a Weiterentwicklung der kommunalen Selbstverwaltung (Experimentierklausel)

Zur Erprobung neuer Steuerungsmodelle, zur Weiterentwicklung der kommunalen Selbstverwaltung auch in der grenzüberschreitenden kommunalen Zusammenarbeit sowie zur Weiterentwicklung der wirtschaftlichen Betätigung und der privatrechtlichen Beteiligung der Kreise kann das Innenministerium im Einzelfall zeitlich begrenzte Ausnahmen von organisations- und gemeindewirtschaftsrechtlichen Vorschriften des Gesetzes oder der zur Durchführung ergangenen Verordnungen sowie von den ausschließlich für die Mitarbeiterinnen und Mitarbeiter der kommunalen Körperschaften geltenden dienstrechtlichen Vorschriften des Landes zulassen.

Amtsordnung für Schleswig-Holstein (Amtsordnung – AO)

in der Fassung vom 1. April 1996 (GVOBl. Schl.-H. S. 373)

und (paragraphenweise zugeordnet)

Landesverordnung zur Durchführung der Amtsordnung

vom 29. Oktober 1990 (GVOBl. S. 535)

Inhaltsverzeichnis

ERSTER TEIL: Allgemeines

§ 1 Allgemeine Stellung der Ämter[1]

(1) Die Ämter sind Körperschaften des öffentlichen Rechts[2], die aus Gemeinden desselben Kreises bestehen. Sie dienen der Stärkung der Selbstverwaltung der amtsangehörigen Gemeinden. Die

---

1) Verfassungskonform nach OVG Lüneburg v. 19. 8. 1970 – V A 74/69 – Gemeinde 1970/365 und BVerwG v. 8. 5. 1972 – VII B 82.71 – Gemeinde 1972/239, vgl. auch OVG Lüneburg v. 17. 5. 1974 – V A 65/73 – Gemeinde 1974/291 sowie für die bayr. Verwaltungsgemeinschaft Bayr VfGH v. 2. 3. 1978 – Vf 2 – VII – 77 – Gemeinde 1978/213.

2) Weder Gemeindeverbände noch Gebietskörperschaften vgl. OVG Lüneburg v. 19. 8. 1970 – VA 74/69 – Gemeinde 1970/365. Bestätigt durch BVerfG v. 24. 7. 1979 – 2 BvK 1/78 – Gemeinde 1979/266.

Ämter treten als Träger von Aufgaben der öffentlichen Verwaltung an die Stelle der amtsangehörigen Gemeinden, soweit dieses Gesetz es bestimmt oder zuläßt.

(2) Über den Zusammenschluß kreisangehöriger Gemeinden zu Ämtern, über die Änderung und Auflösung[3] sowie über den Namen und den Sitz[4] des Amtes entscheidet die Innenministerin oder der Innenminister nach Anhörung der beteiligten Gemeindevertretungen und Kreistage[5]. Die Richtlinien des § 2 sind zu beachten. Die Kommunalaufsichtsbehörde regelt die Geltung von Satzungen des Amtes nach § 70 des Landesverwaltungsgesetzes und die Auseinandersetzung. Für die Auseinandersetzung gilt § 16 Abs. 3 und 4 der Gemeindeordnung entsprechend.

(3) Das Amt soll zur Durchführung seiner Aufgaben eine eigene Verwaltung einrichten (§ 7). Wenn das Amt auf eigene Dienstkräfte und Verwaltungseinrichtungen verzichtet, muß es entweder

1. die Verwaltung einer größeren amtsangehörigen Gemeinde mit deren Zustimmung in Anspruch nehmen (§ 23) oder

2. eine Verwaltungsgemeinschaft nach § 19 a des Gesetzes über kommunale Zusammenarbeit vereinbaren.

Die Innenministerin oder der Innenminister kann anordnen, daß ein Amt auf eigene Dienstkräfte und Verwaltungseinrichtungen verzichtet und die Verwaltung einer größeren amtsangehörigen Gemeinde in Anspruch nimmt, wenn dies einer leistungsfähigen, sparsamen und wirtschaftlichen Verwaltung dient; das Amt und die amtsangehörigen Gemeinden sind zu hören.

(4) Die Ämter führen Dienstsiegel. Sie können Wappen und Flaggen führen. Die Annahme und Änderung von Wappen und Flaggen be-

---

3) VG Schleswig v. 27. 1. 1978 – 6 A 194/77 – Gemeinde 1978/296.

4) Zur Frage des Amtsitzes VG Schleswig v. 27. 4. 1970 – 8 A 76/69 – Gemeinde 1970/341 und OVG Lüneburg v. 17. 5. 1975 – VA 65/73 – Gemeinde 1974/291.

5) Vgl. OVG Lüneburg v. 18. 6. 1963 – V A 89/72 – Gemeinde 1964/61 und 82 sowie BVerfG v. 12. 1. 1967 – VII 192.66 – Gemeinde 1968/65 sowie im Rahmen der Ämterneuordnung VG Schleswig v. 30. 8. 1968 – 8 A 149 – 151/67 – Gemeinde 1968/341 – und v. 18. 4. 1969 – 8 A 167 – 168 – Gemeinde 1969/240 sowie BVerwG v. 8. 5. 1972 – VII B 134.71 – Gemeinde 1972/216.

dürfen der Genehmigung der Innenministerin oder des Innenministers.

DVO – AO

§ 1 Schriftverkehr des Amtes

Das Amt verwendet als Schriftkopf

> Amt X
> Die Amtsvorsteherin
> oder
> Der Amtsvorsteher.

§ 2 Verfahren bei der Änderung und Auflösung von Ämtern

(1) Zur Vorbereitung der Entscheidung des Innenministers über den Zusammenschluß kreisangehöriger Gemeinden zu Ämtern, über die Änderung und Auflösung sowie über den Namen und den Sitz des Amtes legt die Landrätin oder der Landrat folgende Unterlagen vor:

1. die Beschlüsse der Gemeindevertretungen und Amtsausschüsse der betroffenen Gemeinden und Ämter sowie Auszüge aus den Sitzungsniederschriften,

2. den Beschluß des Kreistags sowie einen Auszug aus der Sitzungsniederschrift,

3. einen Bericht zu den örtlichen Verhältnissen, im besonderen den Wege-, Verkehrs-, Schul- und Wirtschaftsverhältnissen, den kirchlichen, kulturellen und geschichtlichen Beziehungen sowie zu den finanziellen Auswirkungen und

4. bei der Änderung von Ämtern eine topographische Karte im Maßstab 1 : 25 000, in der die alten und neuen Grenzen der Ämter und amtsangehörigen Gemeinden eingetragen sind.

(2) Zur Vorbereitung der Anordnung, daß ein Amt auf eigene Dienstkräfte und Verwaltungseinrichtungen verzichtet und die Verwaltung einer größeren amtsangehörigen Gemeinde in Anspruch nimmt, gilt Absatz 1 Nr. 1 und 3 entsprechend.

(3) Für die Auseinandersetzung gilt § 6 der Landesverordnung zur Durchführung der Gemeindeordnung vom 29. Oktober 1990 (GVOBl. Schl.-H. S. 529) entsprechend.

§ 2 Abgrenzung der Ämter

(1) Jedes Amt soll ein abgerundetes Gebiet umfassen, dessen Größe und Einwohnerzahl so zu bemessen ist, daß eine leistungsfähige, sparsame und wirtschaftlich arbeitende Verwaltung unter ehrenamtlicher Leitung erreicht wird. Hierbei sind die örtlichen Verhältnisse, im besonderen die Wege-, Verkehrs-, Schul- und Wirtschaftsverhältnisse sowie die kirchlichen, kulturellen und geschichtlichen Beziehungen nach Möglichkeit zu berücksichtigen.

(2) Die Ämter sollen in der Regel nicht weniger als 5000 Einwohnerinnen und Einwohner umfassen.

ZWEITER TEIL: Aufgaben der Ämter

§ 3 Amt und Gemeinde

(1) Das Amt bereitet im Einvernehmen mit der Bürgermeisterin oder dem Bürgermeister die Beschlüsse der Gemeinde vor[6] und führt nach diesen Beschlüssen die Selbstverwaltungsaufgaben der amtsangehörigen Gemeinden durch[7]. Ein Beschluß ist nicht auszuführen, soweit er das Recht verletzt. Beabsichtigt das Amt, einen Beschluß wegen Rechtsverletzung nicht auszuführen, hat es die Gemeinde unverzüglich zu unterrichten[8]. Die Gemeinde kann nach Anhörung des Amtes mit Zustimmung der Kommunalaufsichtsbehörde beschließen, einzelne Selbstverwaltungsaufgaben durchzuführen. Ist die Gemeinde in einem gerichtlichen Verfahren beteiligt,

---

6) Vgl. dazu § 50 Abs. 1 GO.
7) Vgl. VG Schleswig v. 28. 2. 1967 – 1 A 139/66 – Gemeinde 1967/204 und v. 6. 2. 1968 – 4 A 56/67 – Gemeinde 1968/217 und OVG Lüneburg v. 24. 4. 1970 – I A 128/69 – Gemeinde 1970/273. Keine Beeinträchtigung des Wesens der Selbstverwaltung – VG Schleswig v. 18. 4. 1969 – 8 A 168/68 – Gemeinde 1969/240 und Urteil v. 9. 4. 1970 – 8 A 60/69 – Gemeinde 1970/304. Zum Verhältnis zwischen Bürgermeister und Amt vgl. RdErl. d. IM vom 13. 2. 1991 – IV 333 a – 160.130.2 – Amtsbl. S. 103 **(abgedruckt im Anhang unter 6.10)**.
8) Der Bürgermeister der betroffenen Gemeinde hat daraufhin gegen den Beschluß der Gemeindevertretung das Widerspruchsverfahren nach § 43 GO einzuleiten oder er muß gegen die Entscheidung des Amtes vor dem Verwaltungsgericht Feststellungsklage erheben, mit dem Antrag feststellen zu lassen, daß das Amt verpflichtet ist, den Beschluß auszuführen.

so wird sie durch das Amt vertreten[9]; dies gilt nicht in den Fällen, in denen das Amt Verfahrensbeteiligter ist oder zwei amtsangehörige Gemeinden Verfahrensbeteiligte sind.

(2) Die Ämter sind ferner Träger der gesetzlichen und der ihnen nach § 5 übertragenen Aufgaben.

(3) Die Gemeindevertretung einer amtsangehörigen Gemeinde kann einem Beschluß des Amtsausschusses widersprechen, wenn der Beschluß das Wohl der Gemeinde gefährdet. Der Widerspruch muß innerhalb von zwei Wochen nach Beschlußfassung schriftlich eingelegt und begründet werden. Er ist an die Amtsvorsteherin oder den Amtsvorsteher zu richten und hat aufschiebende Wirkung. Der Beschluß ist aufgehoben, wenn der Amtsausschuß den Widerspruch nicht binnen eines Monats, frühestens jedoch nach drei Tagen, zurückweist; der Beschluß bedarf der Mehrheit von mehr als der Hälfte der gesetzlichen Zahl der stimmberechtigten Mitglieder des Amtsausschusses.

§ 4 Gesetzliche Aufgaben der Ämter

(1) Das Amt ist Träger der ihm und den amtsangehörigen Gemeinden übertragenen Aufgaben zur Erfüllung nach Weisung. § 3 Abs. 2 der Gemeindeordnung gilt entsprechend.

(2) Den Ämtern können durch Gesetz oder aufgrund eines Gesetzes durch Verordnung neue Aufgaben zur Erfüllung nach Weisung übertragen werden.

(3) Das Amt besorgt die Kassen- und Rechnungsführung und die Vorbereitung der Aufstellung der Haushaltspläne für die amtsangehörigen Gemeinden.

(4) Das Amt hat über die öffentlichen Aufgaben, die mehrere amtsangehörige Gemeinden betreffen und eine gemeinsame Abstimmung erfordern, zu beraten und auf ihre Erfüllung hinzuwirken.

---

9) Zur Prozeßführungsbefugnis nach der bisherigen Rechtslage: VG Schleswig Urteil v. 8. 11. 1983 – 12 A 110/82 – Gemeinde 1984/115; OVG Lüneburg Urteil v. 16. 10. 1984 – 11 A 90/83 – Gemeinde 1985/56 und OLG Schleswig Urteil v. 24. 6. 1988 – 14 U 347/85 – Gemeinde 1988/360; neuestens OLG Schleswig U. v. 24. 1. 1991 – 11 U 127/89 – Gemeinde 1991/360.

§ 5 Übertragene Aufgaben

(1) Über die Regelung des § 3 Abs. 1 Satz 1 hinaus können mehrere amtsangehörige Gemeinden gemeinsam dem Amt Selbstverwaltungsaufgaben übertragen[10]. Bei der Beschlußfassung haben die Mitglieder des Amtsausschusses, deren Gemeinden von der Übertragung nicht betroffen sind, kein Stimmrecht.

(2) Die Gemeinden können eine Rückübertragung verlangen, wenn sich die Verhältnisse, die der Übertragung zugrunde lagen, so wesentlich geändert haben, daß den Gemeinden ein Festhalten an der Übertragung nicht weiter zugemutet werden kann. Soweit erforderlich, erfolgt in diesen Fällen eine Auseinandersetzung in entsprechender Anwendung der für Gebietsänderungen der Gemeinden geltenden Vorschriften. Die Rückübertragung bedarf der Zustimmung der Kommunalaufsichtsbehörde, wenn das Amt mit der Rückübertragung nicht einverstanden ist.

(3) Wird aufgrund einer Übertragung oder einer Rückübertragung eine Berichtigung des Grundbuchs oder anderer öffentlicher Bücher erforderlich, genügt zum Nachweis des Eigentumsübergangs eine Bestätigung der Kommunalaufsichtsbehörde. Die zuständigen Behörden sind verpflichtet, die öffentlichen Bücher zu berichtigen. Die durch die Übertragung oder die Rückübertragung erforderlichen Rechtshandlungen sind frei von öffentlichen Abgaben und Verwaltungskosten.

(4) Die Kreise können den Ämtern Selbstverwaltungsaufgaben nur aufgrund gesetzlicher Bestimmungen übertragen.

§ 5a *(entfällt[11])*

§ 6 *(entfällt[12])*

---

10) Zum Beitragsmaßstab bei der Aufgabenübertragung auf das Amt vgl. OVG Lüneburg, Urteil v. 20. 8. 1987 – 14 A 252/85 – Gemeinde 1988/125.

11) Die Geschäftsführung für Verbände wurde nach dem Änderungsgesetz 1977 in § 19 a GKZ geregelt. Geschäftsführungen nach § 5 a AO a. F. müssen nach Art. 9 Nr. 5 des Änderungsgesetzes bis zum 1. 1. 1979 einen öffentlich-rechtlichen Vertrag nach § 19 a GKZ schließen.

12) Inhaltlich in der Fassung des § 122 GO, § 4 Abs. 4 AO sowie §§ 16 und 23 ff. LVwG enthalten.

§ 7 Ausstattung der Ämter

Das Amt stellt für die Durchführung seiner Aufgaben die erforderlichen Dienstkräfte und Verwaltungseinrichtungen zur Verfügung; § 1 Abs. 3 bleibt unberührt.

§ 8 *(entfällt[13])*

DRITTER TEIL: Organisation der Ämter

§ 9 Zusammensetzung des Amtsausschusses

(1) Der Amtsausschuß besteht aus den Bürgermeisterinnen und Bürgermeistern[14] der amtsangehörigen Gemeinden. Gemeinden über 500 Einwohnerinnen und Einwohner entsenden weitere Mitglieder in den Amtsausschuß. Ihre Zahl beträgt

in Gemeinden über 500 bis 1000 Einwohnerinnen und Einwohner	1,
in Gemeinden über 1000 bis 1500 Einwohnerinnen und Einwohner	2,
in Gemeinden über 1500 bis 2000 Einwohnerinnen und Einwohner	3,
in Gemeinden über 2000 bis 2500 Einwohnerinnen und Einwohner	4,
in Gemeinden über 2500 bis 3000 Einwohnerinnen und Einwohner	5,
in Gemeinden über 3000 bis 4000 Einwohnerinnen und Einwohner	6.

Gemeinden über 4000 Einwohnerinnen und Einwohner bis 5000, 6000, 7000 usw. Einwohnerinnen und Einwohner entsenden zusätzlich 1, 2, 3 usw. weitere Mitglieder. Für die Anzahl der weiteren Mitglieder ist die Einwohnerzahl maßgebend, die der letzten allge-

---

13) Die Zwangsmittel sind jetzt in den §§ 228ff. LVwG geregelt.
14) Verfassungskonform, Amtsausschuß ist keine Volksvertretung, daher keine unmittelbare Wahl erforderlich; BVerfG Urteil v. 24. 7. 1979 – 2 BvK 1/78 – Gemeinde 1979/266; BVerfGE 52 S. 95.

meinen Wahl zu den Gemeindevertretungen zugrunde gelegen hat.
Bei Gebietsänderungen gilt § 133 Abs. 2 der Gemeindeordnung entsprechend.

(2) Der Amtsausschuß muß mindestens aus sechs Mitgliedern ein-
schließlich der Amtsvorsteherin oder des Amtsvorstehers bestehen.
Wird diese Zahl nicht erreicht, entsendet jede Gemeinde ein weiteres
Mitglied.

(3) Die Gemeindevertretungen wählen die weiteren Mitglieder des
Amtsausschusses aus ihrer Mitte. Jede Fraktion kann verlangen, daß
das von der Gemeinde zu entsendende weitere Mitglied oder die zu
entsendenden weiteren Mitglieder auf Vorschlag der nach Satz 3 vorschlagsberechtigten Fraktion oder Fraktionen gewählt wird oder
werden. In diesem Fall steht der Fraktion oder den Fraktionen das
Vorschlagsrecht in der Reihenfolge der Höchstzahlen zu, die sich
aus der Teilung der Sitzzahlen der Fraktionen durch 1, 2, 3 usw. ergeben. Für die Wahl gilt § 39 Abs. 1 der Gemeindeordnung entsprechend. Die ehrenamtliche Bürgermeisterin oder der ehrenamtliche
Bürgermeister wird auf den Wahlvorschlag der Fraktion angerechnet, der sie oder er im Zeitpunkt dieser Wahl angehört.

(4) Die Gemeindevertretungen wählen aus ihrer Mitte Stellvertretende für die ehrenamtlichen und hauptamtlichen Mitglieder des
Amtsausschusses. Die Hauptsatzung des Amtes bestimmt die Anzahl der Stellvertretenden je Mitglied des Amtsausschusses. Hat
eine Fraktion das Verlangen nach Absatz 3 Satz 2 gestellt, erfolgt die
Wahl der Stellvertretenden eines weiteren Mitglieds auf Vorschlag
der Fraktion, die das weitere Mitglied vorgeschlagen hat; die Wahl
der Stellvertretenden der ehrenamtlichen Bürgermeisterin oder des
ehrenamtlichen Bürgermeisters erfolgt auf Vorschlag der Fraktion,
der sie oder er im Zeitpunkt der Wahl der Stellvertretenden angehört.
Für die Wahl gilt § 39 Abs. 1 der Gemeindeordnung entsprechend.
Die Stellvertretenden vertreten das Mitglied im Fall der Verhinderung
in der Reihenfolge, in der sie vorgeschlagen sind. § 33 Abs. 1 Satz 5
der Gemeindeordnung gilt entsprechend.

(5) Die von den Gemeinden zu entsendenden weiteren Mitglieder
müssen binnen 60 Tagen nach dem Tag der Gemeindewahl gewählt
werden. Der Amtsausschuß muß binnen weiterer 14 Tage zusam-

mentreten; bis zum Zusammentritt des neuen Amtsausschusses bleibt der alte Amtsausschuß tätig.

(6) Die Bürgermeisterin, die ihr Amt oder der Bürgermeister, der sein Amt oder das weitere Mitglied, das seinen Sitz in der Gemeindevertretung verliert, scheidet aus dem Amtsausschuß aus.

(7) Scheidet ein weiteres Mitglied aus dem Amtsausschuß aus, wird die Nachfolgerin oder der Nachfolger nach Absatz 3 gewählt; jede Fraktion kann verlangen, daß alle Wahlstellen von weiteren Mitgliedern der Gemeinde neu besetzt werden. In diesem Fall verlieren die weiteren Mitglieder der Gemeinde zu Beginn der nächsten Sitzung der Gemeindevertretung ihre Wahlstellen. Satz 1 Halbsatz 2 gilt nicht, wenn die Wahlstelle eines stellvertretenden Mitglieds des Amtsausschusses frei wird. Wer freiwillig ausscheidet, kann in den Amtsausschuß nicht wieder gewählt werden.

§ 10   Aufgaben und Arbeitsweise des Amtsausschusses

(1) Der Amtsausschuß trifft alle für das Amt wichtigen Entscheidungen und überwacht ihre Durchführung. Er kann die Entscheidung auf die Ausschüsse oder die Amtsvorsteherin oder den Amtsvorsteher übertragen; die Übertragungsbefugnis ist in entsprechender Anwendung des § 28 der Gemeindeordnung beschränkt. Der Amtsausschuß kann jedoch dann die Entscheidung auch im Einzelfall jederzeit an sich ziehen.

(2) Der Amtsausschuß ist oberste Dienstbehörde; er ist Dienstvorgesetzter der Amtsvorsteherin oder des Amtsvorstehers und deren oder dessen Stellvertretenden; er hat keine Disziplinarbefugnis. Der Amtsausschuß kann Zuständigkeiten nach Satz 1 Halbsatz 1 mit Ausnahme der Zuständigkeit der obersten Dienstbehörde der Amtsvorsteherin oder des Amtsvorstehers auf die leitende Verwaltungsbeamtin oder den leitenden Verwaltungsbeamten übertragen. Führt die Amtsvorsteherin oder der Amtsvorsteher Aufgaben zur Erfüllung nach Weisung durch, darf der Amtsausschuß die Zuständigkeit der oder des Dienstvorgesetzten nach § 77 Abs. 2 des Landesbeamtengesetzes nur mit Zustimmung der Kommunalaufsichtsbehörde ausüben.

(3) Der Amtsausschuß beschließt über die Einstellung der Dienstkräfte des Amtes. Er kann die Entscheidung mit Ausnahme der Bestellung der leitenden Verwaltungsbeamtin oder des leitenden Verwaltungsbeamten durch die Hauptsatzung ganz oder teilweise auf die Amtsvorsteherin oder den Amtsvorsteher und/oder die leitende Verwaltungsbeamtin oder den leitenden Verwaltungsbeamten übertragen. Der Amtsausschuß kann jedoch dann die Entscheidung auch im Einzelfall jederzeit an sich ziehen, wenn die Hauptsatzung dies bestimmt.

(4) Die Sitzungen des Amtsausschusses sind öffentlich. Die Öffentlichkeit ist auszuschließen, wenn überwiegende Belange des öffentlichen Wohls oder berechtigte Interessen einzelner es erfordern. Über den Ausschluß der Öffentlichkeit beschließt der Amtsausschuß allgemein oder im Einzelfall. Der Beschluß bedarf der Mehrheit von zwei Dritteln der anwesenden Mitglieder des Amtsausschusses. Über den Antrag wird in nichtöffentlicher Sitzung beraten und entschieden; ohne Aussprache wird in öffentlicher Sitzung entschieden. In nichtöffentlicher Sitzung gefaßte Beschlüsse sind spätestens in der nächsten öffentlichen Sitzung bekanntzugeben, wenn nicht überwiegende Belange des öffentlichen Wohls oder berechtigte Interessen einzelner entgegenstehen. § 35 Abs. 1 Satz 3 der Gemeindeordnung gilt entsprechend.

(5) Die Gemeindevertreterinnen und -vertreter können an den Sitzungen des Amtsausschusses teilnehmen. Die leitende Verwaltungsbeamtin oder der leitende Verwaltungsbeamte ist berechtigt und auf Verlangen verpflichtet, an den Sitzungen des Amtsausschusses teilzunehmen. Ihr oder ihm ist auf Wunsch das Wort zu erteilen. Sie oder er sowie die Amtsvorsteherin oder der Amtsvorsteher sind verpflichtet, in den Sitzungen des Amtsausschusses Auskunft zu erteilen.

§ 10 a Ausschüsse des Amtsausschusses

(1) Der Amtsausschuß wählt Ausschüsse zur Vorbereitung seiner Beschlüsse. Die Hauptsatzung bestimmt die ständigen Ausschüsse, ihr Aufgabengebiet und die Zahl ihrer Mitglieder.

(2) Wenn die Hauptsatzung dies bestimmt, können neben Mitgliedern des Amtsausschusses auch andere Bürgerinnen und Bürger zu

Mitgliedern von Ausschüssen gewählt werden. Sie müssen der Gemeindevertretung einer amtsangehörigen Gemeinde angehören oder angehören können. Ihre Zahl darf die der Mitglieder des Amtsausschusses im Ausschuß nicht erreichen.

(3) Der Amtsausschuß kann stellvertretende Mitglieder der Ausschüsse wählen; für die Stellvertretenden gilt Absatz 2 Satz 1 und 2 sowie § 33 Absatz 1 Satz 4 und 5 der Gemeindeordnung entsprechend.

(4) Die Amtsvorsteherin oder der Amtsvorsteher und die leitende Verwaltungsbeamtin oder der leitende Verwaltungsbeamte sind berechtigt und auf Verlangen verpflichtet, an den Sitzungen der Ausschüsse teilzunehmen; die Amtsvorsteherin oder der Amtsvorsteher kann jederzeit das Wort verlangen. Der leitenden Verwaltungsbeamtin oder dem leitenden Verwaltungsbeamten ist auf Wunsch das Wort zu erteilen. Sie oder er sowie die Amtsvorsteherin oder der Amtsvorsteher sind verpflichtet, in den Sitzungen der Ausschüsse Auskunft zu erteilen. Die Mitglieder des Amtsausschusses können an den Sitzungen der Ausschüsse teilnehmen. Ihnen ist auf Wunsch das Wort zu erteilen.

(5) Im übrigen gilt § 46 Abs. 5, 7, 8, 10 und 11 der Gemeindeordnung entsprechend.

§ 11 Wahl und Stellung der Amtsvorsteherin oder des Amtsvorstehers und ihrer oder seiner Stellvertretenden

(1) Der Amtsausschuß wählt in seiner ersten Sitzung aus seiner Mitte für die Dauer der allgemeinen Wahlzeit der Gemeindevertretungen die Amtsvorsteherin oder den Amtsvorsteher sowie eine erste Stellvertreterin oder einen ersten Stellvertreter und eine zweite Stellvertreterin oder einen zweiten Stellvertreter. Die Wahl der Amtsvorsteherin oder des Amtsvorstehers leitet das älteste Mitglied, die Wahl der Stellvertretenden leitet die Amtsvorsteherin oder der Amtsvorsteher. Scheidet die Amtsvorsteherin oder der Amtsvorsteher aus, leitet die Stellvertreterin oder der Stellvertreter, in den Fällen des Absatzes 3 das älteste Mitglied, die Wahl der neuen Amtsvorsteherin oder des neuen Amtsvorstehers.

(2) Die Mitglieder, die auf Vorschlag einer politischen Partei oder einer Wählergruppe in die Gemeindevertretung gewählt sind, können verlangen, daß die Amtsvorsteherin oder der Amtsvorsteher und die Stellvertretenden auf ihren Vorschlag gewählt werden; Mitglieder verschiedener Wählergruppen können sich zu einer Gruppierung zusammenschließen. In diesem Fall steht das Vorschlagsrecht den Mitgliedern der Partei, Wählergruppe oder Gruppierung in der Reihenfolge der Höchstzahlen zu, die sich aus der Teilung der Anzahl der Mitglieder der Partei, Wählergruppe oder Gruppierung im Amtsausschuß durch 1, 2 und 3 ergeben. Für die Wahl gilt § 39 Abs. 1 der Gemeindeordnung entsprechend.

(3) Werden während der Wahlzeit eine oder mehrere Wahlstellen frei, gilt für die Wahl der Nachfolgerin oder des Nachfolgers Absatz 2 entsprechend. Wird das Verlangen nach Absatz 2 Satz 1 gestellt, werden die Amtsvorsteherin oder der Amtsvorsteher und die Stellvertretenden in der nächsten Sitzung des Amtsausschusses neu gewählt; die bisherigen Amtsinhaberinnen und Amtsinhaber bleiben bis zur Neuwahl im Amt.

(4) Gruppierungen nach Absatz 2 Satz 1 Halbsatz 2 sind nur vorschlagsberechtigt, wenn ihre Bildung der amtierenden Amtsvorsteherin oder dem amtierenden Amtsvorsteher schriftlich und unter Benennung der die Gruppierung bildenden Mitglieder vor Beginn der Sitzung, in der die Amtsvorsteherin oder der Amtsvorsteher und die Stellvertretenden gewählt werden, angezeigt worden ist.

(5) Die dem Amtsausschuß angehörenden Bürgermeisterinnen und Bürgermeister, die nicht auf Vorschlag einer Partei oder Wählergruppe in die Gemeindevertretung gewählt sind, können sich bis zu Beginn der Sitzung, in der die Amtsvorsteherin oder der Amtsvorsteher und die Stellvertretenden gewählt werden, durch schriftliche Erklärung gegenüber der amtierenden Amtsvorsteherin oder dem amtierenden Amtsvorsteher den Mitgliedern einer Partei oder einer Wählergruppe oder einer Gruppierung nach Absatz 2 Satz 1 mit deren Zustimmung anschließen.

(6) Die Amtsvorsteherin oder der Amtsvorsteher und die Stellvertretenden werden für die Dauer ihrer Wahlzeit zu Ehrenbeamtinnen oder Ehrenbeamten ernannt. Die Amtsvorsteherin oder der Amtsvorsteher wird vom ältesten Mitglied des Amtsausschusses, die Stell-

vertretenden werden von der Amtsvorsteherin oder dem Amtsvorsteher in öffentlicher Sitzung des Amtsausschusses vereidigt und in ihr Amt eingeführt. Sie leisten den Beamteneid. Scheidet die Amtsvorsteherin oder Amtsvorsteher aus, erfolgt die Vereidigung und Einführung der Nachfolgerin oder des Nachfolgers durch die Stellvertreterin oder den Stellvertreter, in den Fällen des Absatzes 3 durch das älteste Mitglied.

(7) Nach Ablauf der allgemeinen Wahlzeit der Gemeindevertretungen bleibt die Amtsvorsteherin oder der Amtsvorsteher sowie die Stellvertretenden bis zum Zusammentritt des neu gebildeten Amtsausschusses im Amt. Danach nimmt das Mitglied des Amtsausschusses, das diesem ununterbrochen am längsten angehört (dienstältestes Mitglied), bei dessen Verhinderung das dann jeweils dienstälteste Mitglied des Amtsausschusses, die Aufgaben der Amtsvorsteherin oder des Amtsvorstehers bis zu deren oder dessen Wahl wahr. Bei gleicher ununterbrochener Zugehörigkeit zum Amtsausschuß entscheidet über den Vorsitz und die Stellvertretung das Los, das das älteste Mitglied zieht.

§ 12 Aufgaben der Amtsvorsteherin oder des Amtsvorstehers

(1) Die Amtsvorsteherin oder der Amtsvorsteher führt den Vorsitz im Amtsausschuß.

(2) Die Amtsvorsteherin oder der Amtsvorsteher leitet die Verwaltung des Amtes ehrenamtlich nach den Grundsätzen und Richtlinien des Amtsausschusses und im Rahmen der von ihm bereitgestellten Mittel. Sie oder er bereitet die Beschlüsse des Amtsausschusses vor und führt sie durch. Sie oder er ist für die sachliche Erledigung der Aufgaben und den Geschäftsgang der Verwaltung verantwortlich.

(3) Die Amtsvorsteherin oder der Amtsvorsteher ist Dienstvorgesetzte oder Dienstvorgesetzter der leitenden Verwaltungsbeamtin oder des leitenden Verwaltungsbeamten. § 10 Abs. 2 Satz 2 gilt entsprechend. Sie oder er kann Beamtinnen, Beamte und Angestellte des Amtes im Benehmen mit der leitenden Verwaltungsbeamtin oder dem leitenden Verwaltungsbeamten mit der Wahrnehmung bestimmter Angelegenheiten beauftragen; § 15 Abs. 3 Satz 1 bleibt unberührt.

(4) Dringende Maßnahmen, die sofort ausgeführt werden müssen, ordnet die Amtsvorsteherin oder der Amtsvorsteher für den Amtsausschuß und für die Ausschüsse an. Sie oder er darf diese Befugnis nicht übertragen. Die Gründe für die Eilentscheidung und die Art der Erledigung sind dem Amtsausschuß unverzüglich mitzuteilen. Der Amtsausschuß oder der Ausschuß kann die Eilentscheidung aufheben, soweit nicht bereits Rechte Dritter entstanden sind.

(5) Die Amtsvorsteherin oder der Amtsvorsteher führt die Aufgaben durch, die dem Amt zur Erfüllung nach Weisung übertragen sind. Sie oder er ist dafür der Aufsichtsbehörde verantwortlich. Soweit die Amtsvorsteherin oder der Amtsvorsteher bei der Durchführung dieser Aufgaben nach Ermessen handeln kann, kann sie oder er sich vom Amtsausschuß beraten lassen.

(6) Die Amtsvorsteherin oder der Amtsvorsteher, die leitende Verwaltungsbeamtin oder der leitende Verwaltungsbeamte und, soweit die Amtsvorsteherin oder der Amtsvorsteher dies bestimmt, andere Beamtinnen und Beamte und Angestellte des Amtes, sind berechtigt und auf Verlangen verpflichtet, an den Sitzungen der Gemeindevertretungen und ihrer Ausschüsse teilzunehmen. Der Amtsvorsteherin oder dem Amtsvorsteher und der leitenden Verwaltungsbeamtin oder dem leitenden Verwaltungsbeamten ist auf Wunsch das Wort zu erteilen; den beauftragten anderen Vertreterinnen und Vertretern der Amtsverwaltung kann das Wort erteilt werden. Die leitende Verwaltungsbeamtin oder der leitende Verwaltungsbeamte ist verpflichtet, in den Sitzungen Auskunft zu erteilen.

§ 13 Stellvertretung der Amtsvorsteherin oder des Amtsvorstehers

(1) Die Stellvertretenden vertreten die Amtsvorsteherin oder den Amtsvorsteher im Fall der Verhinderung in der Reihenfolge ihrer Wahl; § 15 Abs. 3 Satz 1 bleibt unberührt. § 33 Abs. 1 Satz 5 der Gemeindeordnung gilt entsprechend.

(2) Die Amtsvorsteherin oder der Amtsvorsteher darf mit einer oder einem der Stellvertretenden nicht in der Weise des § 22 Abs. 4 der Gemeindeordnung verbunden sein. Entsteht der Hinderungsgrund

während der Amtszeit, so scheidet die Stellvertreterin oder der Stellvertreter aus.

§ 14 Widerspruch gegen Beschlüsse des Amtsausschusses und seiner Ausschüsse

(1) Verletzt ein Beschluß des Amtsausschusses das Recht, so hat die Amtsvorsteherin oder der Amtsvorsteher dem Beschluß zu widersprechen[15]. Die Amtsvorsteherin oder der Amtsvorsteher kann dem Beschluß widersprechen, wenn der Beschluß das Wohl des Amtes gefährdet. Der Widerspruch muß innerhalb von zwei Wochen nach Beschlußfassung schriftlich eingelegt und begründet werden. Er ist an die erste Stellvertreterin oder den ersten Stellvertreter der Amtsvorsteherin oder des Amtsvorstehers zu richten und enthält die Aufforderung, den Beschluß aufzuheben. Der Amtsausschuß muß über die Angelegenheit in einer neuen Sitzung nochmals beschließen; bis dahin hat der Widerspruch aufschiebende Wirkung.

(2) Verletzt der Beschluß eines Ausschusses das Recht, so hat die Amtsvorsteherin oder der Amtsvorsteher dem Beschluß zu widersprechen. Der Widerspruch ist an die Vorsitzende oder an den Vorsitzenden des Ausschusses zu richten; im übrigen gilt Absatz 1 Satz 2 bis 4 entsprechend. Der Ausschuß muß über die Angelegenheit in einer neuen Sitzung nochmals beraten; bis dahin hat der Widerspruch aufschiebende Wirkung. Gibt der Ausschuß dem Widerspruch nicht statt, beschließt der Amtsausschuß über den Widerspruch. Das Recht des Amtsausschusses, die Entscheidung nach § 10 Abs. 1 Satz 3 an sich zu ziehen und den Beschluß aufzuheben, bleibt unberührt.

(3) Die leitende Verwaltungsbeamtin oder der leitende Verwaltungsbeamte ist verpflichtet, die Amtsvorsteherin oder den Amtsvorsteher rechtzeitig auf rechtliche Bedenken gegen beabsichtigte oder getroffene Entscheidungen hinzuweisen.

---

15) Der Amtsvorsteher haftet, wenn er gegen die Widerspruchspflicht verstößt für Schäden nach § 94 LBG. Die ausdrückliche Haftungsregelung des § 14 Abs. 3 AmtsO a. F. wurde durch das Änderungsgesetz zur Amtsordnung vom 28. 12. 1993 (GVOBl. 1994 S. 2) aufgehoben. Vgl. dazu auch die Anm. zu § 43 GO.

§ 15 Leitende Verwaltungsbeamtin, leitender Verwaltungsbeamter

(1) Die leitende Verwaltungsbeamtin oder der leitende Verwaltungsbeamte des Amtes muß die für ihr oder sein Amt erforderliche Eignung, Befähigung und Sachkunde besitzen. Sie oder er muß die Laufbahnprüfung für den gehobenen allgemeinen Verwaltungsdienst abgelegt haben oder eine Laufbahnbefähigung besitzen, die als Befähigung für die Laufbahn des gehobenen allgemeinen Verwaltungsdienstes anerkannt ist. Abweichend von Satz 2 kann in Ämtern mit mehr als 8000 Einwohnerinnen und Einwohnern oder mit mindestens 15 amtsangehörigen Gemeinden zur leitenden Verwaltungsbeamtin oder zum leitenden Verwaltungsbeamten bestellt werden, wer die Laufbahnbefähigung für den höheren allgemeinen Verwaltungsdienst oder eine als gleichwertig anerkannte Laufbahnbefähigung besitzt. Der Beschluß des Amtsausschusses, eine leitende Verwaltungsbeamtin oder einen leitenden Verwaltungsbeamten des Amtes zu bestellen, ist der Kommunalaufsichtsbehörde binnen einer Woche anzuzeigen; dabei sind die Bewerbungsunterlagen vorzulegen.

(2) Die leitende Verwaltungsbeamtin oder der leitende Verwaltungsbeamte ist Dienstvorgesetzte oder Dienstvorgesetzter der Beamtinnen und Beamten, Angestellten sowie Arbeiterinnen und Arbeiter des Amtes. Sie oder er führt die Geschäfte der laufenden Verwaltung und berät die ehrenamtlichen Bürgermeisterinnen und Bürgermeister unter der Leitung der Amtsvorsteherin oder des Amtsvorstehers und nach näherer Regelung in der Hauptsatzung; § 17 bleibt unberührt.

(3) Die leitende Verwaltungsbeamtin oder der leitende Verwaltungsbeamte vertritt die Amtsvorsteherin oder den Amtsvorsteher bei der Durchführung der Aufgaben, die dem Amt zur Erfüllung nach Weisung übertragen sind. § 12 Abs. 5 Satz 2 und 3 gilt entsprechend.

VIERTER TEIL: Weitere Grundsätze für die Verwaltung der
Ämter

§ 16 Dienstkräfte der amtsangehörigen Gemeinden

Eine amtsangehörige Gemeinde, die die Geschäfte des Amtes führt
(§ 1 Abs. 3), kann eigene Dienstkräfte einstellen; § 15 Abs. 1 gilt entsprechend. Wenn eine andere amtsangehörige Gemeinde Dienstkräfte beschäftigt, ermäßigt sich die Aufwandsentschädigung der
Bürgermeisterin oder des Bürgermeisters nach der Festsetzung der
Kommunalaufsichtsbehörde bis auf die Hälfte[16].

§ 17 Gesetzliche Vertretung

(1) Die Amtsvorsteherin oder der Amtsvorsteher ist die gesetzliche
Vertreterin oder der gesetzliche Vertreter des Amtes.

(2) Erklärungen, durch die das Amt verpflichtet werden soll, bedürfen der Schriftform. Sie sind von der Amtsvorsteherin oder dem
Amtsvorsteher, für deren oder dessen Vertretung § 13 Abs. 1 und 2
gilt, sowie einem der Stellvertretenden handschriftlich zu unterzeichnen und mit dem Dienstsiegel zu versehen[17].

(3) Wird für ein Geschäft oder für einen Kreis von Geschäften eine
Bevollmächtigte oder ein Bevollmächtigter bestellt, so bedarf die
Vollmacht der Form nach Absatz 2. Die im Rahmen dieser Vollmacht
abgegebenen Erklärungen bedürfen der Schriftform.

(4) Die Absätze 2 und 3 gelten nicht, wenn der Wert der Leistung des
Amtes einen in der Hauptsatzung bestimmten Betrag nicht übersteigt.

§ 18 Haushalts- und Wirtschaftsführung der Ämter

Für die Haushalts- und Wirtschaftsführung der Ämter gelten die Vorschriften des Gemeinderechts entsprechend.

---

16) Näheres in § 11 Abs. 2 **EntschädigungsVO**, abgedruckt im **Anhang 6.5**.
17) Zur Wirksamkeit von Geschäften, die die Formvorschrift nicht beachten, vgl. OLG Schleswig, Urteil v. 20. 3. 1985 – 4 U 181/83 – Gemeinde 1985/214.

§ 19 Kommunalaufsicht

(1) Das Land übt die Aufsicht darüber aus, daß die Ämter ihre Aufgaben rechtmäßig erfüllen; die Fachaufsicht in Aufgaben zur Erfüllung nach Weisung bleibt unberührt. Die Kommunalaufsichtsbehörden sollen die Ämter vor allem beraten und unterstützen.

(2) Kommunalaufsichtsbehörde ist die Landrätin oder der Landrat. Oberste Kommunalaufsichtsbehörde ist die Innenministerin oder der Innenminister.

(3) § 121 Abs. 3 und 4 und die §§ 122 bis 131 der Gemeindeordnung gelten entsprechend.

FÜNFTER TEIL: Finanzierung der Ämter

§ 20 *(entfällt[18])*

§ 21 Kosten in besonderen Fällen

(1) Soweit das Amt Träger von Selbstverwaltungsaufgaben ist, hat es die ihm entstehenden Zweckausgaben auf die beteiligten Gemeinden umzulegen. Die Umlage soll in der Regel nach dem Verhältnis des Nutzens der beteiligten Gemeinden bemessen werden (Umlagegrundlage). Der Amtsausschuß setzt die Umlagegrundlage im Benehmen mit den beteiligten Gemeinden fest. Sind alle Gemeinden beteiligt, soll die Umlage nach den Vorschriften des Finanzausgleichsgesetzes erhoben werden (Zusatzamtsumlage).

(2) Führt das Amt nach § 3 Abs. 1 für eine Gemeinde die Verwaltungsgeschäfte einer Einrichtung, so ist für die Gebührenfestsetzung von der Gemeinde der Verwaltungsaufwand in Höhe des vom Amt festgesetzten Verwaltungskostenanteils zu berücksichtigen und dem Amt zu erstatten.

---

18) Gestrichen durch Gesetz vom 19. 12. 1983 (GVOBl. S. 61). Das Land stellte nach dieser Vorschrift jährlich einen Betrag bereit, der dazu bestimmt war, den Ämtern die Erledigung der bisher übertragenen, nach Weisung zu erfüllenden, Aufgaben zu erleichtern.

§ 22 Amtsumlage

(1) Soweit andere Einnahmen den Finanzbedarf der Ämter nicht decken, ist eine Umlage von den amtsangehörigen Gemeinden, gemeindefreien Grundstücken und Gutsbezirken zu erheben (Amtsumlage).

(2) Die Amtsumlage wird nach den Vorschriften des Finanzausgleichsgesetzes erhoben[19].

SECHSTER TEIL: Besondere Bestimmungen

§ 22 a Gleichstellungsbeauftragte

(1) Zur Verwirklichung des Grundrechts der Gleichberechtigung von Mann und Frau haben die Ämter Gleichstellungsbeauftragte zu bestellen. Die Gleichstellungsbeauftragte ist in Ämtern mit mehr als 10 000 Einwohnerinnen und Einwohnern grundsätzlich hauptamtlich tätig; das Nähere regelt die Hauptsatzung. Die Hauptsatzung soll im übrigen bestimmen, daß die Gleichstellungsbeauftragte in Ausübung ihrer Tätigkeit unabhängig ist und an den Sitzungen des Amtsausschusses und der Ausschüsse teilnehmen kann. Ihr ist in Angelegenheiten ihres Aufgabenbereichs auf Wunsch das Wort zu erteilen. Die Bestellung der Gleichstellungsbeauftragten kann mit der Zustimmung der Mehrheit der gesetzlichen Zahl der Mitglieder des Amtsausschusses oder in entsprechender Anwendung des § 626 BGB widerrufen werden.

(2) Die Verpflichtung des Amtes zur Bestellung einer Gleichstellungsbeauftragten nach Absatz 1 geht in den Fällen des § 1 Abs. 3 Satz 2 Nr. 1 auf die geschäftsführende Gemeinde über. Die Gleichstellungsbeauftragte der geschäftsführenden Gemeinde hat die Rechte einer Gleichstellungsbeauftragten des Amtes. § 23 Abs. 1 Satz 1 findet keine Anwendung.

(3) Absatz 2 Satz 1 und 2 gilt in den Fällen des § 1 Abs. 3 Satz 2 Nr. 2 entsprechend. Die Gleichstellungsbeauftragte ist in diesen Fällen

---

19) Geregelt durch § 31 Finanzausgleichsgesetz i. d. F. der Bekanntmachung vom 1. März 1991 (GVOBl. S. 119), zuletzt geändert durch Gesetz vom 2. Februar 1994 (GVOBl. S. 119).

grundsätzlich hauptamtlich tätig, wenn die Gesamtzahl der Einwohnerinnen und Einwohner der an der Verwaltungsgemeinschaft Beteiligten 10 000 übersteigt. § 19 a Abs. 1 Satz 2 Halbsatz 2 des Gesetzes über kommunale Zusammenarbeit findet keine Anwendung.

(4) Die Hauptsatzungen der amtsangehörigen Gemeinden sollen bestimmen, daß die Gleichstellungsbeauftragte an den Sitzungen der Gemeindevertretungen und der Ausschüsse dieser Gemeinden teilnehmen kann. Ihr ist dort in Angelegenheiten ihres Aufgabenbereichs auf Wunsch das Wort zu erteilen.

§ 23 Geschäftsführung des Amtes durch eine amtsangehörige Gemeinde, Verwaltungsgemeinschaft

(1) Nimmt das Amt die Verwaltung einer größeren amtsangehörigen Gemeinde in Anspruch (§ 1 Abs. 3), kann die Amtsvorsteherin oder der Amtsvorsteher fachliche Weisungen erteilen. § 10 Abs. 3 und § 12 Abs. 2 Satz 3 Halbsatz 2 gilt hierfür nicht. Für die geschäftsführende Gemeinde gelten § 3 Abs. 1 und § 4 Abs. 1 bis 3 nicht; im übrigen bleiben die Rechte und Pflichten des Amtes als Träger von Aufgaben unberührt. Die Bürgermeisterin oder der Bürgermeister der geschäftsführenden Gemeinde hat die Rechte und Pflichten einer leitenden Verwaltungsbeamtin oder eines leitenden Verwaltungsbeamten des Amtes.

(2) Die geschäftsführende Gemeinde kann dem Amt durch öffentlich-rechtlichen Vertrag weitergehende Rechte, insbesondere bei der Bestellung von Dienstkräften, einräumen.

(3) Bei Bildung einer Verwaltungsgemeinschaft nach § 1 Abs. 3 Satz 2 Nr. 2 haben die Bürgermeisterin oder der Bürgermeister der geschäftsführenden Gemeinde und die leitende Verwaltungsbeamtin oder der leitende Verwaltungsbeamte des geschäftsführenden Amtes abweichend von § 19 a Abs. 3 des Gesetzes über kommunale Zusammenarbeit die Rechte und Pflichten einer leitenden Verwaltungsbeamtin oder eines leitenden Verwaltungsbeamten des auf eigene Dienstkräfte und Verwaltungseinrichtungen verzichtenden Amtes.

§ 24 Überkommene Aufgaben in den Kreisen Nordfriesland und Dithmarschen

(1) Die Ämter (Kirchspielslandgemeinden) der Kreise Nordfriesland und Dithmarschen führen auch die Aufgaben weiter, die sie bei Inkrafttreten dieses Gesetzes über die §§ 3, 4 und 5 hinaus wahrnehmen (überkommene Aufgaben). Die amtsangehörigen Gemeinden können die Rückübertragung dieser Aufgaben verlangen.

(2) Für die Kosten dieser Aufgaben gilt § 21.

SIEBENTER TEIL: Schlußbestimmungen

§ 24 a Entsprechende Anwendung der Gemeindeordnung

Folgende Vorschriften der Gemeindeordnung gelten entsprechend, wobei an die Stelle der Gemeindevertretung der Amtsausschuß und an die Stelle der oder des Vorsitzenden der Gemeindevertretung und der Bürgermeisterin oder des Bürgermeisters die Amtsvorsteherin oder der Amtsvorsteher treten:

§ 4	(Satzungen),
§ 7	(Organe),
§ 16 a	(Unterrichtung der Einwohnerinnen und Einwohner)
§ 16 c	(Einwohnerfragestunde, Anhörung),
§ 16 d	(Hilfe bei Verwaltungsangelegenheiten),
§ 16 e	(Anregungen und Beschwerden),
§ 17 Abs. 2 und 3	(Anschluß- und Benutzungszwang),
§ 18	(Öffentliche Einrichtungen),
§§ 19 bis 23	(Ehrenamt, ehrenamtliche Tätigkeit),
§ 24	(Entschädigungen, Ersatz für Sachschäden),
§ 24 a	(Kündigungsschutz),
§ 25	(Vertretung der Gemeinde in Vereinigungen),
§ 26 Abs. 2	(Verleihung einer Ehrenbezeichnung),
§ 27 Abs. 2	(Unterrichtung der Gemeindevertretung),
§ 28	(Vorbehaltene Aufgaben),
§ 29	(Zuständigkeit bei Interessenwiderstreit),
§ 30	(Kontrollrecht),
§ 32	(Rechte und Pflichten),

§ 34	(Einberufung, Geschäftsordnung),
§ 37	(Verhandlungsleitung),
§ 38	(Beschlußfähigkeit),
§ 39	(Beschlußfassung),
§ 40 Abs. 1 bis 3	(Wahlen durch die Gemeindevertretung),
§ 40 a	(Abberufung durch die Gemeindevertretung),
§ 41	(Niederschrift) und
§ 42	(Ordnung in den Sitzungen).

§ 25   Ordnungswidrigkeiten

(1)   Ordnungswidrig handelt, wer als Mitglied des Amtsausschusses oder als Bürgerin oder Bürger, die oder der nach § 10 a Abs. 2 einem Ausschuß des Amtsausschusses angehört, vorsätzlich oder fahrlässig

1. entgegen der Entscheidung nach den §§ 24 a und 10 a Abs. 5 dieses Gesetzes in Verbindung mit § 23 der Gemeindeordnung Ansprüche Dritter gegen das Amt geltend macht,

2. eine Weisung des Amtes nach den §§ 24 a und 10 a Abs. 5 dieses Gesetzes in Verbindung mit § 25 der Gemeindeordnung nicht befolgt oder

3. ohne triftigen Grund einer Sitzung des Amtsausschusses oder eines seiner Ausschüsse fernbleibt.

(2)   Ordnungswidrig handelt, wer als ehrenamtlich tätige Bürgerin oder als ehrenamtlich tätiger Bürger vorsätzlich oder fahrlässig

1. entgegen der Entscheidung nach § 24 a dieses Gesetzes in Verbindung mit § 23 der Gemeindeordnung Ansprüche Dritter gegen das Amt geltend macht oder

2. eine Weisung des Amtes nach § 24 a dieses Gesetzes in Verbindung mit § 25 der Gemeindeordnung nicht befolgt.

(3)   Ordnungswidrig handelt, wer als Mitglied des Amtsausschusses, als Bürgerin oder Bürger, die oder der nach § 10 a Abs. 2 einem Ausschuß des Amtsausschusses angehört, oder als ehrenamtlich tätige Bürgerin oder ehrenamtlich tätiger Bürger

1. es vorsätzlich unterläßt, einen Ausschließungsgrund mitzuteilen (§ 24 a dieses Gesetzes in Verbindung mit § 22 Abs. 4 Satz 1 der Gemeindeordnung) oder

2. vorsätzlich gegen die Verschwiegenheitspflicht (§ 24 a dieses Gesetzes in Verbindung mit § 21 Abs. 2 der Gemeindeordnung) verstößt, soweit die Tat nicht nach § 203 Abs. 2 oder § 353 b des Strafgesetzbuches bestraft werden kann.

(4) Ordnungswidrig handelt, wer als Bürgerin oder Bürger vorsätzlich oder fahrlässig ohne wichtigen Grund die Übernahme eines Ehrenamtes oder einer ehrenamtlichen Tätigkeit ablehnt oder die Ausübung verweigert.

(5) Ordnungswidrig handelt, wer vorsätzlich oder fahrlässig einer Satzung über die Benutzung einer öffentlichen Einrichtung zuwiderhandelt, soweit die Satzung für einen bestimmten Tatbestand auf diese Bußgeldvorschrift verweist.

(6) Die Ordnungswidrigkeit kann mit einer Geldbuße geahndet werden.

(7) Verwaltungsbehörde nach § 36 Abs. 1 Nr. 1 des Gesetzes über Ordnungswidrigkeiten ist die Amtsvorsteherin oder der Amtsvorsteher. Die Ordnungswidrigkeiten nach den Absätzen 1 und 3 der Mitglieder des Amtsausschusses und der Mitglieder eines Ausschusses nach § 10 a Abs. 2 werden nur auf Antrag des Amtsausschusses verfolgt. Für die Antragsfrist und die Zurücknahme des Antrags gelten die §§ 77 b und 77 d des Strafgesetzbuchs entsprechend.

§ 26 Durchführungsbestimmungen

Die Innenministerin oder der Innenminister wird ermächtigt, durch Verordnung nähere Bestimmungen zu treffen über

1. den Schriftkopf im Schriftverkehr des Amtes,

---

20) Landesverordnung über die Entschädigung der in den Gemeinden, Kreisen und Ämtern tätigen Ehrenbeamtinnen und Ehrenbeamten, Bürgerinnen und Bürger vom 18. 9. 1996 (GVOBl. S. 596), geändert durch VO vom 9. 4. 1997 (GVOBl. S. 273), abgedruckt unter Nr. 6.4 im Anhang.

2. das Verfahren bei der Änderung und Auflösung von Ämtern und

3. die Gewährung von Entschädigungen[20] an Ehrenbeamtinnen und -beamte, ehrenamtlich tätige Bürgerinnen und Bürger, ehrenamtlich tätige Gleichstellungsbeauftragte, Mitglieder des Amtsausschusses und Ausschußmitglieder nach § 10a Abs. 2, insbesondere über

   a) die pauschalierte Erstattung von Auslagen, entgangenem Arbeitsverdienst, Verdienstausfallentschädigung für Selbständige, Entschädigung für Abwesenheit vom Haushalt und Reisekosten,

   b) die Höchstbeträge für pauschalierte Entschädigungen, insbesondere für Aufwandsentschädigungen und

   c) die Wirkung des Rückgangs der Einwohnerzahl auf die Höhe der Entschädigung;

   dabei sind die Einwohnerzahlen der Ämter zu berücksichtigen. Die Höhe der Entschädigungen nach Buchstabe b) ist nach Ablauf der ersten Hälfte der Wahlzeit der kommunalen Vertretungen anzupassen. Grundlage dafür ist die Preisentwicklung ausgewählter Waren und Leistungen im Preisindex für die Lebenshaltung aller privaten Haushalte im vorausgegangenen Jahr.

§ 26 a Weiterentwicklung der kommunalen Selbstverwaltung (Experimentierklausel)

Zur Erprobung neuer Steuerungsmodelle, zur Weiterentwicklung der kommunalen Selbstverwaltung auch in der grenzüberschreitenden kommunalen Zusammenarbeit sowie zur Weiterentwicklung der wirtschaftlichen Betätigung und der privatrechtlichen Beteiligung der Ämter kann das Innenministerium im Einzelfall zeitlich begrenzte Ausnahmen von organisations- und gemeindewirtschaftsrechtlichen Vorschriften des Gesetzes oder der zur Durchführung ergangenen Verordnungen sowie von den ausschließlich für die Mitarbeiterinnen und Mitarbeiter der kommunalen Körperschaften geltenden dienstrechtlichen Vorschriften des Landes zulassen.

Gesetz über kommunale Zusammenarbeit (GkZ)

in der Fassung vom 1. April 1996 (GVOBl. Schl.-H. S. 382)

Inhaltsverzeichnis

ERSTER TEIL: Grundsätze und Formen kommunaler Zusammenarbeit

§ 1

(1) Zur Erfüllung öffentlicher Aufgaben, die über die Grenzen von Gemeinden, Ämtern und Kreisen hinauswirken, haben die beteiligten Körperschaften zusammenzuarbeiten.

(2) Der gemeinsamen Erfüllung öffentlicher Aufgaben dienen neben den kommunalverfassungsrechtlich geordneten Formen der kommunalen Zusammenarbeit Zweckverbände, öffentlich-rechtliche Vereinbarungen und Verwaltungsgemeinschaften. Vorschriften über besondere Formen kommunaler Zusammenarbeit bleiben unberührt.

ZWEITER TEIL: Der Zweckverband

§ 2 Aufgaben und Verbandsmitglieder

(1) Gemeinden, Ämter und Kreise können sich zu Zweckverbänden zusammenschließen und ihnen einzelne oder mehrere zusammenhängende Aufgaben der öffentlichen Verwaltung übertragen.

Aufgaben zur Erfüllung nach Weisung können Zweckverbänden nur mit Zustimmung der Bürgermeisterinnen und Bürgermeister, Amtsvorsteherinnen und Amtsvorsteher oder Landrätinnen und Landräte der betroffenen Gemeinden, Ämter oder Kreise übertragen werden.

(2) Neben Gemeinden, Ämtern oder Kreisen können auch andere Körperschaften des öffentlichen Rechts sowie Anstalten und Stiftungen des öffentlichen Rechts Verbandsmitglieder sein, soweit nicht die für sie geltenden besonderen Vorschriften die Beteiligung ausschließen oder beschränken. Ebenso können natürliche Personen und juristische Personen des Privatrechts Verbandsmitglieder sein, wenn die Erfüllung der Verbandsaufgaben dadurch gefördert wird und Gründe des öffentlichen Wohls nicht entgegenstehen.

(3) Zweckverbände dürfen nicht gebildet werden, soweit Gemeinden dem Amt nach § 5 Abs. 1 der Amtsordnung Aufgaben übertragen können[1].

§ 3 Aufgabenübertragung

(1) Das Recht und die Pflicht der an einem Zweckverband beteiligten Gemeinden, Ämter und Kreise zur Erfüllung der Aufgaben der öffentlichen Verwaltung, die dem Zweckverband übertragen sind, gehen einschließlich des Satzungs- und Verordnungsrechts auf den Zweckverband über. Die Verbandssatzung kann das Recht, für alle oder bestimmte Verbandsmitglieder Satzungen und Verordnungen zu erlassen, ausschließen.

(2) Bestehende Mitgliedschaften oder Beteiligungen der Gemeinden, Ämter und Kreise in oder an Unternehmen und Verbänden, die der gleichen oder einer ähnlichen Aufgabe dienen wie der Zweckverband, bleiben unberührt. Hat nach der Verbandssatzung der Zweckverband anzustreben, solche Mitgliedschaften der Beteiligungen anstelle seiner Verbandsmitglieder zu übernehmen, so sind die einzelnen Verbandsmitglieder zu den erforderlichen Rechtshandlungen verpflichtet.

---

1) Gilt nicht für Schulverbände nach § 73 SchulG i. d. F. vom 2. 8. 1990 (GVOBl. S. 452).

§ 4   Rechtsnatur

Der Zweckverband ist Körperschaft des öffentlichen Rechts ohne Gebietshoheit[2].

§ 5   Errichtung des Zweckverbands, Verbandssatzung

(1)   Der Zweckverband wird durch öffentlich-rechtlichen Vertrag der Beteiligten errichtet.

(2)   Die Verfassung des Zweckverbands soll entsprechend seiner Aufgabenstellung ausgestaltet sein.

(3)   Die Verbandsmitglieder vereinbaren eine Verbandssatzung[3], die der Zweckverband erläßt.

(4)   Die Verbandssatzung muß bestimmen

1. den Namen und Sitz des Zweckverbands,

2. die Aufgaben,

3. die Verbandsmitglieder und ihr Stimmrecht,

4. die Organe des Zweckverbands,

5. die Zahl und Amtszeit der Mitglieder der Verbandsorgane,

6. das Nähere der örtlichen Bekanntmachung,

7. die Entschädigung im Rahmen der nach § 13 Abs. 5 erlassenen Verordnung,

8. den Maßstab, nach dem die Verbandsmitglieder zur Deckung des Finanzbedarfs beizutragen haben,

9. das Verfahren bei Ausscheiden eines Verbandsmitglieds und die Auseinandersetzung bei Aufhebung des Verbandes.

(5)   Der öffentlich-rechtliche Vertrag und die Verbandssatzung bedürfen der Genehmigung der Aufsichtsbehörde.

(6)   Soweit nicht das Gesetz etwas anderes bestimmt oder zuläßt, gelten für den Zweckverband die Vorschriften für Gemeinden entsprechend, insbesondere folgende Vorschriften der Gemeindeord-

---

2) OVG Lüneburg U. v. 19. 10. 1978 – III A 184/78 – Die Gemeinde 1979/178.
3) Vgl. Satzungsmuster für Verbandssatzungen der Zweckverbände, RdErl. d. IM v. 16. 9. 1997, Amtsbl. SH S. 411 ff.

nung, wobei an die Stelle der Gemeindevertretung die Verbandsversammlung, an die Stelle der oder des Vorsitzenden der Gemeindevertretung und der Bürgermeisterin oder des Bürgermeisters die oder der Vorsitzende der Verbandsversammlung und die Verbandsvorsteherin oder der Verbandsvorsteher sowie an die Stelle einer Stadträtin oder eines Stadtrats ein hauptamtliches Vorstandsmitglied tritt:

§ 4	Abs. 1 Satz 1 und Abs. 2 (Satzungen),
§ 12	Abs. 1 (Dienstsiegel),
§ 16a	(Unterrichtung der Einwohnerinnen und Einwohner),
§ 16c	(Einwohnerfragestunde, Anhörung),
§ 16e	(Anregungen und Beschwerden),
§ 17	Abs. 2 und 3 (Anschluß- und Benutzungszwang),
§ 18	(Öffentliche Einrichtungen),
§§ 19 bis 23	(Ehrenamt, ehrenamtliche Tätigkeit),
§ 24	(Entschädigungen, Ersatz für Sachschäden[4]),
§ 24a	(Kündigungsschutz),
§ 25	(Vertretung der Gemeinde in Vereinigungen),
§ 27	Abs. 2 und 4 (Unterrichtung der Gemeindevertretung, oberste Dienstbehörde, Dienstvorgesetzte oder Dienstvorgesetzter der Bürgermeisterin oder des Bürgermeisters und der Stellvertretenden),
§ 29	(Zuständigkeit bei Interessenwiderstreit),
§ 30	(Kontrollrecht),
§ 32	Abs. 3 und 4 (Rechte und Pflichten der Gemeindevertreterinnen und -vertreter),
§ 33	Abs. 5 bis 7 (Vorsitzende oder Vorsitzender der Gemeindevertretung),
§ 34	(Einberufung, Geschäftsordnung),
§ 36	(Rechte und Pflichten der Bürgermeisterin oder des Bürgermeisters und der Magistratsmitglieder in den Sitzungen der Gemeindevertretung),
§ 37	(Verhandlungsleitung),
§ 38	(Beschlußfähigkeit),
§ 39	(Beschlußfassung),
§ 40	Abs. 1 bis 3 (Wahlen),

---

4) ZweckverbandsentschädigungsVO **im Anhang** unter 6.5 abgedruckt.

§ 40a   (Abberufung),
§ 41   (Niederschrift),
§ 42   (Ordnung in Sitzungen),
§§ 43 und 47 Abs. 1 und 3 (Widerspruch gegen Beschlüsse),
§ 45   Abs. 1, 3 und 4 (Aufgaben und Einrichtung der Aus-
                schüsse) und
§ 46   Abs. 2, 3, 5 bis 8, 10 und 11 (Mitglieder und Geschäfts-
                ordnung der Ausschüsse).

(7) Stehen einem Verbandsmitglied nach der Verbandssatzung mehrere Stimmen zu, tritt für die Berechnung von Mehrheiten die Zahl der Stimmen an die Stelle der Vertreterinnen und Vertreter in der Verbandsversammlung.

§ 6 Ausgleich

Neben der Verbandssatzung können die Beteiligten schriftlich vereinbaren, daß Vorteile und Nachteile, die sich für sie aus der Bildung des Zweckverbandes oder späteren Veränderungen ergeben, ausgeglichen werden.

§ 7 Pflichtverband und Pflichtanschluß

Die Aufsichtsbehörde kann Gemeinden, Ämter und Kreise zur gemeinsamen Erfüllung einzelner Aufgaben, die ihnen durch Gesetz übertragen worden sind, zu einem Zweckverband zusammenschließen (Pflichtverband) oder einem bestehenden Zweckverband anschließen (Pflichtanschluß), wenn die Betroffenen allein nicht in der Lage sind, die Aufgabe wahrzunehmen. Vor der Entscheidung hat die Aufsichtsbehörde den Beteiligten Gelegenheit zu geben, sich zu äußern. § 5 Abs. 2 bis 7 und § 6 gelten entsprechend. Vereinbaren die Beteiligten nicht innerhalb einer angemessenen Frist die Verbandssatzung, so erläßt sie die Aufsichtsbehörde.

§ 8 Organe

Organe des Zweckverbandes sind die Verbandsversammlung und die Verbandsvorsteherin oder der Verbandsvorsteher. Die Verbandssatzung kann als weiteres Organ einen Verbandsvorstand vorsehen.

§ 9 Verbandsversammlung

(1) Die Verbandsversammlung ist das oberste Organ des Zweckverbandes.

(2) Die Verbandsversammlung besteht aus den Bürgermeisterinnen und Bürgermeistern, Amtsvorsteherinnen und Amtsvorstehern sowie Landrätinnen und Landräten der verbandsangehörigen Gemeinden, Ämter und Kreise sowie den Vertreterinnen und Vertretern anderer Verbandsmitglieder. Die Verbandssatzung kann anstelle der Bürgermeisterin oder des Bürgermeisters eine Stadträtin oder einen Stadtrat mit einem bestimmten Sachgebiet zur Vertreterin oder zum Vertreter der Stadt in der Verbandsversammlung bestimmen. Die Verbandsmitglieder können nach Maßgabe der Verbandssatzung weitere Vertreterinnen und Vertreter entsenden.

(3) Die weiteren Vertreterinnen und Vertreter werden von ihren Vertretungskörperschaften für deren Wahlzeit gewählt. Die Wahl muß binnen zwei Monaten nach dem Tag der Gemeindewahl durchgeführt werden. Für die Wahl der weiteren Vertreterinnen und Vertreter der Gemeinden und Kreise gelten § 46 Abs. 1 und § 40 der Gemeindeordnung entsprechend. Wird die Wahl nach § 40 Abs. 4 der Gemeindeordnung durchgeführt, so wird die ehrenamtliche Bürgermeisterin oder der ehrenamtliche Bürgermeister auf den Wahlvorschlag der Fraktion angerechnet, der sie oder er im Zeitpunkt der Wahl angehört.

(4) Für die weiteren Vertreterinnen und Vertreter können Stellvertretende gewählt werden. Die Verbandssatzung bestimmt die Zahl der Stellvertretenden und die Art der Vertretung.

(5) Scheidet eine oder einer von mehreren weiteren Vertreterinnen und Vertretern eines Verbandsmitglieds aus der Verbandsversammlung aus, wird die Nachfolgerin oder der Nachfolger nach § 40 Abs. 3 der Gemeindeordnung gewählt; jede Fraktion kann verlangen, daß alle Wahlstellen von weiteren Vertreterinnen und Vertretern neu besetzt werden; in diesem Fall verlieren die weiteren Vertreterinnen und Vertreter zu Beginn der nächsten Sitzung der Vertretungskörperschaft ihre Wahlstellen. Satz 1 Halbsatz 2 gilt nicht, wenn die Wahlstelle einer Stellvertreterin oder eines Stellvertreters frei wird. Wer freiwillig ausscheidet, kann in die Verbandsversammlung nicht wieder gewählt werden.

(6) Die Vertreterinnen und Vertreter anderer Verbandsmitglieder (§ 2 Abs. 2) werden für dieselbe Zeit in die Verbandsversammlung entsandt wie die weiteren Vertreterinnen und Vertreter der Gemeinden und Kreise.

(7) Die Vertreterinnen und Vertreter in der Verbandsversammlung handeln in ihrer Tätigkeit nach ihrer freien, durch das öffentliche Wohl bestimmten Überzeugung. Die Verbandsmitglieder können ihren Vertreterinnen und Vertretern in der Verbandsversammlung in folgenden Angelegenheiten Weisungen erteilen:

1. Wahlen zu den Verbandsorganen,

2. Bestellung einer hauptamtlichen Verbandsvorsteherin oder eines hauptamtlichen Verbandsvorstehers oder eines anderen hauptamtlichen Vorstandsmitglieds,

3. Änderung der Verbandssatzung,

4. Beratung der Jahresrechnung,

5. Festsetzung von Umlagen und Stammkapital.

Die Vertreterinnen und Vertreter der Verbandsmitglieder üben ihr Amt nach Ablauf ihrer Amtszeit bis zum Amtsantritt ihrer Nachfolgerinnen und Nachfolger weiter aus.

(8) Die Sitzungen der Verbandsversammlung sind öffentlich. § 35 der Gemeindeordnung gilt entsprechend.

(9) Zu ihrer ersten Sitzung nach der Errichtung des Zweckverbands wird die Verbandsversammlung durch die Aufsichtsbehörde einberufen. Die Verbandsversammlung wählt in ihrer ersten Sitzung unter Leitung des ältesten Mitglieds aus ihrer Mitte ihre Vorsitzende oder ihren Vorsitzenden und unter Leitung der oder des Vorsitzenden die Stellvertretenden.

§ 10 Aufgaben der Verbandsversammlung

Die Verbandsversammlung trifft alle für den Zweckverband wichtigen Entscheidungen und überwacht ihre Durchführung. Sie kann die Entscheidung auf die Verbandsvorsteherin oder den Verbandsvorsteher, den Verbandsvorstand und auf Ausschüsse übertragen; die Übertragungsbefugnis ist in entsprechender Anwendung des § 28 der Gemeindeordnung beschränkt.

§ 11 Gesetzliche Vertretung

(1) Die Verbandsvorsteherin oder der Verbandsvorsteher ist die gesetzliche Vertreterin oder der gesetzliche Vertreter des Zweckverbandes.

(2) Erklärungen, durch die der Zweckverband verpflichtet werden soll, bedürfen der Schriftform. Sie sind von der Verbandsvorsteherin oder dem Verbandsvorsteher, für deren oder dessen Vertretung § 12 Abs. 1 gilt, sowie einer oder einem der Stellvertretenden handschriftlich zu unterzeichnen und mit dem Dienstsiegel zu versehen.

(3) Wird für ein Geschäft oder für einen Kreis von Geschäften eine Bevollmächtigte oder ein Bevollmächtigter bestellt, so darf die Vollmacht der Form des Absatzes 2. Die im Rahmen dieser Vollmacht abgegebenen Erklärungen bedürfen der Schriftform.

(4) Die Absätze 2 und 3 gelten nicht, wenn der Wert der Leistung des Zweckverbands einen in der Verbandssatzung bestimmten Betrag nicht übersteigt.

§ 12 Verbandsvorsteherin oder Verbandsvorsteher, Verbandsvorstand

(1) Die Verbandsversammlung wählt aus ihrer Mitte für die Dauer ihrer Wahlzeit die Verbandsvorsteherin oder den Verbandsvorsteher und nach näherer Regelung in der Verbandssatzung eine Stellvertreterin oder einen Stellvertreter oder mehrere Stellvertretende; § 33 Abs. 1 Satz 4 und 5, § 57c Abs. 2 und 4 sowie § 58 der Gemeindeordnung gelten entsprechend. Die Verbandsvorsteherin oder der Verbandsvorsteher und ihre oder seine Stellvertretenden dürfen nicht demselben Verbandsmitglied angehören.

(2) Die Verbandsvorsteherin oder der Verbandsvorsteher und ihre oder seine Stellvertretenden werden für die Dauer ihrer Wahlzeit zu Ehrenbeamtinnen oder -beamten ernannt. Sie bleiben bis zum Amtsantritt ihrer Nachfolgerinnen und Nachfolger im Amt.

(3) Die Verbandsvorsteherin oder der Verbandsvorsteher leitet die Verwaltung des Zweckverbands nach den Grundsätzen und Richtlinien der Verbandsversammlung und im Rahmen der von ihr bereitgestellten Mittel. Sie oder er bereitet die Beschlüsse der Verbandsver-

sammlung und des Verbandsvorstands vor und führt sie durch. Sie oder er ist für die sachliche Erledigung der Aufgaben und den Geschäftsgang der Verwaltung sowie für die Geschäfte der laufenden Verwaltung verantwortlich. Soweit der Zweckverband Träger von Aufgaben zur Erfüllung nach Weisung ist, ist die Verbandsvorsteherin oder der Verbandsvorsteher der Aufsichtsbehörde für deren Durchführung verantwortlich. Für Verordnungen des Zweckverbands gelten die Vorschriften des Landesverwaltungsgesetzes über Amtsverordnungen entsprechend. § 55 Abs. 2, 3 und 5 der Gemeindeordnung gilt entsprechend.

(4) Die Verbandssatzung soll die Bildung eines Verbandsvorstands nur vorsehen, wenn dies nach Art und Umfang der wahrzunehmenden Aufgaben zweckmäßig ist. Die Verbandssatzung kann für den Verbandsvorstand eine andere Bezeichnung vorsehen.

(5) Der Verbandsvorstand besteht aus der Verbandsvorsteherin oder dem Verbandsvorsteher als der oder dem Vorsitzenden und mindestens zwei weiteren Mitgliedern. Die weiteren Mitglieder werden von der Verbandsversammlung für die Dauer ihrer Wahlzeit gewählt. Mindestens die Hälfte der weiteren Mitglieder muß der Verbandsversammlung angehören. Für die Aufgaben und Rechtsstellung des Verbandsvorstands gelten die Vorschriften der Gemeindeordnung über den Hauptausschuß entsprechend.

§ 13 Ehrenamtliche und hauptamtliche Tätigkeit

(1) Die Mitglieder der Verbandsversammlung, die Verbandsvorsteherin oder der Verbandsvorsteher und die weiteren Mitglieder des Verbandsvorstands sind ehrenamtlich tätig. Wenn dies nach Art und Umfang der wahrzunehmenden Aufgaben zweckmäßig ist, kann die Verbandssatzung die Bestellung einer hauptamtlichen Verbandsvorsteherin oder eines hauptamtlichen Verbandsvorstehers oder eines anderen hauptamtlichen Vorstandsmitglieds und deren oder dessen Berufung in das Beamtenverhältnis auf Zeit vorsehen. Zum hauptamtlichen Vorstandsmitglied kann nur bestellt werden, wer die für sein Amt erforderliche Eignung, Befähigung und Sachkunde besitzt. Die Amtszeit beträgt mindestens sechs und höchstens acht Jahre. Die Verbandssatzung bestimmt die Amtszeit.

(2) Der Beschluß der Verbandsversammlung, eine hauptamtliche Verbandsvorsteherin oder einen hauptamtlichen Verbandsvorsteher oder ein anderes hauptamtliches Vorstandsmitglied auf Zeit zu bestellen, ist der Aufsichtsbehörde binnen einer Woche anzuzeigen; dabei sind die Bewerbungsunterlagen vorzulegen.

(3) Vor der Bestellung einer hauptamtlichen Verbandsvorsteherin oder eines hauptamtlichen Verbandsvorstehers oder eines anderen hauptamtlichen Vorstandsmitglieds ist die Stelle öffentlich auszuschreiben; davon kann bei einer erneuten Bestellung durch Beschluß mit der Mehrheit der satzungsmäßigen Stimmenzahl der Verbandsversammlung, im übrigen nur mit Genehmigung der Kommunalaufsichtsbehörde, abgesehen werden.

(4) Der Zweckverband besitzt Dienstherrnfähigkeit. Er darf Beamtinnen und Beamte, Angestellte sowie Arbeiterinnen und Arbeiter nur beschäftigen, wenn dies in der Verbandssatzung vorgesehen ist. In diesem Fall muß die Verbandssatzung auch Vorschriften über die Übernahme der Beamtinnen und Beamten, Angestellten sowie Arbeiterinnen und Arbeiter durch die Verbandsmitglieder oder die sonstige Abwicklung der Dienst- und Versorgungsverhältnisse bei der Aufhebung des Zweckverbands oder der Änderung seiner Aufgaben treffen.

(5) Hat der Zweckverband keine eigene Verwaltung, ist die Wahrnehmung der Verwaltungs- und Kassengeschäfte durch die Verbandssatzung zu regeln. § 23 der Amtsordnung gilt entsprechend. § 19 a bleibt unberührt.

(6) Die Innenministerin oder der Innenminister wird ermächtigt, durch Verordnung nähere Bestimmungen über die Entschädigung zu treffen[5]; § 135 Abs. 1 Nr. 6 der Gemeindeordnung gilt entsprechend. Dabei ist die Aufgabenstellung des Zweckverbands zu berücksichtigen.

§ 14 Haushalts- und Wirtschaftsführung

(1) Für die Haushalts- und Wirtschaftsführung des Zweckverbands gelten die Vorschriften des Gemeinderechts entsprechend.

---

5) ZweckverbandsentschädigungsVO im Anhang abgedruckt unter 6.5.

(2) Für das Prüfungswesen sind die Vorschriften der Gemeindeordnung wie folgt anzuwenden:

1. Hat ein Verbandsmitglied ein Rechnungsprüfungsamt eingerichtet, so hat dieses die Aufgaben nach § 94 Abs. 1 und 2 der Gemeindeordnung durchzuführen. Es wird insoweit als Rechnungsprüfungsamt des Zweckverbands tätig; für das Verhältnis zwischen dem Zweckverband und dem Rechnungsprüfungsamt sind dabei § 115 Abs. 1, 3, 4 und 5 sowie § 116 Abs. 2 der Gemeindeordnung entsprechend anzuwenden.

2. Haben mehrere Verbandsmitglieder ein Rechnungsprüfungsamt eingerichtet, so haben die einzelnen Rechnungsprüfungsämter die Aufgaben nach Nummer 1 in regelmäßigem zeitlichen Wechsel nach näherer Bestimmung durch die Verbandsversammlung durchzuführen.

§ 15 Deckung des Finanzbedarfs

(1) Der Zweckverband erhebt von den Verbandsmitgliedern eine Umlage, soweit seine sonstigen Einnahmen nicht ausreichen, um seinen Finanzbedarf zu decken (Verbandsumlage). In der Verbandssatzung ist der Maßstab für die Bemessung der Verbandsumlage zu bestimmen; er soll sich nach dem Verhältnis des Nutzens der Verbandsmitglieder richten (Umlagegrundlage). Die Umlagepflicht einzelner Verbandsmitglieder kann durch die Verbandssatzung beschränkt werden.

(2) Die Höhe der Umlage ist in der Haushaltssatzung für jedes Jahr festzusetzen.

(3) Zweckverbände, die überwiegend wirtschaftliche Aufgaben erfüllen, sind mit einem angemessenen Stammkapital auszustatten. Die Höhe des Stammkapitals sowie der Maßstab, nach dem die Verbandsmitglieder an der Ausstattung mit Stammkapital beizutragen haben, ist in der Verbandssatzung festzusetzen. Im übrigen gelten für Zweckverbände, die überwiegend wirtschaftliche Aufgaben erfüllen, die Vorschriften für Eigenbetriebe der Gemeinden entsprechend.

(4) Zweckverbände, die nicht oder nicht überwiegend wirtschaftliche Aufgaben erfüllen, sich jedoch ganz oder überwiegend aus

Entgelten oder Gebühren finanzieren, können die Regelungen des Absatzes 3 entsprechend anwenden.

§ 16 Änderung der Verbandssatzung

Änderungen der Verbandssatzung über die Aufgaben des Zweckverbands, den Maßstab, nach dem die Verbandsmitglieder zur Deckung des Finanzbedarfs beizutragen haben, den Beitritt und das Ausscheiden von Verbandsmitgliedern bedürfen der Genehmigung der Aufsichtsbehörde. Sie müssen mit einer Mehrheit von zwei Dritteln der satzungsgemäßen Stimmenzahl der Verbandsversammlung beschlossen werden. Die Verbandssatzung kann bestimmen, daß diese Änderungen außerdem der Zustimmung einzelner oder aller Verbandsmitglieder bedürfen. Sonstige Änderungen der Verbandssatzung bedürfen der einfachen Mehrheit.

§ 17 Aufhebung des Zweckverbands

(1) Für die Aufhebung des Zweckverbands gelten § 5 Abs. 1 und 5 dieses Gesetzes sowie § 16 Abs. 3 der Gemeindeordnung entsprechend.

(2) Verringert sich die Mitgliederzahl auf ein Mitglied, ist der Zweckverband aufgehoben.

§ 17a Ordnungswidrigkeiten

(1) Ordnungswidrig handelt, wer als Mitglied der Verbandsversammlung, als ehrenamtliches Mitglied der Verbandsversammlung, als ehrenamtliches Mitglied des Verbandsvorstands, das nicht der Verbandsversammlung angehört, oder als Ausschußmitglied, das weder der Verbandsversammlung noch dem Verbandsvorstand angehört, vorsätzlich oder fahrlässig

1. entgegen der Entscheidung nach § 5 Abs. 6 dieses Gesetzes in Verbindung mit § 23 der Gemeindeordnung Ansprüche Dritter gegen den Zweckverband geltend macht,

2. eine Weisung des Zweckverbands nach § 5 Abs. 6 dieses Gesetzes in Verbindung mit § 25 der Gemeindeordnung nicht befolgt oder

3. ohne triftigen Grund einer Sitzung der Verbandsversammlung, des Verbandsvorstands oder eines Ausschusses fernbleibt.

(2) Ordnungswidrig handelt, wer als Mitglied der Verbandsversammlung, als ehrenamtliches Mitglied des Verbandsvorstands, das nicht der Verbandsversammlung angehört, oder als Ausschußmitglied, das weder der Verbandsversammlung noch dem Verbandsvorstand angehört,

1. es vorsätzlich unterläßt, einen Ausschließungsgrund (§ 22 Abs. 4 Satz 1 der Gemeindeordnung) mitzuteilen,

2. vorsätzlich gegen die Verschwiegenheitspflicht (§ 21 Abs. 2 der Gemeindeordnung) verstößt, soweit die Tat nicht nach § 203 Abs. 2 oder § 353b des Strafgesetzbuches bestraft werden kann.

(3) Ordnungswidrig handelt, wer vorsätzlich oder fahrlässig einer Satzung über die Benutzung einer öffentlichen Einrichtung zuwiderhandelt, soweit die Satzung für einen bestimmten Tatbestand auf diese Bußgeldvorschrift verweist.

(4) Die Ordnungswidrigkeit kann mit einer Geldbuße geahndet werden.

(5) Verwaltungsbehörde nach § 36 Abs. 1 Nr. 1 des Gesetzes über Ordnungswidrigkeiten ist die Verbandsvorsteherin oder der Verbandsvorsteher. Die Ordnungswidrigkeiten nach den Absätzen 1 und 2 der Mitglieder der Verbandsverammlung sowie der Mitglieder eines Verbandsvorstands und eines Ausschusses der Verbandsversammlung werden nur auf Antrag der Verbandsversammlung verfolgt. Für die Antragsfrist und die Zurücknahme des Antrags gelten die §§ 77b und 77d des Strafgesetzbuches entsprechend.

DRITTER TEIL: Die öffentlich-rechtliche Vereinbarung

§ 18   Voraussetzung und Verfahren

(1) Gemeinden, Ämter, Zweckverbände und Kreise können durch öffentlich-rechtlichen Vertrag vereinbaren, daß eine der beteiligten Körperschaften einzelne oder mehrere zusammenhängende Aufgaben der übrigen Beteiligten übernimmt oder den übrigen Beteiligten

die Mitbenutzung einer von ihr betriebenen Einrichtung gestattet. Durch die Vereinbarung, mit der eine Körperschaft Aufgaben übernimmt, gehen das Recht und die Pflicht der übrigen Körperschaften zur Erfüllung der Aufgaben auf die übernehmende Körperschaft über. Soweit es sich um Aufgaben zur Erfüllung nach Weisung handelt, müssen die Bürgermeisterinnen und Bürgermeister, Amtsvorsteherinnen und Amtsvorsteher oder Landrätinnen und Landräte der betroffenen Gemeinden, Ämter oder Kreise der Vereinbarung zustimmen. § 2 Abs. 3 gilt entsprechend.

(2) In der Vereinbarung kann den übrigen Beteiligten ein Mitwirkungsrecht bei der Erfüllung der Aufgaben eingeräumt werden.

(3) Ist die Geltungsdauer der Vereinbarung nicht befristet, so muß sie die Voraussetzungen bestimmen, unter denen sie von einzelnen Beteiligten gekündigt werden kann. § 127 des Landesverwaltungsgesetzes bleibt unberührt.

(4) Die Vereinbarung ist als Verpflichtungserklärung auszufertigen.

(5) Eine Vereinbarung, durch die eine Aufgabe übertragen werden soll, muß die Beteiligten, die Aufgabe, den neuen Träger der Aufgabe, die zuständige Behörde und den Zeitpunkt des Aufgabenübergangs bestimmen. Die Beteiligten geben die Vereinbarung örtlich bekannt. Für die Änderung und Aufhebung einer Vereinbarung nach Satz 1 gelten § 5 Abs. 1 dieses Gesetzes und § 16 Abs. 3 der Gemeindeordnung entsprechend.

(6) Sofern ein Mitglied durch Kündigung ausscheidet, ist die Vereinbarung von den Beteiligten zu ändern.

§ 19 Satzungs- und Verordnungsbefugnis

(1) In der Vereinbarung kann der Körperschaft, welche die Aufgaben übernimmt, die Befugnis übertragen werden, Satzungen und Verordnungen anstelle der übrigen Beteiligten für deren Gebiet zu erlassen oder die Benutzung einer Einrichtung durch eine für das gesamte Gebiet der Beteiligten geltende Satzung zu regeln. Die Übertragung des Verordnungsrechts bedarf einer Verordnung.

(2) Für die örtliche Bekanntmachung durch den Träger der Aufgabe gelten die Vorschriften über die örtliche Bekanntmachung der Beteiligten.

(3) Die Körperschaft kann im Geltungsbereich der Satzung oder der Verordnung alle zur Durchführung erforderlichen Maßnahmen wie im eigenen Gebiet treffen.

VIERTER TEIL: Die Verwaltungsgemeinschaft

§ 19a Voraussetzung und Verfahren

(1) Gemeinden, Ämter, Zweckverbände, auf Gesetz beruhende sonstige Verbände und Kreise können durch öffentlich-rechtlichen Vertrag vereinbaren, daß ein Beteiligter zur Erfüllung seiner Aufgaben die Verwaltung eines anderen Beteiligten in Anspruch nimmt. Die Rechte und Pflichten als Träger der Aufgabe bleiben davon unberührt; seine Behörden können fachliche Weisungen erteilen.

(2) In dem öffentlich-rechtlichen Vertrag können dem Träger der Aufgabe weitergehende Rechte, insbesondere bei der Bestellung von Dienstkräften, eingeräumt werden.

(3) Die Bürgermeisterin oder der Bürgermeister der geschäftsführenden Gemeinde und die leitende Verwaltungsbeamtin oder der leitende Verwaltungsbeamte des geschäftsführenden Amtes sind berechtigt und auf Verlangen verpflichtet, an den Sitzungen der Vertretungskörperschaft und der Ausschüsse des Trägers der Aufgabe teilzunehmen. Ihnen ist auf Wunsch das Wort zu erteilen.

(4) Der öffentlich-rechtliche Vertrag bedarf der Schriftform. Im übrigen gilt § 18 Abs. 3 und 6 entsprechend.

FÜNFTER TEIL: Aufsicht

§ 20 Aufsichtsbehörde

(1) Für die Aufsicht gelten die §§ 120 bis 131 der Gemeindeordnung entsprechend.

(2) Aufsichtsbehörde ist die Landrätin oder der Landrat als allgemeine untere Landesbehörde, wenn nur ihrer oder seiner Aufsicht unterstehende Gemeinden oder Ämter beteiligt sind, im übrigen die Innenministerin oder der Innenminister. Die Innenministerin oder der Innenminister kann die Aufsicht auf eine Landrätin oder einen Landrat als untere Landesbehörde übertragen, es sei denn, daß dem Zweckverband ein Kreis oder eine kreisfreie Stadt angehört.

§ 21 Grenzüberschreitende Zweckverbände und öffentlich-rechtliche Vereinbarungen

(1) Die Mitgliedschaft von juristischen Personen des öffentlichen Rechts, die der Aufsicht des Landes unterstehen, in einem Zweckverband, der seinen Sitz außerhalb des Landes Schleswig-Holstein hat, bedarf der Genehmigung der Innenministerin oder des Innenministers im Einvernehmen mit der Fachaufsichtsbehörde. Satz 1 gilt ebenfalls für die Mitgliedschaft von juristischen Personen des öffentlichen Rechts, die nicht der Aufsicht des Landes unterstehen, und für natürliche Personen und juristische Personen des Privatrechts, die außerhalb des Landes Schleswig-Holstein ihren gewöhnlichen Aufenthalt oder ihren Sitz haben.

(2) Absatz 1 gilt für öffentlich-rechtliche Vereinbarungen mit Gemeinden oder Kreisen außerhalb des Landes Schleswig-Holstein entsprechend.

SECHSTER TEIL: Übergangs- und Schlußvorschriften

§ 22 Anwendung auf bestehende Verbände

(1) Auf Planungsverbände nach § 205 Abs. 1 bis 5 des Baugesetzbuchs ist dieses Gesetz entsprechend anzuwenden, soweit im Baugesetzbuch nichts anderes bestimmt ist.

(2) Unberührt bleiben die §§ 31 und 35 des Sparkassengesetzes für das Land Schleswig-Holstein in der Fassung der Bekanntmachung vom 3. Mai 1994 (GVOBl. Schl.-H. S. 231).

§ 23 Sonderregelung für amtsangehörige Gemeinden

Soweit sich Zweckverbände oder auf Gesetz beruhende sonstige Verbände ausschließlich aus mehreren oder allen Gemeinden eines Amtes zusammensetzen, gehen die Aufgaben der Verbände auf das Amt über. § 5 Abs. 1 Satz 2 der Amtsordnung gilt entsprechend.

Gesetz über die Wahlen in den Gemeinden und Kreisen in Schleswig-Holstein (Gemeinde- und Kreiswahlgesetz – GKWG –)

in der Fassung vom 19. März 1997 (GVOBl. S. 152)

Inhaltsübersicht

ABSCHNITT I: Allgemeines

§ 1   Wahlzeit und Wahltag

(1)   Die Vertretungen der Gemeinden und der Kreise werden auf fünf Jahre gewählt. Die Wahlzeit beginnt jeweils am 1. April.

(2)   Die Gemeindewahlen und die Kreiswahlen finden im letzten Märzmonat einer Wahlzeit an einem von der Landesregierung zu bestimmenden Sonntag statt.

(3)   Im Fall der Auflösung einer Vertretung nach § 44 der Gemeindeordnung oder nach § 39 der Kreisordnung und bei Neubildung einer Gemeinde oder eines Kreises ist binnen drei Monaten an einem von der Kommunalaufsichtsbehörde zu bestimmenden Sonntag für den Rest der Wahlzeit zu wählen.

§ 2 Wahlgebiet

Wahlgebiete sind für die Gemeindewahl das Gemeindegebiet und für die Kreiswahl das Kreisgebiet.

§ 3 Sachliche Voraussetzungen des Wahlrechts

(1) Wahlberechtigt sind alle Deutschen im Sinne des Artikels 116 Abs. 1 des Grundgesetzes und alle Staatsangehörigen der übrigen Mitgliedstaaten der Europäischen Union (Unionsbürgerinnen und Unionsbürger), die am Wahltag

1. das 16. Lebensjahr vollendet haben,

2. seit mindestens drei Monaten

    a) im Wahlgebiet eine Wohnung haben oder

    b) sich im Wahlgebiet sonst gewöhnlich aufhalten und keine Wohnung außerhalb des Wahlgebietes haben sowie

3. nicht nach § 4 vom Wahlrecht ausgeschlossen sind.

(2) Wer in mehreren Wahlkreisen des Landes Schleswig-Holstein eine Wohnung hat, ist in dem Wahlkreis wahlberechtigt, in dem sich nach dem Melderegister seine Hauptwohnung befindet. Wer eine Wohnung an mehreren Orten inner- und außerhalb des Landes Schleswig-Holstein hat, ist nur wahlberechtigt, wenn sich die Hauptwohnung in einem Wahlkreis des Landes befindet.

(3) Bei der Berechnung der Dreimonatsfrist nach Absatz 1 Nr. 2 ist der Tag der Wohnungs- oder Aufenthaltsnahme einzubeziehen.

§ 4 Ausschluß vom Wahlrecht

Ausgeschlossen vom Wahlrecht sind Personen,

1. die infolge Richterspruchs das Wahlrecht nicht besitzen,

2. für die zur Besorgung aller ihrer Angelegenheiten eine Betreuerin oder ein Betreuer nicht nur durch einstweilige Anordnung bestellt ist; dies gilt auch, wenn der Aufgabenkreis der Betreuerin oder des Betreuers die in § 1896 Abs. 4 und § 1905 des Bürgerlichen Gesetzbuches bezeichneten Angelegenheiten nicht erfaßt.

§ 5 Förmliche Voraussetzungen des Wahlrechts

(1) Wählen kann nur, wer in ein Wählerverzeichnis eingetragen ist oder einen Wahlschein hat.

(2) Eine im Wählerverzeichnis eingetragene Person kann nur in dem Wahlbezirk wählen, in dessen Wählerverzeichnis sie geführt wird.

(3) Wer einen Wahlschein hat, kann an der Wahl des Wahlkreises, für den der Wahlschein ausgestellt ist, entweder durch Stimmabgabe in einem beliebigen Wahlbezirk dieses Wahlkreises oder durch Briefwahl teilnehmen.

(4) Jede wahlberechtigte Person kann ihr Wahlrecht nur einmal und nur persönlich ausüben.

§ 6 Wählbarkeit

(1) Wählbar ist, wer am Wahltag

1. das 18. Lebensjahr vollendet hat,

2. im Wahlgebiet wahlberechtigt ist und

3. seit mindestens sechs Monaten

   a) in Schleswig-Holstein eine Wohnung hat oder

   b) sich in Schleswig-Holstein sonst gewöhnlich aufhält und keine Wohnung außerhalb des Landes hat.

§ 3 Abs. 3 gilt entsprechend.

(2) Nicht wählbar ist, wer

1. nach § 4 vom Wahlrecht ausgeschlossen ist,

2. nach § 63 in Verbindung mit § 20 des Strafgesetzbuches in einem psychiatrischen Krankenhaus untergebracht ist,

3. infolge Richterspruchs aufgrund des Gesetzes für psychisch Kranke nicht nur einstweilig in einem Krankenhaus untergebracht ist,

4. infolge Richterspruchs die Wählbarkeit oder die Fähigkeit zur Bekleidung öffentlicher Ämter nicht besitzt,

5. Deutsche oder Deutscher im Sinne des Artikels 116 Abs. 1 des Grundgesetzes ist, ohne die deutsche Staatsangehörigkeit zu besitzen, und diese Rechtsstellung durch Ausschlagung der deutschen Staatsangehörigkeit nach dem Gesetz zur Regelung von Fragen der Staatsangehörigkeit vom 22. Februar 1955 (BGBl. I S. 65) erlangt hat oder

6. als Unionsbürgerin oder Unionsbürger infolge einer zivilrechtlichen Einzelfallentscheidung oder einer strafrechtlichen Entscheidung in dem Staat der Europäischen Union, dessen Staatsangehörigkeit sie oder er besitzt (Herkunftsmitgliedstaat), die Wählbarkeit nicht besitzt.

ABSCHNITT II: Wahlsystem

§ 7 Grundsätzliches

(1) Die Vertretungen der Gemeinden und der Kreise werden von Vertreterinnen und Vertretern gebildet, die gewählt werden

1. aus den Wahlkreisen der Gemeinden oder der Kreise durch Mehrheitswahl (§ 9 Abs. 5)
   – unmittelbare Vertreterinnen und Vertreter – und

2. aus der Gemeinde- oder der Kreisliste des Wahlgebiets durch Verhältnisausgleich (§ 10)
   – Listenvertreterinnen und Listenvertreter –.

(2) In Gemeinden mit bis zu 70 Einwohnerinnen und Einwohnern wird keine Gemeindevertretung gewählt.

(3) Für die Anwendung des Absatzes 2, für die Festlegung der Anzahl der zu wählenden Vertreterinnen und Vertreter (§ 8), der zu bildenden Wahlkreise (§ 9) und für die Anzahl der einen Wahlvorschlag unterzeichnenden Wahlberechtigten (§ 21 Abs. 1) ist die vom Statistischen Landesamt nach dem Stand vom 31. Dezember des dritten Jahres vor der Wahl fortgeschriebene Bevölkerungszahl maßgebend. In den Fällen des Absatzes 2 bleiben bei der Ermittlung der Bevölkerungszahl die Binnenschiffer und Seeleute im Sinne des § 19 des Landesmeldegesetzes unberücksichtigt.

§ 8 Anzahl der Vertreterinnen und Vertreter

Die Anzahl der Vertreterinnen und Vertreter beträgt

Einwohnerzahl			Zahl der Vertreterinnen und Vertreter		
			insgesamt	unmittelbare Vertreterinnen und Vertreter	Listenvertreterinnen und Listenvertreter
1.	in kreisangehörigen Gemeinden				
	mehr als	70 bis zu	200	7	4	3
	mehr als	200 bis zu	750	9	5	4
	mehr als	750 bis zu	1 250	11	6	5
	mehr als	1 250 bis zu	2 000	13	7	6
	mehr als	2 000 bis zu	5 000	17	9	8
	mehr als	5 000 bis zu	10 000	19	10	9
	mehr als	10 000 bis zu	15 000	23	12	11
	mehr als	15 000 bis zu	25 000	27	15	12
	mehr als	25 000 bis zu	35 000	31	17	14
	mehr als	35 000 bis zu	45 000	35	19	16
	mehr als	45 000		39	21	18
2.	in kreisfreien Städten				
	bis zu	150 000		43	23	20
	mehr als	150 000		49	27	22
3.	in Kreisen				
	bis zu	200 000		45	27	18
	mehr als	200 000		49	29	20

§ 9 Anzahl der Wahlkreise und Wahl der unmittelbaren Vertreterinnen und Vertreter

(1) Gemeinden mit mehr als 70 bis zu 2000 Einwohnerinnen und Einwohner bilden einen Wahlkreis.

(2) In Gemeinden mit mehr als 2000 bis zu 10000 Einwohnerinnen und Einwohnern sind zu wählen:

1. in Gemeinden mit mehr als 2000 bis zu 5000 Einwohnerinnen und Einwohnern in drei Wahlkreisen je drei unmittelbare Vertreterinnen und Vertreter,

2. in Gemeinden mit mehr als 5000 bis zu 10 000 Einwohnerinnen und Einwohnern in fünf Wahlkreisen je zwei unmittelbare Vertreterinnen und Vertreter.

(3) In Gemeinden mit mehr als 10 000 Einwohnerinnen und Einwohnern und in den Kreisen werden so viele Wahlkreise gebildet, wie unmittelbare Vertreterinnen und Vertreter nach § 8 zu wählen sind. In jedem Wahlkreis wird eine unmittelbare Vertreterin oder ein unmittelbarer Vertreter gewählt.

(4) Jede wahlberechtigte Person hat so viele Stimmen, wie unmittelbare Vertreterinnen und Vertreter im Wahlkreis zu wählen sind. Für eine Bewerberin oder einen Bewerber kann sie nur eine Stimme abgeben.

(5) In den Wahlkreisen sind diejenigen unmittelbaren Bewerberinnen und Bewerber gewählt, die die meisten Stimmen erhalten haben. Bei gleicher Stimmenzahl entscheidet das von der Wahlleiterin oder vom Wahlleiter zu ziehende Los.

§ 10 Verhältnisausgleich

(1) An dem Verhältnisausgleich nimmt jede politische Partei oder Wählergruppe teil, für die ein Listenwahlvorschlag aufgestellt und zugelassen worden ist, sofern für sie mindestens eine unmittelbare Vertreterin oder ein unmittelbarer Vertreter gewählt worden ist oder sofern sie insgesamt mindestens 5 v. H. der im Wahlgebiet abgegebenen gültigen Stimmen erzielt hat. Zur Berechnung der Stimmen für den Verhältnisausgleich werden für jeden Listenwahlvorschlag die Stimmen zusammengezählt, die die unmittelbaren Bewerberinnen und Bewerber der vorschlagenden politischen Partei oder Wählergruppe erhalten haben.

(2) Von der nach § 8 zu wählenden Gesamtzahl von Vertreterinnen und Vertretern wird die Anzahl der unmittelbar gewählten Vertreterinnen und Vertreter abgezogen, deren Stimmen nicht nach Absatz 1 für einen Listenwahlvorschlag mitgezählt worden sind. Die restlichen Sitze werden auf die Listenwahlvorschläge verteilt in der Reihenfolge

der Höchstzahlen, die sich durch Teilung der für die Listenwahlvorschläge errechneten Gesamtstimmenzahlen durch 1, 2, 3, 4 usw.
ergeben (verhältnismäßiger Sitzanteil). Über die Zuteilung des
letzten Sitzes entscheidet bei gleicher Höchstzahl das von der Wahlleiterin oder vom Wahlleiter zu ziehende Los.

(3)   Aus jedem Listenwahlvorschlag werden so viele Listenvertreterinnen und Listenvertreter berücksichtigt, wie verbleiben, nachdem
die für die vorschlagenden politischen Parteien und Wählergruppen
unmittelbar gewählten Bewerberinnen und Bewerber auf ihren verhältnismäßigen Sitzanteil angerechnet sind.

(4)   Ist die Anzahl der in den Wahlkreisen für eine politische Partei
oder Wählergruppe gewählten Bewerberinnen und Bewerber größer
als ihr verhältnismäßiger Sitzanteil, so verbleiben ihr die darüber hin-
ausgehenden Sitze (Mehrsitze). In diesem Fall sind auf die nach
Absatz 2 Satz 2 und 3 noch nicht berücksichtigten nächstfolgenden
Höchstzahlen so lange weitere Sitze zu verteilen und nach Absatz 3
zu besetzen, bis der letzte Mehrsitz durch den verhältnismäßigen
Sitzanteil gedeckt ist. Die Anzahl der weiteren Sitze darf dabei jedoch
das Doppelte der Anzahl der Mehrsitze nicht übersteigen.

(5)   Die aus den Listen zu verteilenden Sitze werden innerhalb der
politischen Parteien und Wählergruppen nach der Reihenfolge verteilt, die sich aus den Listen ergibt. Entfallen auf eine politische
Partei oder Wählergruppe mehr Sitze, als Bewerberinnen und Bewerber auf der Liste vorhanden sind, so bleiben diese Sitze leer.

(6)   Aus der Liste scheiden aus

1. Bewerberinnen und Bewerber, die in einem Wahlkreis unmittelbar
   gewählt sind,

2. Bewerberinnen und Bewerber, die nach Aufstellung der Liste aus
   der politischen Partei oder Wählergruppe ausgeschieden oder einer anderen politischen Partei oder Wählergruppe beigetreten
   sind.

ABSCHNITT III: Wahlorgane, Wahlkreise und Wahlbezirke

§ 11 Gliederung der Wahlorgane

(1) Wahlorgane sind

1. der Kreiswahlausschuß und die Kreiswahlleiterin oder der Kreiswahlleiter für den Kreis,

2. der Gemeindewahlausschuß und die Gemeindewahlleiterin oder der Gemeindewahlleiter für die Gemeinde und

3. der Wahlvorstand oder mehrere Wahlvorstände für den Wahlbezirk.

(2) Die Aufgaben des Landeswahlausschusses werden von dem nach dem Landeswahlgesetz gebildeten Landeswahlausschuß wahrgenommen.

§ 12 Wahlleiterinnen, Wahlleiter und Wahlausschüsse

(1) Wahlleiterin oder Wahlleiter ist in der Gemeinde die Bürgermeisterin oder der Bürgermeister (Gemeindewahlleiterin oder Gemeindewahlleiter), im Kreis die Landrätin oder der Landrat (Kreiswahlleiterin oder Kreiswahlleiter), wenn sie oder er nicht

1. Wahlbewerberin oder Wahlbewerber,

2. Vertrauensperson für Wahlvorschläge oder stellvertretende Vertrauensperson oder

3. Mitglied eines anderen Wahlorgans

ist. Die Wahlleiterin oder der Wahlleiter beruft eine Stellvertreterin oder einen Stellvertreter.

(2) Im Verhinderungsfall nach Absatz 1 Satz 1 Nr. 1 bis 3 wählt in den Gemeinden die Gemeindevertretung, in den Kreisen der Kreistag eine andere Person zur Wahlleiterin oder zum Wahlleiter. Die Amtsdauer der gewählten Wahlleiterin oder des gewählten Wahlleiters und der Stellvertreterin oder des Stellvertreters endet, wenn die Wahl unanfechtbar geworden ist.

(3) Den Wahlausschuß für das Wahlgebiet bilden die Wahlleiterin als Vorsitzende oder der Wahlleiter als Vorsitzender und acht Beisitzerinnen und Beisitzer; die Vertretung wählt diese sowie deren Stell-

vertreterinnen und Stellvertreter vor jeder Wahl aus dem Kreis der Wahlberechtigten. Dabei sollen möglichst die im Wahlgebiet vertretenen politischen Parteien und Wählergruppen berücksichtigt werden.

(4) Ein Gemeindewahlausschuß ist auch dann zu bilden, wenn in der Gemeinde lediglich eine Kreiswahl stattfindet.

(5) Der Wahlausschuß ist ohne Rücksicht auf die Anzahl der erschienenen Beisitzerinnen und Beisitzer beschlußfähig; § 15 Abs. 5 bleibt unberührt. Der Wahlausschuß beschließt mit Stimmenmehrheit; bei Stimmengleichheit entscheidet die Stimme der oder des Vorsitzenden.

(6) Die Wahlleiterin oder der Wahlleiter trägt im Rahmen ihrer oder seiner Aufgaben die Verantwortung für die Vorbereitung und die Durchführung der Wahl in ihrem oder seinem Zuständigkeitsbereich. Sie oder er führt die Geschäfte des Wahlausschusses und ist berechtigt, in dringenden Fällen für ihn zu handeln; in diesem Fall muß sie oder er den Wahlausschuß nachträglich unterrichten.

§ 13 Wahrnehmung von Aufgaben durch das Amt

(1) In amtsangehörigen Gemeinden ist die Amtsvorsteherin oder der Amtsvorsteher für die Führung der Wählerverzeichnisse und die Erfüllung der damit verbundenen Aufgaben zuständig. Sie oder er nimmt insoweit die Aufgaben der Gemeindewahlleiterin oder des Gemeindewahlleiters wahr.

(2) Die Gemeindevertretung kann die übrigen Aufgaben der Gemeindewahlleiterin oder des Gemeindewahlleiters insgesamt auf die Amtsvorsteherin oder den Amtsvorsteher und zugleich die Aufgaben des Gemeindewahlausschusses insgesamt auf einen vom Amtsausschuß zu wählenden Wahlausschuß übertragen; er ist in diesem Fall Gemeindewahlausschuß. Der Wahlausschuß nach Satz 1 besteht aus mindestens sechs Beisitzerinnen und Beisitzern und der Amtsvorsteherin oder dem Amtsvorsteher oder im Verhinderungsfall im Sinne des § 12 Abs. 1 Satz 1 Nr. 1 bis 3 der gewählten Wahlleiterin oder dem gewählten Wahlleiter (Absatz 3) als der oder dem Vorsitzenden. Zu Beisitzerinnen und Beisitzern in diesem Wahlausschuß sollen nach Möglichkeit nur Wahlberechtigte aus den Gemeinden ge-

wählt werden, die die Aufgaben nach Satz 1 auf das Amt übertragen haben. Übertragen mehrere Gemeinden die Aufgaben nach Satz 1, so ist der gewählte Wahlausschuß gemeinsamer Wahlausschuß für diese Gemeinden.

(3) Die Amtsvorsteherin oder der Amtsvorsteher ist in den Fällen des § 12 Abs. 1 Satz 1 Nr. 1 bis 3 gehindert, die Aufgaben der Gemeindewahlleiterin oder des Gemeindewahlleiters wahrzunehmen. In diesem Fall wählt der Amtsausschuß eine andere Person zur Wahlleiterin oder zum Wahlleiter.

(4) Die Amtszeit des Wahlausschusses nach Absatz 2 und der oder des nach Absatz 3 gewählten Wahlleiterin oder Wahlleiters sowie der Stellvertreterin oder des Stellvertreters endet, wenn die Wahl unanfechtbar geworden ist.

(5) Für die Beisitzerinnen und Beisitzer des Wahlausschusses nach Absatz 2 gilt § 12 Abs. 1 Satz 1 Nr. 1 bis 3 entsprechend.

(6) Abweichend von § 12 Abs. 4 nimmt in amtsangehörigen Gemeinden der Wahlausschuß nach Absatz 2 die Aufgaben des Gemeindewahlausschusses wahr.

(7) Nimmt das Amt die Verwaltung einer größeren amtsangehörigen Gemeinde in Anspruch (§ 1 Abs. 3 der Amtsordnung), tritt in den Fällen der Absätze 1 bis 3 jeweils die Bürgermeisterin oder der Bürgermeister der geschäftsführenden Gemeinde an die Stelle der Amtsvorsteherin oder des Amtsvorstehers.

§ 14 Wahlvorstand

(1) Der Wahlvorstand besteht aus der Wahlvorsteherin oder dem Wahlvorsteher, einer, einem oder zwei Stellvertreterinnen und Stellvertretern und vier bis sieben Beisitzerinnen und Beisitzern. Die Mitglieder des Wahlvorstandes werden von der Gemeindewahlleiterin oder vom Gemeindewahlleiter aus dem Kreis der Wahlberechtigten berufen; dabei sollen möglichst alle politischen Parteien und Wählergruppen berücksichtigt werden.

(2) In Gemeinden, die nur einen Wahlbezirk bilden und nicht die Aufgaben nach § 13 Abs. 2 übertragen haben, nimmt der Gemeindewahlausschuß die Aufgaben des Wahlvorstandes und die Gemeindewahlleiterin oder der Gemeindewahlleiter die Aufgaben der Wahlvorste-

herin oder des Wahlvorstehers wahr. Der Gemeindewahlausschuß bestimmt hierzu aus der Mitte der Beisitzerinnen und Beisitzer eine, einen oder zwei stellvertretende Wahlvorsteherinnen und Wahlvorsteher und ergänzt erforderlichenfalls die Anzahl seiner Mitglieder. § 12 Abs. 1 Satz 1 Nr. 3 und § 55 Abs. 2 Satz 2 sind auf Mitglieder des Gemeindewahlausschusses, die nach den Sätzen 1 und 2 Aufgaben des Wahlvorstandes oder der Wahlvorsteherin oder des Wahlvorstehers wahrnehmen, nicht anzuwenden.

(3) Der Wahlvorstand beschließt mit Stimmenmehrheit. Bei Stimmengleichheit entscheidet die Stimme der oder des Vorsitzenden.

§ 15 Wahlkreise

(1) Der Wahlausschuß teilt das Wahlgebiet, soweit erforderlich, in Wahlkreise ein.

(2) Die Wahlkreise sind so zu begrenzen, daß sie möglichst gleiche Bevölkerungszahlen aufweisen. Die Bevölkerungszahl eines Wahlkreises soll nicht mehr als 25 v. H. von der durchschnittlichen Bevölkerungszahl der Wahlkreise im Wahlgebiet abweichen. Grundlage ist die vom Statistischen Landesamt fortgeschriebene Bevölkerungszahl nach dem Stand vom 31. Dezember des dritten Jahres vor der Wahl.

(3) Die Wahlkreise sollen ein zusammenhängendes Ganzes bilden. Will der Wahlausschuß in besonderen Ausnahmefällen hiervon abweichen, so muß in kreisangehörigen Gemeinden der Kreiswahlausschuß, in kreisfreien Städten und in Kreisen der Landeswahlausschuß mit einer Mehrheit von zwei Dritteln zustimmen.

(4) Die Wahlkreise sollen möglichst unter Wahrung der örtlichen Verhältnisse gebildet werden. Bei Einteilung eines Kreises in Wahlkreise sollen Gemeindegrenzen in der Regel nicht durchschritten werden. Im Kreis Pinneberg bildet die Gemeinde Helgoland, im Kreis Nordfriesland bilden die Ämter Amrum, Nordstrand und Pellworm jeweils einen Wahlkreis.

(5) Der Wahlausschuß ist abweichend von § 12 Abs. 5 nur beschlußfähig, wenn mindestens die Hälfte der Beisitzerinnen und Beisitzer oder stellvertretenden Beisitzerinnen und Beisitzer anwesend sind.

§ 16 Wahlbezirke

(1) Jeder Wahlkreis bildet zur Stimmabgabe mindestens einen Wahlbezirk. Soweit erforderlich, teilt der Gemeindewahlausschuß die Gemeinde in mehrere Wahlbezirke ein und bestimmt je Wahlkreis einen oder mehrere Wahlbezirke für die Briefwahl (§ 33 Abs. 3).

(2) Die Kreiswahlleiterin oder der Kreiswahlleiter kann Gemeinden mit bis zu 70 Einwohnerinnen und Einwohnern (§ 7 Abs. 3) mit anderen Gemeinden oder mit Teilen von anderen Gemeinden zu einem Wahlbezirk vereinigen, sofern dies zur Wahrung des Wahlgeheimnisses erforderlich ist.

ABSCHNITT IV: Vorbereitung der Wahl

§ 17 Wählerverzeichnis und Wahlschein

(1) Die Wählerverzeichnisse sind innerhalb einer vom Innenministerium zu bestimmenden Frist öffentlich auszulegen. Die Gemeindewahlleiterin oder der Gemeindewahlleiter hat Ort und Zeit öffentlich bekanntzugeben und darauf hinzuweisen, innerhalb welcher Frist und bei welcher Stelle Einsprüche gegen das Wählerverzeichnis erhoben werden können.

(2) Eine wahlberechtigte Person, die verhindert ist, in dem Wahlbezirk zu wählen, in dessen Wählerverzeichnis sie eingetragen ist, oder die aus einem von ihr nicht zu vertretenden Grunde in das Wählerverzeichnis nicht aufgenommen worden ist, erhält auf Antrag einen Wahlschein. Der Antrag ist von der wahlberechtigten Person selbst oder durch eine bevollmächtigte Person zu stellen.

(3) Eine Verhinderung liegt nur vor, wenn die wahlberechtigte Person

1. sich am Wahltag während der Wahldauer aus wichtigem Grunde außerhalb des Wahlbezirks aufhält oder

2. aus beruflichen Gründen oder infolge Krankheit, hohen Alters, eines körperlichen Gebrechens oder sonst ihres körperlichen Zustandes wegen den Wahlraum nicht oder nur unter nicht zumutbaren Schwierigkeiten aufsuchen kann.

Die wahlberechtigte Person muß den Verhinderungsgrund glaubhaft machen.

§ 18 Arten der Wahlvorschläge

(1) Wahlvorschläge für die Wahl der unmittelbaren Vertreterinnen und Vertreter (unmittelbare Wahlvorschläge) können einreichen

1. Parteien im Sinne des Artikels 21 des Grundgesetzes (politische Parteien),

2. Wahlberechtigte, die sich zu einer Gruppe zusammenschließen (Wählergruppen),

3. Wahlberechtigte.

(2) Listenwahlvorschläge können von politischen Parteien und Wählergruppen eingereicht werden.

(3) Eine politische Partei oder Wählergruppe kann innerhalb eines Wahlgebietes nur so viele unmittelbare Wahlvorschläge, wie unmittelbare Vertreterinnen und Vertreter zu wählen sind, und nur einen Listenwahlvorschlag einreichen. Die Anzahl der Bewerberinnen und Bewerber auf dem Listenwahlvorschlag ist nicht begrenzt.

(4) Innerhalb eines Wahlgebietes kann eine Bewerberin oder ein Bewerber sowohl in einem unmittelbaren Wahlvorschlag als auch in einem Listenwahlvorschlag benannt werden.

(5) Die Verbindung von Listenwahlvorschlägen ist unzulässig. Weder politische Parteien noch Wählergruppen noch politische Parteien und Wählergruppen können gemeinsame Wahlvorschläge einreichen.

§ 19 Einreichungsfrist

Wahlvorschläge sind spätestens am 34. Tag vor der Wahl bis 18 Uhr schriftlich bei der Wahlleiterin oder beim Wahlleiter einzureichen.

§ 20 Inhalt der Wahlvorschläge

(1) Jeder Wahlvorschlag einer politischen Partei oder Wählergruppe muß deren Namen tragen. Wenn es zur Unterscheidung von

früher eingereichten Wahlvorschlägen nötig ist, kann die Wahlleiterin oder der Wahlleiter einen Zusatz verlangen.

(2) Als Bewerberin oder Bewerber kann nur vorgeschlagen werden, wer ihre oder seine Zustimmung hierzu schriftlich erteilt hat; die Zustimmung ist unwiderruflich.

(3) Als Bewerberin oder Bewerber einer politischen Partei oder Wählergruppe kann nur benannt werden, wer

1. in einer nach ihrer Satzung zuständigen Versammlung der im Zeitpunkt ihres Zusammentritts wahlberechtigten Mitglieder dieser Partei oder Wählergruppe (Mitgliederversammlung) oder

2. in einer nach ihrer Satzung zuständigen Versammlung der von Mitgliederversammlungen nach Nummer 1 aus deren Mitte gewählten Vertreterinnen und Vertreter (Vertreterversammlung)

hierzu gewählt worden ist. Die Bewerberinnen und Bewerber sowie die Vertreterinnen und Vertreter für die Vertreterversammlung werden von den Teilnehmerinnen und Teilnehmern der Versammlung in geheimer schriftlicher Abstimmung gewählt. Vorschlagsberechtigt ist jede Teilnehmerin und jeder Teilnehmer der Versammlung.

(4) Die Wahlen dürfen frühestens 32 Monate, für die Vertreterversammlung frühestens 23 Monate nach Beginn der Wahlperiode der Vertretungen der Gemeinden und Kreise stattfinden; dies gilt nicht, wenn die Wahlperiode vorzeitig endet.

(5) Tritt in einem Wahlvorschlag eine Unionsbürgerin oder ein Unionsbürger als Bewerberin oder Bewerber auf, ist dem Wahlvorschlag eine Versicherung an Eides Statt der Bewerberin oder des Bewerbers beizufügen, daß sie oder er im Herkunftsmitgliedstaat nicht von der Wählbarkeit ausgeschlossen ist (§ 6 Abs. 2 Nr. 6). Für die Abnahme der Versicherung an Eides Statt ist die Wahlleiterin oder der Wahlleiter zuständig; sie oder er ist Behörde im Sinne des § 156 des Strafgesetzbuches.

§ 21 Form der Wahlvorschläge

(1) Die Wahlvorschläge müssen

in Gemeinden mit mehr als 70 bis zu 500 Einwohnerinnen und Einwohnern von 5,

in Gemeinden mit mehr als 500 bis zu 1000 Einwohnerinnen und
Einwohnern von 10,
in Gemeinden mit mehr als 1000 Einwohnerinnen und Einwohnern
und in den Kreisen von 20

Wahlberechtigten eigenhändig unterzeichnet sein; die Wahlberechtigung der Unterzeichnerinnen und Unterzeichner ist bei Einreichung
des Wahlvorschlages nachzuweisen. Die Unterzeichnerinnen und
Unterzeichner eines unmittelbaren Wahlvorschlages müssen im
Wahlkreis wohnen.

(2) Die Wahlvorschläge von politischen Parteien und Wählergruppen müssen außerdem von der für das Wahlgebiet nach ihrer Satzung zuständigen Leitung unterzeichnet sein. Die Unterzeichnung
nach Satz 1 genügt, wenn die politische Partei oder Wählergruppe
mit mindestens einer oder einem für sie im Land Schleswig-Holstein
aufgestellten und gewählten Vertreterin oder Vertreter im Deutschen
Bundestag, im Schleswig-Holsteinischen Landtag, in der Vertretung
des Wahlgebiets oder, bei Gemeindewahlen, in der Vertretung des
Kreises vertreten ist.

(3) Liegen die Voraussetzungen des Absatzes 2 Satz 2 nicht vor, so
sind den Wahlvorschlägen von Bewerberinnen und Bewerbern, die
für eine politische Partei oder Wählergruppe auftreten, die Satzungen und das Programm dieser Partei oder Wählergruppe beizufügen;
ferner ist nachzuweisen, daß der Vorstand nach demokratischen
Grundsätzen gewählt ist. Diese Unterlagen brauchen nicht beigefügt
zu werden, wenn sie dem Innenministerium bereits eingereicht sind
und eine Bestätigung hierüber vorliegt.

§ 22 Vertrauensperson

In jedem Wahlvorschlag sollen eine Vertrauensperson und eine stellvertretende Vertrauensperson bezeichnet werden. Fehlt dies, so gilt
die Person, die als erste unterzeichnet hat, als Vertrauensperson,
und diejenige, die als zweite unterzeichnet hat, als stellvertretende
Vertrauensperson. Die Mehrheit der Unterzeichnerinnen und Unterzeichner kann die Vertrauensperson und die stellvertretende Vertrauensperson dadurch abberufen und ersetzen, daß sie dies der
Wahlleiterin oder dem Wahlleiter schriftlich erklärt.

§ 23 Änderung und Rücknahme von Wahlvorschlägen

(1) Eine Bewerberin oder ein Bewerber, die oder der nach Ablauf der in § 19 genannten Frist stirbt oder die Wählbarkeit verliert, kann durch eine andere Bewerberin oder einen anderen Bewerber ersetzt werden. Bei einer solchen Änderung des Wahlvorschlages ist § 21 Abs. 1 nicht anzuwenden.

(2) Ein Wahlvorschlag kann zurückgenommen werden.

(3) Änderung und Rücknahme bedürfen einer gemeinsamen Erklärung der Vertrauensperson und der stellvertretenden Vertrauensperson.

(4) Ein von Wahlberechtigten unterzeichneter Wahlvorschlag kann auch von der Mehrheit der Unterzeichnerinnen und Unterzeichner gemeinsam zurückgenommen werden.

(5) Nach der Entscheidung über die Zulassung können Wahlvorschläge nicht mehr geändert oder zurückgenommen werden.

(6) Sämtliche Erklärungen sind der Wahlleiterin oder dem Wahlleiter gegenüber schriftlich abzugeben.

§ 24 Beseitigung von Mängeln

(1) Die Wahlleiterin oder der Wahlleiter hat die Wahlvorschläge unverzüglich nach Eingang zu prüfen. Stellt sie oder er Mängel fest, so benachrichtigt sie oder er sofort die Vertrauensperson und fordert sie auf, behebbare Mängel rechtzeitig zu beseitigen.

(2) Die ordnungsmäßige Unterzeichnung eines Wahlvorschlages, der Nachweis der Wahlberechtigung der Unterzeichnerinnen und Unterzeichner nach § 21 Abs. 1 und die Vorlage der in § 20 Abs. 2 und § 21 Abs. 3 genannten Unterlagen können bis zum Ablauf der Einreichungsfrist nachgeholt, sonstige Mängel bis zur Zulassung beseitigt werden.

(3) Gegen Verfügungen der Wahlleiterin oder des Wahlleiters im Mängelbeseitigungsverfahren kann die Vertrauensperson den Wahlausschuß anrufen.

§ 25 Zulassung der Wahlvorschläge

(1) Der Wahlausschuß entscheidet am 30. Tag vor der Wahl in öffentlicher Sitzung über die Zulassung der Wahlvorschläge. Er hat Wahlvorschläge zurückzuweisen, wenn sie

1. verspätet eingereicht sind oder

2. den Anforderungen nicht entsprechen, die durch dieses Gesetz aufgestellt sind, es sei denn, daß in diesen Vorschriften etwas anderes bestimmt ist. Entspricht ein Listenwahlvorschlag nur hinsichtlich einzelner Bewerberinnen und Bewerber nicht den Anforderungen, so werden ihre Namen aus der Liste gestrichen.

(2) Weist der Wahlausschuß einen Wahlvorschlag ganz oder teilweise zurück, so können die Vertrauensperson und die Wahlleiterin oder der Wahlleiter binnen drei Tagen nach Verkündung Beschwerde erheben. Die Wahlleiterin oder der Wahlleiter kann dies auch gegen die Zulassung eines Wahlvorschlages tun.

(3) Über die Beschwerde entscheidet in öffentlicher Sitzung bei Wahlvorschlägen in kreisangehörigen Gemeinden der Kreiswahlausschuß, bei Wahlvorschlägen in kreisfreien Städten und in Kreisen der Landeswahlausschuß. In der Verhandlung über die Beschwerde sind die erschienenen Beteiligten zu hören. Über die Beschwerde ist spätestens am 24. Tag vor der Wahl zu entscheiden.

(4) Die Wahlleiterin oder der Wahlleiter gibt die zugelassenen Wahlvorschläge spätestens am 20. Tag vor der Wahl bekannt.

§ 26 Spätere Wahl

(1) Werden in einem Wahlkreis keine oder weniger unmittelbare Wahlvorschläge eingereicht und zugelassen, als unmittelbare Vertreterinnen und Vertreter zu wählen sind, so findet in diesem Wahlkreis die Wahl später statt. Die Kommunalaufsichtsbehörde setzt den Tag der späteren Wahl fest.

(2) Die Verteilung der Sitze aus den Listen ist nach den Ergebnissen der späteren Wahl zu berichtigen.

§ 27 Neuwahl

(1) Stirbt eine unmittelbare Bewerberin oder ein unmittelbarer Bewerber nach der Zulassung ihres oder seines Wahlvorschlages und vor Beginn der Wahl, so ist die Wahl in dem betroffenen Wahlkreis von der Wahlleiterin oder vom Wahlleiter abzusagen und um höchstens sechs Wochen zu verschieben (Nachwahl).

(2) Eine Nachwahl findet ferner statt, wenn in einem Wahlkreis infolge höherer Gewalt nicht gewählt werden kann. In diesem Fall setzt die Kommunalaufsichtsbehörde den Tag der Nachwahl fest.

(3) Die Verteilung der Sitze aus den Listen ist nach den Ergebnissen der Nachwahl zu berichtigen.

§ 28 Stimmzettel und Umschläge

(1) Die Stimmzettel (§ 32) und die Wahlbriefumschläge (§ 33) werden für jeden Wahlkreis unter der Verantwortung der Wahlleiterin oder des Wahlleiters hergestellt.

(2) Der Stimmzettel enthält die Namen der Bewerberinnen und Bewerber in folgender Anordnung:

1. Bewerberinnen und Bewerber, die für eine an der letzten Landtagswahl beteiligte politische Partei auftreten, in der Reihenfolge der von diesen Parteien bei dieser Wahl erreichten Stimmenzahl unter der entsprechenden, vom Innenministerium bekanntzugebenden Nummer,

2. Bewerberinnen und Bewerber, die für sonstige politische Parteien oder Wählergruppen auftreten, in alphabetischer Reihenfolge des Namens dieser Parteien und Wählergruppen,

3. parteilose Bewerberinnen und Bewerber in alphabetischer Reihenfolge des Familiennamens.

(3) Treten für eine politische Partei oder Wählergruppe mehrere Bewerberinnen und Bewerber im Wahlkreis auf, so bestimmt die Partei oder Wählergruppe die Reihenfolge und teilt sie der Wahlleiterin oder dem Wahlleiter mit. Unterbleibt diese Mitteilung bis zur Zulassung der Wahlvorschläge, so gilt die alphabetische Reihenfolge.

(4)   In Wahlbezirken, in denen die Wahlstatistik (§ 57 Abs. 2) durchgeführt wird, werden Stimmzettel mit Unterscheidungsbezeichnungen nach Geschlecht und Geburtsjahresgruppen verwendet.

ABSCHNITT V: Wahlhandlung

§ 29   Öffentlichkeit der Wahl

Die Wahlhandlung und die Feststellung des Wahlergebnisses sind öffentlich. Der Wahlvorstand kann Personen, die die Ordnung und Ruhe stören, aus dem Wahlraum verweisen.

§ 30   Unzulässige Wahlpropaganda, unzulässige Veröffentlichung von Wählerbefragungen

(1)   In und an dem Gebäude, in dem sich der Wahlraum befindet, sowie unmittelbar vor dem Zugang zu dem Gebäude sind jede Beeinflussung der Wählerinnen und Wähler durch Wort, Ton, Schrift oder Bild sowie jede Unterschriftensammlung verboten.

(2)   Die Veröffentlichung von Ergebnissen von Wählerbefragungen nach der Stimmabgabe über den Inhalt der Wahlentscheidung ist vor Ablauf der Wahldauer unzulässig.

§ 31   Wahrung des Wahlgeheimnisses

(1)   Es ist dafür zu sorgen, daß die Wählerin oder der Wähler den Stimmzettel unbeobachtet kennzeichnen kann. Für die Aufnahme der Stimmzettel sind Wahlurnen zu verwenden, die das Wahlgeheimnis sichern.

(2)   Wer nicht lesen kann oder durch körperliche Gebrechen behindert ist, den Stimmzettel zu kennzeichnen und ihn in die Wahlurne zu legen, kann sich von einer Hilfsperson helfen lassen.

§ 32   Stimmabgabe

(1)   Gewählt wird mit amtlichen Stimmzetteln.

(2)   Das Innenministerium kann zulassen, daß an Stelle von Stimmzetteln amtlich zugelassene Stimmenzählgeräte verwendet werden.

§ 33 Briefwahl

(1) Bei der Briefwahl hat die Wählerin oder der Wähler der Gemeindewahlleiterin oder dem Gemeindewahlleiter einen von der Gemeinde oder von dem Amt freigemachten Wahlbrief so rechtzeitig zu übersenden, daß dieser spätestens am Wahltag bis 18.00 Uhr eingehen kann. Wer den Wahlbrief erst am Wahltag überreichen will, muß dafür sorgen, daß der Wahlbrief bis 18.00 Uhr dem Wahlvorstand des auf dem Wahlbriefumschlag angegebenen Wahlbezirks zugeht. Der Wahlbrief muß in einem verschlossenen Wahlbriefumschlag enthalten

1. den Wahlschein,

2. in einem besonderen verschlossenen Umschlag den Stimmzettel.

Wer nicht lesen kann oder durch körperliche Gebrechen behindert ist, die Briefwahl persönlich zu vollziehen, kann sich von einer Hilfsperson helfen lassen.

(2) Auf dem Wahlschein hat die Wählerin oder der Wähler oder die Hilfsperson gegenüber der Gemeindewahlleiterin oder dem Gemeindewahlleiter an Eides Statt zu versichern, daß der Stimmzettel persönlich oder gemäß dem erklärten Willen der Wählerin oder des Wählers gekennzeichnet worden ist. Die Gemeindewahlleiterin oder der Gemeindewahlleiter ist zur Abnahme einer solchen Versicherung an Eides Statt zuständig: sie oder er ist Behörde im Sinne des § 156 des Strafgesetzbuches.

(3) Die Wahlbriefe eines Wahlkreises werden von der Gemeindewahlleiterin oder vom Gemeindewahlleiter dem oder den für die Briefwahl bestimmten Wahlbezirken zugeleitet.

ABSCHNITT VI: Feststellung des Wahlergebnisses

§ 34 Feststellung im Wahlbezirk

(1) Sobald die Wahlhandlung beendet ist, stellt der Wahlvorstand das Wahlergebnis im Wahlbezirk fest.

(2) Der Wahlvorstand entscheidet über die Gültigkeit der abgegebenen Stimmen und über alle Anstände, die sich bei der Wahlhandlung

und der Ermittlung des Wahlergebnisses ergeben haben. Der Wahlausschuß hat das Recht, diese Entscheidungen nachzuprüfen.

§ 35 Ungültige Stimmen, Zurückweisung von Wahlbriefen, Auslegungsregeln

(1) Ungültig sind Stimmen, wenn der Stimmzettel

1. als nicht amtlich hergestellt erkennbar oder für einen anderen Wahlkreis gültig ist,

2. keine Kennzeichnung enthält,

3. den Willen der Wählerin oder des Wählers nicht zweifelsfrei erkennen läßt,

4. mehr Kennzeichnungen enthält, als unmittelbare Vertreterinnen und Vertreter zu wählen sind, oder

5. einen Zusatz oder Vorbehalt enthält.

(2) Für die Briefwahl gelten neben den Bestimmungen des Absatzes 1 folgende Regelungen:

1. Der Wahlbrief ist zurückzuweisen, wenn

   a) der Wahlbrief nicht rechtzeitig eingegangen ist,

   b) der Wahlbriefumschlag keinen oder keinen gültigen Wahlschein enthält,

   c) der Wahlbriefumschlag keinen Wahlumschlag enthält,

   d) weder der Wahlbriefumschlag noch der Wahlumschlag verschlossen ist,

   e) der Wahlbriefumschlag mehrere Wahlumschläge, aber nicht die gleiche Anzahl gültiger und mit der vorgeschriebenen Versicherung an Eides Statt versehener Wahlscheine enthält,

   f) die Wählerin oder der Wähler oder die Hilfsperson die vorgeschriebene Versicherung an Eides Statt zur Briefwahl auf dem Wahlschein nicht unterschrieben hat,

   g) kein amtlicher Wahlumschlag benutzt worden ist,

   h) ein Wahlumschlag benutzt worden ist, der offensichtlich in einer das Wahlgeheimnis gefährdenden Weise von den übrigen abweicht oder einen deutlich fühlbaren Gegenstand enthält.

Die Einsenderinnen und Einsender zurückgewiesener Wahlbriefe werden nicht als Wählerinnen und Wähler gezählt; ihre Stimmen gelten als nicht abgegeben. Ein Grund für die Zurückweisung eines Wahlbriefes liegt nicht vor, wenn eine Person, die an der Briefwahl teilgenommen hat, verstorben ist, ihre Wohnung oder ihren gewöhnlichen Aufenthalt im Wahlgebiet (§ 3 Abs. 1 Nr. 2) aufgegeben oder sonst ihr Wahlrecht verloren hat.

2. Ist der Wahlumschlag leer, so gilt dies als ungültige Stimme.

3. Mehrere Stimmzettel derselben Wahl in einem Wahlumschlag gelten als ein Stimmzettel, wenn alle gekennzeichneten Stimmzettel gleich lauten oder nur einer gekennzeichnet ist; sonst zählen sie als ein Stimmzettel mit einer ungültigen Stimme.

§ 36 Feststellung im Wahlgebiet

Der Wahlausschuß stellt das Wahlergebnis im Wahlgebiet fest. Die Wahlleiterin oder der Wahlleiter gibt das Wahlergebnis bekannt. Sie oder er benachrichtigt die Gewählten und fordert sie auf, binnen einer Woche schriftlich zu erklären, ob sie die Wahl annehmen.

§ 37 Erwerb der Mitgliedschaft in der Vertretung

Eine gewählte Bewerberin oder ein gewählter Bewerber erwirbt die Mitgliedschaft in der Vertretung mit dem fristgerechten Eingang der auf die Benachrichtigung nach § 36 Satz 3 erfolgenden schriftlichen Annahmeerklärung bei der Wahlleiterin oder dem Wahlleiter, jedoch nicht vor Ablauf der Wahlzeit der bisherigen Vertretung. Gibt die oder der Gewählte bis zum Ablauf der gesetzlichen Frist keine oder keine schriftliche Erklärung ab, so gilt die Wahl zu diesem Zeitpunkt als angenommen. Eine Erklärung unter Vorbehalt gilt als Ablehnung. Die Annahme- oder Ablehnungserklärung kann nicht widerrufen werden.

§ 37 a Unvereinbarkeit von Amt und Mandat

(1) Eine Beamtin oder ein Beamter, die oder der in einen Kreistag oder eine Gemeindevertretung gewählt wurde und deren oder dessen Amt oder Funktion mit dem Mandat unvereinbar ist, erwirbt abweichend von § 37 die Mitgliedschaft in der Vertretung erst, wenn

sie oder er gleichzeitig die Beurlaubung von ihrem oder seinem Dienstverhältnis oder im Falle des Absatzes 3 die Übertragung einer anderen Funktion schriftlich nachweist. Die Zeit der Mitgliedschaft in einem Kreistag oder einer Gemeindevertretung bis höchstens zur Erreichung der gesetzlichen Altersgrenze gilt bei Wiedereintritt in das frühere Dienstverhältnis oder nach Beendigung der Wahlperiode als Dienstzeit im Sinne des Besoldungs- und Versorgungsrechts.

(2) Der Dienstherr hat dem Antrag auf Beurlaubung, die nach Absatz 1 Satz 1 für die Annahme der Wahl erforderlich ist, zu entsprechen. Während der Zeit der Beurlaubung ruhen die Rechte und Pflichten aus dem Dienstverhältnis. Die Beurlaubung endet mit dem Erlöschen des Mandats.

(3) Beruht die Unvereinbarkeit lediglich auf der ausgeübten Funktion, so ist der Dienstherr verpflichtet, der Beamtin oder dem Beamten auf ihren oder seinen Antrag eine andere, gleichwertige Funktion zu übertragen.

(4) Die vorstehenden Absätze gelten für Angestellte des öffentlichen Dienstes sinngemäß.

ABSCHNITT VII: Wahlprüfung, Ausscheiden und
Nachrücken

§ 38 Einsprüche gegen die Gültigkeit der Wahl

(1) Gegen die Gültigkeit der Wahl kann jede oder jeder Wahlberechtigte des Wahlgebiets sowie die Kommunalaufsichtsbehörde binnen eines Monats nach der Bekanntmachung des Wahlergebnisses Einspruch erheben.

(2) Der Einspruch ist schriftlich oder zur Niederschrift bei der Wahlleiterin oder beim Wahlleiter zu erheben.

§ 39 Beschluß der Vertretung über die Gültigkeit der Wahl

Die neue Vertretung hat nach Vorprüfung durch einen von ihr gewählten Ausschuß über die Gültigkeit der Wahl sowie über Einsprüche in folgender Weise zu beschließen:

1. War eine Vertreterin oder ein Vertreter nicht wählbar, so ist ihr oder sein Ausscheiden anzuordnen.

2. Sind bei der Vorbereitung der Wahl oder bei der Wahlhandlung Unregelmäßigkeiten vorgekommen, die das Wahlergebnis im Wahlkreis oder die Verteilung der Sitze aus den Listen im Einzelfall beeinflußt haben können, so ist die Wahl der Entscheidung entsprechend zu wiederholen (§ 41).

3. Ist die Feststellung des Wahlergebnisses fehlerhaft, so ist sie aufzuheben und eine neue Feststellung anzuordnen (§ 42).

4. Liegt keiner der unter Nummer 1 bis 3 genannten Fälle vor, so ist die Wahl für gültig zu erklären.

§ 40 Verwaltungsgerichtliche Entscheidung

(1) Gegen den Beschluß der Vertretung steht der Person, die den Einspruch erhoben hat, und der Person, deren Wahl für ungültig erklärt ist, sowie der Kommunalaufsichtsbehörde binnen zwei Wochen die Klage vor den Verwaltungsgerichten zu.

(2) Für das Wahlprüfungsverfahren vor den Verwaltungsgerichten gelten die allgemeinen Grundsätze über das verwaltungsgerichtliche Verfahren, soweit sich aus diesem Gesetz nicht etwas anderes ergibt.

§ 41 Wiederholungswahl

(1) Die Wiederholungswahl findet nach denselben Vorschriften, vorbehaltlich einer anderen Entscheidung im Wahlprüfungsverfahren nach denselben Wahlvorschlägen und, wenn seit der Hauptwahl noch nicht sechs Monate verflossen sind, aufgrund derselben Wählerverzeichnisse statt wie die Hauptwahl.

(2) Die Wiederholungswahl muß spätestens 60 Tage nach dem Zeitpunkt stattfinden, an dem die Feststellung der Ungültigkeit der Hauptwahl unanfechtbar geworden ist. Die Kommunalaufsichtsbehörde setzt den Tag der Wiederholungswahl fest.

(3) Die Verteilung der Sitze aus den Listen ist nach dem Ergebnis der Wiederholungswahl zu berichtigen.

§ 42   Neufeststellung des Wahlergebnisses

(1)   Ist die Feststellung des Wahlergebnisses durch die Vertretung nach § 39 Nr. 3 aufgehoben, so hat der Wahlausschuß das Wahlergebnis neu festzustellen.

(2)   Ist die Feststellung des Wahlergebnisses im verwaltungsgerichtlichen Verfahren nach § 40 rechtskräftig aufgehoben, so hat die Wahlleiterin oder der Wahlleiter das Wahlergebnis nach Maßgabe der gerichtlichen Entscheidung neu festzustellen.

(3)   Für die Nachprüfung gelten die §§ 38 bis 40. Im Fall des Absatzes 2 ist die Anfechtung des festgestellten Wahlergebnisses nur insoweit zulässig, als die Feststellung von der verwaltungsgerichtlichen Entscheidung abweicht.

§ 43   Verlust des Sitzes

(1)   Eine Vertreterin oder ein Vertreter verliert ihren oder seinen Sitz,

1. wenn sie oder er auf ihn verzichtet,

2. wenn sie oder er aufgrund einer unanfechtbaren Entscheidung im Wahlprüfungsverfahren ausscheiden muß (§ 39 Nr. 1),

3. wenn eine Voraussetzung ihrer oder seiner jederzeitigen Wählbarkeit nach unanfechtbarer Feststellung durch die Kommunalaufsichtsbehörde weggefallen ist.

(2)   Der Verzicht ist der oder dem Vorsitzenden der Vertretung schriftlich zu erklären. Er kann nicht widerrufen werden.

(3)   Ist eine Wahl ungültig oder nach § 39 Nr. 2 für ungültig erklärt oder ist die Feststellung eines Wahlergebnisses nach § 39 Nr. 3 aufgehoben oder ist eine Wahl unter Anwendung nichtiger gesetzlicher Bestimmungen durchgeführt worden, so bleiben die Vertreterinnen und Vertreter weiter tätig, bis die Wahlleiterin oder der Wahlleiter das neue Wahlergebnis bekanntgemacht hat, sofern die Wahlzeit nicht schon vorher abgelaufen ist.

(4)   Ist eine Wahl ungültig oder unter Anwendung nichtiger gesetzlicher Bestimmungen durchgeführt worden, so ist in angemessener Frist neu zu wählen. Den Wahltag bestimmt die Landesregierung.

§ 44 Nachrücken

(1) Wenn eine gewählte Bewerberin oder ein gewählter Bewerber stirbt oder die Annahme der Wahl ablehnt oder wenn eine Vertreterin oder ein Vertreter stirbt oder ihren oder seinen Sitz verliert (§ 43), so rückt die nächste Bewerberin oder der nächste Bewerber auf der Liste derjenigen politischen Partei oder Wählergruppe nach, für die die oder der Ausgeschiedene bei der Wahl aufgetreten ist.

(2) Ist ein Nachrücken nicht möglich, weil eine Liste nicht vorhanden oder erschöpft ist, so bleibt der Sitz leer.

(3) Die Wahlleiterin oder der Wahlleiter stellt die neue Vertreterin oder den neuen Vertreter oder das Leerbleiben des Sitzes fest und gibt dies bekannt. In Zweifelsfällen entscheidet die Vertretung nach Vorprüfung durch den nach § 39 gewählten Ausschuß. Jede und jeder Wahlberechtigte des Wahlgebiets kann gegen die Feststellung der Wahlleiterin oder des Wahlleiters Einspruch nach § 38 einlegen und gegen die Feststellung der Vertretung Klage nach § 40 erheben. Die Kommunalaufsichtsbehörde kann die Feststellung nach den Vorschriften des Gemeinde- und Kreisverfassungsrechts binnen eines Monats nach Zustellung beanstanden. Die neuen Vertreterinnen und Vertreter bleiben im Amt, bis über den Einspruch, die Klage oder die Beanstandung unanfechtbar entschieden ist.

§ 45 Folgen des Verbots einer politischen Partei oder Wählergruppe

(1) Wird eine politische Partei oder eine ihrer Teilorganisationen durch das Bundesverfassungsgericht nach Artikel 21 des Grundgesetzes für verfassungswidrig erklärt oder wird eine Wählergruppe wegen Verfassungswidrigkeit oder aus anderen Gründen rechtskräftig verboten, so verlieren die Vertreterinnen und Vertreter ihren Sitz, die für diese Partei, Wählergruppe oder Teilorganisation nach Beginn des Verfahrens aufgetreten sind.

(2) Für unmittelbare Vertreterinnen und Vertreter, die nach Absatz 1 ausgeschieden sind, findet im Wahlkreis eine Nachwahl statt. Diese Vertreterinnen und Vertreter dürfen bei der Nachwahl nicht als Bewerberinnen und Bewerber auftreten. Die Verteilung der Sitze aus

den Listen wird durch die Nachwahl nicht berührt. Für die Nachwahl gelten im übrigen die Vorschriften über die Neuwahl.

(3) Waren Vertreterinnen und Vertreter, die nach Absatz 1 ihren Sitz verloren haben, aus der Liste gewählt, so bleibt der Sitz leer. Dies gilt nicht, wenn sie aus der Liste einer nicht für verfassungswidrig erklärten politischen Partei oder einer nicht rechtskräftig verbotenen Wählergruppe gewählt waren; in diesem Fall bestimmt sich der Ersatz nach § 44.

(4) Den Verlust der Mitgliedschaft stellt die Wahlleiterin oder der Wahlleiter fest. § 44 Abs. 3 ist anzuwenden.

ABSCHNITT VIII: Wahl der hauptamtlichen Bürgermeisterinnen und Bürgermeister sowie der Landrätinnen und Landräte

§ 46 Anwendbarkeit von Rechtsvorschriften

Für die Wahl der hauptamtlichen Bürgermeisterinnen und Bürgermeister sowie der Landrätinnen und Landräte gelten die §§ 2 bis 5, 11 bis 14, 17, 19, 22, 24 Abs. 1 und 3, §§ 25, 28 Abs. 1, §§ 29 bis 35 und 36 Satz 1 und 2 entsprechend, soweit sich aus den Vorschriften dieses Abschnitts nicht etwas anderes ergibt.

§ 47 Wahlsystem

(1) Die Wahl wird nach den Grundsätzen der Mehrheitswahl durchgeführt. Gewählt ist, wer mehr als die Hälfte der gültigen Stimmen erhalten hat. Erhält keine Bewerberin und kein Bewerber diese Mehrheit, so findet binnen 28 Tagen eine Stichwahl unter den zwei Bewerberinnen oder Bewerbern statt, welche bei der ersten Wahl die höchsten Stimmenzahlen erhalten haben. Bei Stimmengleichheit entscheidet das von der Wahlleiterin oder dem Wahlleiter zu ziehende Los darüber, wer in die Stichwahl kommt. Bei der Stichwahl ist gewählt, wer die meisten gültigen Stimmen erhalten hat; bei gleicher Stimmenzahl entscheidet das von der Wahlleiterin oder dem Wahlleiter zu ziehende Los.

(2) Jede Wählerin und jeder Wähler hat eine Stimme.

§ 48 Wahltag

Der Wahlausschuß bestimmt den Wahltag und den Tag einer notwendig werdenden Stichwahl. Die Wahl und die Stichwahl finden jeweils an einem Sonntag statt.

§ 49 Wahlbezirke

Soweit erforderlich, teilt der Gemeindewahlausschuß die Gemeinde in mehrere Wahlbezirke ein und bestimmt einen oder mehrere Wahlbezirke für die Briefwahl (§ 33 Abs. 3). § 16 Abs. 2 ist anzuwenden.

§ 50 Wählerverzeichnis

Die für die erste Wahl erstellten Wählerverzeichnisse sind auch für die Stichwahl maßgebend.

§ 51 Wahlvorschläge

(1) Wahlvorschläge können einreichen

1. jede Fraktion der Vertretung der Gemeinde oder des Kreises (Fraktionsvorschlag); mehrere Fraktionen können gemeinsam einen Wahlvorschlag einreichen (gemeinsamer Fraktionsvorschlag),

2. jede Bewerberin und jeder Bewerber für sich selbst.

(2) Ein Fraktionsvorschlag muß von mindestens zwei Fraktionsmitgliedern, ein gemeinsamer Fraktionsvorschlag von mindestens zwei Mitgliedern jeder beteiligten Fraktion persönlich und handschriftlich unterzeichnet sein. Zu den Unterzeichnenden muß jeweils die oder der Fraktionsvorsitzende oder eine Stellvertreterin oder ein Stellvertreter gehören. Als Bewerberin oder als Bewerber kann nur vorgeschlagen werden, wer seine Zustimmungserklärung hierzu schriftlich erteilt hat; die Zustimmung ist unwiderruflich. Die Bewerberin oder der Bewerber wird in geheimer schriftlicher Abstimmung gewählt. Vorschlagsberechtigt ist jedes Fraktionsmitglied.

(3) Der Wahlvorschlag einer Bewerberin oder eines Bewerbers (Absatz 2 Nr. 2) muß von einer Mindestzahl von Wahlberechtigten per-

sönlich und handschriftlich unterzeichnet sein; die Mindestzahl von Vertreterinnen und Vertretern, die nach § 8 für die zuletzt stattgefundene Wahl der Vertretung der Gemeinde oder des Kreises maßgebend war. Die Wahlberechtigung der Unterzeichnenden ist bei Einreichung des Wahlvorschlags nachzuweisen.

(4) Die ordnungsgemäße Unterzeichnung eines Wahlvorschlags nach Absatz 2 Satz 1 und Absatz 3 Satz 1 sowie der Nachweis der Wahlberechtigung der Unterzeichnenden nach Absatz 3 Satz 2 können bis zum Ablauf der Einreichungsfrist nachgeholt, sonstige Mängel bis zur Zulassung beseitigt werden.

(5) Ein Wahlvorschlag kann, solange nicht über seine Zulassung entschieden ist, zurückgenommen werden

1. im Falle des Absatzes 1 Satz 1 Nr. 1 von der Vertrauensperson und der stellvertretenden Vertrauensperson gemeinsam,

2. im Falle des Absatzes 1 Satz 1 Nr. 2

   a) von der Bewerberin oder dem Bewerber selbst,

   b) von der Mehrheit der Unterzeichnenden.

Die Rücknahme ist der Wahlleiterin oder dem Wahlleiter gegenüber schriftlich zu erklären.

(6) Bewerberinnen und Bewerber, die innerhalb des Wahlgebiets auf mehreren Wahlvorschlägen benannt sind, können nicht zugelassen werden.

§ 52 Verschiebung der Wahl

(1) Stirbt eine Bewerberin oder ein Bewerber nach der Zulassung des Wahlvorschlags und vor Beginn der Wahl oder der Stichwahl, so ist die Wahl abzusagen und das Wahlverfahren erneut zu beginnen. Zugelassene Wahlvorschläge bleiben gültig; § 51 Abs. 5 bleibt unberührt.

(2) Kann infolge höherer Gewalt nicht gewählt werden, ist die Wahl abzusagen und zu einem späteren Zeitpunkt mit denselben Wahlvorschlägen durchzuführen.

(3) § 48 gilt entsprechend.

§ 53 Stimmzettel

(1) Auf dem Stimmzettel werden die Bewerberinnen und Bewerber in alphabetischer Reihenfolge des Familiennamens aufgeführt. Bei gleichen Familiennamen entscheidet das von der Wahlleiterin oder dem Wahlleiter zu ziehende Los. Fraktionsvorschläge und gemeinsame Fraktionsvorschläge sind als solche zu kennzeichnen.

(2) Ist nur ein Wahlvorschlag zugelassen worden, muß der Stimmzettel so gestaltet sein, daß die Wählerin oder der Wähler mit „Ja" oder „Nein" stimmen kann.

§ 54 Wahlprüfung

Die §§ 38 bis 42 gelten entsprechend mit folgenden Maßgaben:

1. Einspruchsberechtigt ist jede und jeder Wahlberechtigte des Wahlgebiets sowie jede Bewerberin und jeder Bewerber auf einem eingereichten Wahlvorschlag.

2. Über die Gültigkeit der Wahl sowie über Einsprüche entscheidet die Kommunalaufsichtsbehörde.

3. War die oder der Gewählte nicht wählbar, so ist anzuordnen, daß die Ernennung unterbleibt oder eine bereits erfolgte Ernennung zurückgenommen wird.

4. Die Wiederholungswahl muß spätestens fünf Monate nach dem Zeitpunkt stattfinden, an dem die Feststellung der Ungültigkeit der Hauptwahl unanfechtbar geworden ist.

ABSCHNITT IX: Gemeinsame Vorschriften
für die Abschnitte I bis VIII

§ 55 Ehrenamtliche Mitwirkung

(1) Die Beisitzerinnen und Beisitzer der Kreis- und Gemeindewahlausschüsse sowie die Mitglieder der Wahlvorstände üben ihre Tätigkeit ehrenamtlich aus. Zur Übernahme dieser ehrenamtlichen Tätigkeiten ist vorbehaltlich der Absätze 2 und 3 jede und jeder Wahlberechtigte verpflichtet.

(2) Wahlbewerberinnen und Wahlbewerber, Vertrauenspersonen für Wahlvorschläge und stellvertretende Vertrauenspersonen dürfen nicht Wahlleiterinnen und Wahlleiter oder deren Stellvertreterinnen und Stellvertreter sein und keine ehrenamtliche Tätigkeit nach Absatz 1 Satz 1 ausüben. Niemand darf in mehr als einem Wahlorgan Mitglied sein.

(3) Die Übernahme einer ehrenamtlichen Tätigkeit nach Absatz 1 Satz 1 dürfen ablehnen

1. die Mitglieder des Europäischen Parlaments, des Bundestages, des Landtages, der Bundesregierung und der Landesregierung.

2. die im öffentlichen Dienst Beschäftigten, die amtlich mit dem Vollzug der Wahl oder mit der Aufrechterhaltung der öffentlichen Ruhe und Sicherheit beauftragt sind,

3. Wahlberechtigte, die wenigstens 60 Jahre alt sind,

4. Wahlberechtigte, die glaubhaft machen, daß ihnen die Fürsorge für ihre Familie die Ausübung des Amtes in besonderem Maße erschwert,

5. Wahlberechtigte, die glaubhaft machen, daß sie aus dringenden Gründen oder durch Krankheit oder Gebrechen behindert sind, das Amt ordnungsmäßig zu führen,

6. Wahlberechtigte, die sich am Wahltag aus zwingenden Gründen außerhalb ihres Wohnortes aufhalten.

§ 56 Ordnungswidrigkeiten

(1) Ordnungswidrig handelt, wer

1. entgegen § 55 ohne gesetzlichen Grund die Übernahme einer ehrenamtlichen Tätigkeit ablehnt oder sich ohne genügende Entschuldigung diesen Pflichten entzieht oder

2. entgegen § 30 Abs. 2 Ergebnisse von Wählerbefragungen nach der Stimmabgabe über den Inhalt der Wahlentscheidung vor Ablauf der Wahldauer veröffentlicht.

(2) Die Ordnungswidrigkeit nach Absatz 1 Nr. 1 kann mit einer Geldbuße bis zu 1000 DM, die Ordnungswidrigkeit nach Absatz 1 Nr. 2 mit einer Geldbuße bis zu 10000 DM geahndet werden.

(3) Bei Ordnungswidrigkeiten nach Absatz 1 Nr. 1 ist die Kreiswahlleiterin oder der Kreiswahlleiter Verwaltungsbehörde im Sinne des § 36 Abs. 1 Nr. 1 des Gesetzes über Ordnungswidrigkeiten.

§ 57 Wahlstatistik

(1) Das Ergebnis der Wahlen zu den Gemeinde- und Kreisvertretungen ist vom Statistischen Landesamt statistisch auszuwerten und zu veröffentlichen.

(2) Über die Ergebnisse der Gemeindewahl in den kreisfreien Städten und der Kreiswahl in den Kreisen wird eine Landesstatistik auf repräsentativer Grundlage über

a) die Wahlberechtigten und ihre Beteiligung an der Wahl nach Geburtsjahresgruppen und Geschlecht,

b) die Wählerinnen und Wähler nach Stimmabgabe für die einzelnen Wahlvorschläge, nach Geburtsjahresgruppen und Geschlecht,

erstellt. Die Erhebung wird mit einem Auswahlsatz von 4 v. H. der Wahlberechtigten des Landes in ausgewählten Wahlbezirken durchgeführt. Die Wahlbezirke werden vom Statistischen Landesamt im Einvernehmen mit dem Innenministerium ausgewählt. Ein Wahlbezirk muß mindestens 500 Wahlberechtigte umfassen.

(3) Erhebungsmerkmale für die Statistik nach Absatz 2 Buchst. a sind Wahlscheinvermerk, Beteiligung an der Wahl, Geburtsjahresgruppen und Geschlecht. Erhebungsmerkmale für die Statistik nach Absatz 2 Buchst. b sind abgegebene Stimme, ungültige Stimme, Geburtsjahresgruppe und Geschlecht. Hilfsmerkmale sind Kreis, Gemeinde und Wahlbezirk.

(4) Für die Erhebung nach Absatz 2 Buchst. a dürfen höchstens zehn Geburtsjahresgruppen gebildet werden, in denen jeweils mindestens drei Geburtsjahrgänge zusammengefaßt sind. Für die Erhebung nach Absatz 2 Buchst. b dürfen höchstens fünf Geburtsjahresgruppen gebildet werden, in denen jeweils mindestens sieben Geburtsjahrgänge zusammengefaßt sind.

(5) Die Erhebung nach Absatz 2 Buchst. a wird auf Gemeindeebene von der Gemeindewahlleiterin oder dem Gemeindewahlleiter durch

Auszählung der Wählerverzeichnisse durchgeführt. Das Ergebnis wird dem Statistischen Landesamt übermittelt.

(6) Die Erhebung nach Absatz 2 Buchst. b wird unter Verwendung von Stimmzetteln mit Unterscheidungsbezeichnungen nach Geschlecht und Geburtsjahresgruppe durchgeführt. Die Gemeindewahlleiterin oder der Gemeindewahlleiter leitet die ihr oder ihm von der Wahlvorsteherin oder dem Wahlvorsteher übergebenen verpackten und versiegelten Stimmzettel der für die Erhebung ausgewählten Wahlbezirke ungeöffnet zur Auswertung an das Statistische Landesamt weiter. Gemeinden mit einer Statistikstelle im Sinne des § 7 Abs. 4 des Landesstatistikgesetzes können die Auswertung der Stimmzettel selbst in der Statistikstelle vornehmen lassen. In diesen Fällen leitet die Gemeinde dem Statistischen Landesamt die Ergebnisse der Auswertung zu.

(7) Gemeinden mit ausgewählten Wahlbezirken dürfen in weiteren Wahlbezirken, die mindestens 500 Wahlberechtigte umfassen müssen, für eigene statistische Zwecke wahlstatistische Auszählungen unter Verwendung gekennzeichneter Stimmzettel mit den in Absatz 3 Satz 2 und 3 genannten Erhebungs- und Hilfsmerkmalen durchführen. Absatz 4 Satz 2 gilt entsprechend. Die wahlstatistischen Auszählungen dürfen innerhalb einer Gemeinde nur von einer Statistikstelle im Sinne des § 7 Abs. 4 des Landesstatistikgesetzes vorgenommen werden.

(8) Die Durchführung der Statistiken nach Absatz 2 und der wahlstatistischen Auszählungen nach Absatz 7 ist nur zulässig, wenn das Wahlgeheimnis gewahrt bleibt. Ergebnisse für einzelne Wahlbezirke dürfen nicht bekanntgegeben werden. Ergebnisse für eine Gemeinde dürfen auch von dieser nur im Falle des Absatzes 5, Absatzes 6 Satz 4 und des Absatzes 7 bekanntgegeben werden. Für die weitere Behandlung und die Vernichtung der Stimmzettel gelten die wahlrechtlichen Vorschriften.

§ 58 Anfechtung

Entscheidungen und Maßnahmen, die sich unmittelbar auf das Wahlverfahren beziehen, können nur mit den in diesem Gesetz und den in der Gemeinde- und Kreiswahlordnung vorgesehenen Rechtsbehelfen sowie im Wahlprüfungsverfahren angefochten werden.

ABSCHNITT X: Schlußvorschriften

§ 59 Durchführungsbestimmungen

Das Innenministerium wird ermächtigt, durch Rechtsverordnung (Gemeinde- und Kreiswahlordnung[1]) Vorschriften zu erlassen über

die Bildung der Wahlkreise und der Wahlbezirke und ihre Bekanntmachung,

die Bestellung der Wahlleiterinnen und Wahlleiter sowie der Wahlvorsteherinnen und Wahlvorsteher,

die Bildung der Wahlausschüsse und der Wahlvorstände sowie über die Tätigkeit, Beschlußfähigkeit und das Verfahren der Wahlorgane,

die Führung der Wählerverzeichnisse, ihre Auslegung, Berichtigung und ihren Abschluß, über den Einspruch und die Beschwerde gegen das Wählerverzeichnis sowie über die Benachrichtigung der Wahlberechtigten,

die einzelnen Voraussetzungen für die Erteilung von Wahlscheinen, ihre Ausstellung, über den Einspruch und über die Beschwerde gegen die Ablehnung von Wahlscheinen,

die Einreichung, den Inhalt und die Form der Wahlvorschläge sowie der dazugehörigen Unterlagen, über ihre Prüfung, die Beseitigung von Mängeln sowie über ihre Zulassung und Bekanntgabe,

die Form und den Inhalt der Stimmzettel und über die Wahlumschläge,

die Dauer der Wahlhandlung,

die Bereitstellung, Einrichtung und Bekanntmachung der Wahlräume sowie über Wahlschutzvorrichtungen und Wahlzellen, die Stimmabgabe, auch soweit besondere Verhältnisse besondere Regelungen erfordern,

die Briefwahl,

---

1) Gemeinde- und Kreiswahlordnung vom 19. 3. 1997 GVOBl. S. 167.

die Wahl in Krankenhäusern, Heimen, Anstalten und gesperrten Wohnstätten,

die Auslegungsregeln für die Gültigkeit von Stimmzetteln,

die Feststellung der Wahlergebnisse, ihre Weitermeldung und Bekanntgabe sowie die Benachrichtigung der Gewählten,

die Durchführung von späteren Wahlen, Nachwahlen und Wiederholungswahlen sowie den Ersatz ausscheidender Vertreterinnen und Vertreter,

die Berufung in ein Wahlorgan sowie über den Ersatz von Auslagen für Mitglieder von Wahlorganen,

das Verfahren im Fall einer Verbindung von Gemeinde- und Kreiswahlen.

§ 60   Fristen und Termine

Die in diesem Gesetz und in den aufgrund dieses Gesetzes erlassenen Verordnungen vorgesehenen Fristen und Termine verlängern oder ändern sich nicht dadurch, daß der letzte Tag der Frist oder ein Termin auf einen Sonnabend, einen Sonntag, einen gesetzlichen oder staatlich geschützten Feiertag fällt. Eine Wiedereinsetzung in den vorigen Stand ist ausgeschlossen.

§ 61   Datenschutzrechtliche Bestimmung für staatliche und kommunale Wahlen

Die Bürgermeisterinnen und Bürgermeister der amtsfreien Gemeinden und die Amtsvorsteherinnen und Amtsvorsteher dürfen zur Berufung der Mitglieder der Wahlvorstände für Wahlen zum Europäischen Parlament, zum Deutschen Bundestag und zum Schleswig-Holsteinischen Landtag, die Gemeindewahlleiterinnen und Gemeindewahlleiter für die Wahlen der Gemeinde- und Kreisvertretungen, die dazu erforderlichen personenbezogenen Daten der Wahlberechtigten ohne deren Kenntnis erheben und zu diesem Zweck weiterverarbeiten. Im einzelnen dürfen folgende Daten erhoben und weiterverarbeitet werden: Name, Vorname, Anschrift, Geburtsdatum, Zahl der Einsätze im Wahlvorstand und dort ausgeübte Funktion.

§ 62 Inkrafttreten

(1)   Dieses Gesetz tritt am Tage nach seiner Verkündigung in Kraft. Es gilt erstmalig für die bis zum 25. Oktober 1959 durchzuführenden Wahlen der Gemeinde- und Kreisvertretungen.[2]

(2)   [3]

---

2) Die Vorschrift betrifft das Inkrafttreten des Gesetzes in der Fassung vom 25. März 1959 (GVOBl. Schl.-H. S. 13). Der Zeitpunkt des Inkrafttretens der Änderungen ergibt sich aus den jeweiligen Änderungsgesetzen.
3) Aufhebungsvorschrift

Landesverordnung über die örtliche Bekanntmachung und Verkündung

Vom 12. Juni 1979 (GVOBl. Schl.-H. S. 378) geändert durch VO vom 5. März 1998 (GVOBl. S. 145)

§ 1 Formen der örtlichen Bekanntmachung und Verkündung

(1) Örtliche Bekanntmachungen und Verkündungen der Behörden der Gemeinden, Kreise und Ämter erfolgen durch Abdruck in der Zeitung oder im amtlichen Bekanntmachungsblatt des Trägers der öffentlichen Verwaltung. Örtliche Bekanntmachungen und Verkündungen der Behörden der Gemeinden bis zu 10 000 Einwohnern können auch durch Aushang erfolgen; für die Bestimmung der Einwohnerzahl ist § 300 des Landesverwaltungsgesetzes[1] anzuwenden. Örtliche Bekanntmachungen und Verkündungen der Behörden von Ämtern können ebenfalls durch Aushang erfolgen, wenn die örtlichen Bekanntmachungen und Verkündungen der Behörden aller dem Amt angehörenden Gemeinden in dieser Form erfolgen.

(2) Die örtliche Bekanntmachung der Errichtung von Körperschaften des öffentlichen Rechts ohne Gebietshoheit und rechtsfähigen Anstalten und Stiftungen des öffentlichen Rechts sowie örtliche Bekanntmachungen ihrer Behörden erfolgen durch Abdruck in der Zeitung. Beschränkt sich der Bezirk des Trägers der öffentlichen Verwaltung auf das Gebiet eines Kreises, kann die örtliche Bekanntmachung anstelle des Abdrucks in der Zeitung durch Abdruck im amtlichen Bekanntmachungsblatt des Kreises erfolgen. Auf örtliche Bekanntmachungen nach Satz 2 soll in der Zeitung hingewiesen werden. Beschränkt sich der Bezirk des Trägers der öffentlichen Verwaltung auf das Gebiet eines Amtes, gilt zusätzlich Absatz 1 Satz 3 entsprechend.

§ 2 Zeitung

Die örtliche Bekanntmachung und Verkündung durch Abdruck in der Zeitung erfolgt durch einmaliges Einrücken in eine oder mehrere im Bezirk der Behörde verbreitete Tageszeitungen oder andere regelmäßig erscheinende Zeitungen.

---

1) Entspricht § 323 LVwG i. d. F. vom 2. 6. 1992 (GVOBl. S. 243).

Anhang 6.1

§ 3   Amtliches Bekanntmachungsblatt[2)]

(1)   Das amtliche Bekanntmachungsblatt muß

1. durch seine Bezeichnung auf seinen amtlichen Charakter und den Träger der öffentlichen Verwaltung hinweisen, der es herausgibt,

2. jahrgangsweise fortlaufend numeriert sein und den Ausgabetag angeben,

3. die Erscheinungsweise angeben,

4. die Bezugsmöglichkeiten und -bedingungen angeben.

Dient das amtliche Bekanntmachungsblatt auch nichtamtlichen Veröffentlichungen, so ist der amtliche Teil voranzustellen.

(2)   Wird ein Bekanntmachungsblatt drucktechnisch mit anderen Druckwerken verbunden, muß

1. in dem Titel oder Untertitel die Bezeichnung des amtlichen Bekanntmachungsblattes deutlich genannt,

2. das Bekanntmachungsblatt mit seinem Titel vom übrigen Text deutlich abgegrenzt,

3. die Verantwortlichkeit für den Inhalt des Bekanntmachungsblattes genannt, und

4. ein regelmäßiges Erscheinen, bei Bedarf die Herausgabe von Sonderausgaben, sowie der Vertrieb und die Zugänglichkeit für die Bürgerinnen und Bürger sichergestellt werden.

(3)   Erscheint das amtliche Bekanntmachungsblatt nicht regelmäßig an bestimmten Tagen, so ist jeweils in der Zeitung auf sein Erscheinen und den Inhalt des amtlichen Teils hinzuweisen. Dasselbe gilt im Falle einer zusätzlichen Ausgabe bei sonst regelmäßiger Erscheinungsweise. § 2 gilt entsprechend.

§ 4   Aushang

(1)   Für Gemeinden erfolgt der Aushang durch Anschlag an ihren Bekanntmachungstafeln. Für je angefangene 1000 Einwohner muß eine Tafel aufgestellt sein.

---

2) Keine Verpflichtung zur Veröffentlichung von Mitteilungen pol. Vereinigungen; BVerwG v. 2. 7. 1979 – 7 B 144.79 – Gemeinde 1979/306.

(2) Für die Ämter erfolgt der Aushang durch Anschlag an den Bekanntmachungstafeln der amtsangehörigen Gemeinden und an der Bekanntmachungstafel des Amtes. Die Bekanntmachungstafel des Amtes muß sich in unmittelbarer Nähe der Amtsverwaltung befinden.

(3) Die Bekanntmachungstafeln müssen jederzeit allgemein zugänglich sein.

(4) Die Dauer des Aushangs beträgt 14 Tage (Aushangsfrist). Hierbei werden der Tag des Anschlags und der Tag der Abnahme nicht mitgerechnet. Der Tag des Anschlags ist beim Anschlag, der Tag der Abnahme nach der Abnahme auf dem ausgehängten Schriftstück durch die Behörde mit Unterschrift und Dienstsiegel zu vermerken.

§ 5 Satzungsvorschriften

(1) Die Gemeinden, Kreise und Ämter sowie die Körperschaften des öffentlichen Rechts ohne Gebietshoheit und die rechtsfähigen Anstalten und Stiftungen des öffentlichen Rechts regeln das Nähere der örtlichen Bekanntmachung und Verkündung durch Satzung. Die Satzung muß enthalten

1. die Bestimmung der nach § 1 zulässigen Bekanntmachungsform und Verkündungsform,

2. im Falle der Bekanntmachung und Verkündung durch Abdruck in der Zeitung deren namentliche Bezeichnung,

3. im Falle der Bekanntmachung und Verkündung durch Abdruck im amtlichen Bekanntmachungsblatt

   a) seine Bezeichnung,

   b) die Angabe der Erscheinungsweise sowie der Bezugsmöglichkeiten und -bedingungen,

   c) die namentliche Bezeichnung der Zeitungen, in denen Hinweise nach § 3 Abs. 3 erfolgen,

4. im Falle der Bekanntmachung und Verkündung durch Aushang die Bezeichnung der Aufstellungsorte der Bekanntmachungstafeln.

(2) Satzungsvorschriften über die örtliche Bekanntmachung und Verkündung sind in der Form und nach dem Verfahren, die durch sie selbst vorgeschrieben sind, bekanntzumachen. Wird die Form oder das Ver-

fahren geändert, so ist darauf außerdem in der bisherigen Form und nach dem bisherigen Verfahren nachrichtlich hinzuweisen.

(3) Für die örtliche Bekanntmachung der Errichtung von Körperschaften des öffentlichen Rechts ohne Gebietshoheit und rechtsfähigen Anstalten und Stiftungen des öffentlichen Rechts wird die Zeitung oder das amtliche Bekanntmachungsblatt (§ 1 Abs. 2 Satz 2) jeweils von der für die Aufsicht zuständigen Behörde bestimmt.

§ 6 Bewirkung der örtlichen Bekanntmachung und Verkündung

Die örtliche Bekanntmachung und Verkündung ist bewirkt

1. im Falle des Abdrucks in der Zeitung mit Ablauf des Erscheinungstages; erfolgt der Abdruck in mehreren Zeitungen, so ist der Erscheinungstag der zuletzt erschienenen Zeitung maßgebend,

2. im Falle des Abdrucks im amtlichen Bekanntmachungsblatt mit Ablauf des Erscheinungstages,

3. im Falle des Aushangs mit Ablauf der Aushangsfrist.

§ 7 Inkrafttreten

Diese Verordnung tritt am 1. 7. 1979 in Kraft.

Landesverordnung über die Besoldung der hauptamtlichen Wahlbeamtinnen und Wahlbeamten auf Zeit der Gemeinden und Kreise in Schleswig-Holstein (Kommunalbesoldungsverordnung – KomBesVO)

Vom 4. Dezember 1996 (GVOBl. S. 717)

Aufgrund des § 21 Abs. 2 des Bundebesoldungsgesetzes und des § 4 des Landesbesoldungsgesetzes verordnet die Landesregierung:

ABSCHNITT I: Geltungsbereich und allgemeine Vorschriften

§ 1   Geltungsbereich
Diese Verordnung gilt für die Besoldung und die Aufwandsentschädigung der hauptamtlichen Wahlbeamtinnen und Wahlbeamten auf Zeit der Gemeinden und Kreise.

§ 2   Allgemeine Vorschriften
(1)   Die Ämter der hauptamtlichen Wahlbeamtinnen und Wahlbeamten auf Zeit werden unmittelbar den Besoldungsgruppen der Besoldungsordnungen A und B des Landesbesoldungsgesetzes zugeordnet.

(2)   Die Beträge der Aufwandsentschädigungen sind Höchstsätze.

§ 3   Vorschriften für das Besoldungsdienstalter
Das Besoldungsdienstalter in Besoldungsgruppen mit aufsteigenden Gehältern ist nach § 28 Abs. 1 des Bundesbesoldungsgesetzes festzusetzen. Erhält die Beamtin oder der Beamte hiernach nicht das Endgrundgehalt ihrer oder seiner Besoldungsgruppe, sind ihr oder ihm die fehlenden, höchstens jedoch drei Dienstalterszulagen vorweg zu gewähren.

Anhang 6.2

§ 4 Grundlagen für die Einstufung

(1) Für die Einstufung der Ämter und die Höhe der Aufwandsentschädigung ist die bei der letzten Volkszählung ermittelte, vom Statistischen Landesamt auf den 30. Juni des Vorjahres fortgeschriebene Einwohnerzahl zugrunde zu legen. Im Jahr, in dem eine Volkszählung stattgefunden hat, ist die Einwohnerzahl am Tage der Volkszählung maßgebend.

(2) Führt eine amtsfreie Gemeinde die Geschäfte eines Amtes oder einer anderen Gemeinde, werden die Einwohnerzahlen zusammengezählt. Führt eine amtsangehörige Gemeinde die Geschäfte des Amtes, gilt die Einwohnerzahl des Amtes.

(3) Werden Körperschaften umgebildet, ist vom Inkrafttreten der Neugliederung an die Einwohnerzahl der umgebildeten oder der neuen Körperschaft nach den Absätzen 1 und 2 zu errechnen.

(4) Eine Gemeinde, die Bade- und Kurort mit weniger als 30 000 Einwohnerinnen und Einwohnern ist, kann bestimmen, daß bei der Einstufung des Amtes der Bürgermeisterin oder des Bürgermeisters sowie des Amtes der oder des ersten Stellvertretenden die jahresdurchschnittliche Zahl der täglichen Fremdübernachtungen der Einwohnerzahl hinzugerechnet wird, wenn sie mindestens 40 % der Einwohnerzahl der Gemeinde beträgt und der Beamtin oder dem Beamten auch die Leitung des Kurbetriebes obliegt.

ABSCHNITT II: Vorschriften für die Einstufung

§ 5 Einstufung der Ämter für die Wahlbeamtinnen und Wahlbeamten auf Zeit in den Gemeinden (Städten)

(1) Das Amt der Bürgermeisterin (Oberbürgermeisterin) oder des Bürgermeisters (Oberbürgermeisters) wird wie folgt eingestuft:

1. in kreisangehörigen Gemeinden (Städten)

   mit bis zu 4000 Einwohnerinnen und Einwohnern
   in die Besoldungsgruppe A 13

   mit bis zu 10 000 Einwohnerinnen und Einwohnern
   in die Besoldungsgruppe A 14

mit bis zu 15 000 Einwohnerinnen und Einwohnern
in die Besoldungsgruppe A 15

mit bis zu 20 00 Einwohnerinnen und Einwohnern
in die Besoldungsgruppe A 16

mit bis zu 30 000 Einwohnerinnen und Einwohnern
in die Besoldungsgruppe B 2

mit bis zu 50 000 Einwohnerinnen und Einwohnern
in die Besoldungsgruppe B 3

mit bis zu 60 000 Einwohnerinnen und Einwohnern
in die Besoldungsgruppe B 4

mit über 60 00 Einwohnerinnen und Einwohnern
in die Besoldungsgruppe B 5

2. in kreisfreien Städten

mit bis zu 150 000 Einwohnerinnen und Einwohnern
in die Besoldungsgruppe B 5

mit über 150 000 Einwohnerinnen und Einwohnern
in die Besoldungsgruppe B 8.

(2) Die Ämter der weiteren hauptamtlichen kommunalen Wahlbeamtinnen und Wahlbeamten in den Städten werden wie folgt eingestuft:

1. erste Stellvertreterin oder erster Stellvertreter der Bürgermeisterin (Oberbürgermeisterin) oder des Bürgermeisters (Oberbürgermeisters) zwei Besoldungsgruppen unter nach Absatz 1 maßgebenden Besoldungsgruppe,

2. alle weiteren hauptamtlichen kommunalen Wahlbeamtinnen und Wahlbeamten drei Besoldungsgruppen unter der nach Absatz 1 maßgebenden Besoldungsgruppe, höchstens in die Besoldungsgruppe B 4.

(3) Abweichend von Absatz 1 kann die Bürgermeisterin oder der Bürgermeister der Gemeinde Helgoland in die Besoldungsgruppe A 14 eingestuft werden.

(4) Bei den Einstufungen bleibt die Besoldungsgruppe B 1 außer Betracht.

Anhang 6.2

§ 6 Einstufung des Amtes der Landrätin oder des Landrats

Das Amt der Landrätin oder des Landrats wird in den Kreisen mit bis zu 150 000 Einwohnerinnen und Einwohnern in die Besoldungsgruppe B 4 und in den Kreisen mit mehr als 150 000 Einwohnerinnen und Einwohnern in die Besoldungsgruppe B 5 eingestuft.

§ 7 Voraussetzungen für die Überschreitung der Einstufung

Die Einstufungen nach den §§ 5 und 6 erhöhen sich nach einer Tätigkeit der Beamtin oder des Beamten in ihrem oder seinem derzeitigen Amt von zwei Jahren um eine Besoldungsgruppe.

§ 8 Rechtsstand

Verringert sich die Einwohnerzahl mit der Folge, daß das Amt nach § 5 oder § 6 niedriger einzustufen wäre, behalten die im Amt befindlichen Beamtinnen und Beamten für ihre Person und für die Dauer ihrer Amtszeit die Bezüge der bisherigen Besoldungsgruppe. Dies gilt auch für jeweils unmittelbar folgende Amtszeiten, wenn die Beamtin oder der Beamte wiedergewählt wird. Die Sätze 1 und 2 gelten entsprechend, wenn die im Amt befindliche Beamtin oder der im Amt befindliche Beamte bereits nach § 7 höher eingestuft war.

ABSCHNITT III: Vorschriften für die
Aufwandsentschädigungen

§ 9 Allgemeine Vorschriften

(1) Die Zahlung einer Aufwandsentschädigung beginnt mit dem ersten des Monats, in welchem der Beamtin oder dem Beamten das mit der Aufwandsentschädigung verbundene Amt übertragen wird.

(2) Die Zahlung nach Absatz 1 entfällt mit Ablauf des Monats, in dem die Beamtin oder der Beamte aus seinem Amt ausscheidet. Sie ist ferner einzustellen für die Dauer eines Verbots der Führung der Dienstgeschäfte, einer vorläufigen Dienstenthebung im Zusammenhang mit einem Disziplinarverfahren oder einer Beurlaubung ohne Dienstbezüge.

§ 10 Aufwandsentschädigungen für hauptamtliche Wahlbeamtinnen und Wahlbeamten auf Zeit in Gemeinden und Städten

(1) Die Aufwandsentschädigung der hauptamtlichen Bürgermeisterin (Oberbürgermeisterin) oder des hauptamtlichen Bürgermeisters (Oberbürgermeisters) darf monatlich folgende Sätze nicht überschreiten:

in Gemeinden (Städten)

mit bis zu	10 000 Einwohnerinnen und Einwohnern	275 DM
mit bis zu	20 000 Einwohnerinnen und Einwohnern	340 DM
mit bis zu	30 000 Einwohnerinnen und Einwohnern	435 DM
mit bis zu	80 000 Einwohnerinnen und Einwohnern	510 DM
mit bis zu	150 000 Einwohnerinnen und Einwohnern	630 DM
mit über	150 000 Einwohnerinnen und Einwohnern	780 DM.

(2) Die Aufwandsentschädigung der Stellvertreterin oder des Stellvertreters der Bürgermeisterin oder des Bürgermeisters (Erste Stadträtin, Erster Stadtrat) darf 50 %, die der weiteren hauptamtlichen Wahlbeamtinnen und Wahlbeamten auf Zeit darf 25 % der Aufwandsentschädigung nach Absatz 1, aufgerundet auf volle Deutsche Mark, nicht überschreiten.

§ 11 Aufwandsentschädigung der Landrätinnen und Landräte

Die Aufwandsentschädigung der Landrätinnen und Landräte darf monatlich 540 DM nicht überschreiten.

ABSCHNITT IV: Übergangs- und Schlußvorschriften

§ 12 Überleitung der im Amt befindlichen Beamtinnen und Beamten

Die im Amt befindlichen hauptamtlichen Wahlbeamtinnen und Wahlbeamten auf Zeit werden in die ihnen nach den §§ 5, 6 oder 7 zustehende Besoldungsgruppe übergeleitet. Bisher günstigere Einstufungen bleiben unberührt. Dies gilt bei Wiederwahlen auch für jeweils unmittelbar folgende Amtszeiten.

Anhang 6.2

§ 13 Inkrafttreten, Außerkrafttreten

Diese Verordnung tritt am 1. Januar 1997 in Kraft. Gleichzeitig tritt die Kommunalbesoldungsverordnung vom 29. Mai 1979 (GVOBl. Schl.-H. S. 360) außer Kraft.

Landesverordnung über Stellenobergrenzen für Beamtinnen und Beamte auf Lebenszeit der Gemeinden, Kreise und Ämter (Stellenobergrenzenverordnung für Kommunalbeamtinnen und -beamte – KomStOVO)

Vom 1. Oktober 1990 (GVOBl. Schl.-H. S. 511)

Aufgrund des § 26 Abs. 5 des Bundesbesoldungsgesetzes, des § 1 der Verordnung zu § 26 Abs. 4 Nr. 4 des Bundesbesoldungsgesetzes vom 8. Juli 1976 (BGBl. I S. 1468) und des § 4 des Landesbesoldungsgesetzes vom 23. Dezember 1977 (GVOBl. Schl.-H. S. 508), zuletzt geändert durch Gesetz vom 13. Februar 1990 (GVOBl. Schl.-H. S. 57), verordnet die Landesregierung:

ABSCHNITT I: Allgemeine Vorschriften

§ 1 Geltungsbereich

Diese Verordnung gilt für die Beamten auf Lebenszeit der Gemeinden, Kreise und Ämter.

§ 2 Allgemeines

(1) Die Stellenbewertung hat dem Grundsatz der funktionsgerechten Besoldung (§§ 18 und 25 des Bundesbesoldungsgesetzes) zu entsprechen. Die in dieser Verordnung genannten Besoldungsgruppen und Stellenzahlen sind Höchstbewertungen.

(2) Soweit diese Verordnung keine Bestimmungen über die höchstzulässige Stellenzahl oder den Anteil der Beförderungsämter trifft, gelten die Obergrenzen für Beförderungsämter nach § 26 des Bundesbesoldungsgesetzes und der hierzu erlassenen Verordnungen unmittelbar.

(3) Die Vorschriften der Verordnungen zu § 26 Abs. 4 Nr. 1 bis 3 des Bundesbesoldungsgesetzes werden durch diese Verordnung nicht berührt. Soweit Stellen nach den Vorschriften dieser Verordnung bewertet

sind, dürfen sie nicht bei der Ermittlung der Stellenanteilsverhältnisse nach den Vorschriften der in Satz 1 genannten Verordnungen berücksichtigt werden.

(4) Soweit nach § 26 Abs. 1 des Bundesbesoldungsgesetzes für eine Laufbahngruppe eine höhere Stellenzahl als nach den §§ 6 bis 10 zulässig ist, kann für diese Laufbahngruppe mit Ausnahme des § 8 Abs. 1 und des § 10 Abs. 1 von der Anwendung dieser Verordnung abgesehen werden.

§ 3 Einwohnerzahlen

(1) Soweit in dieser Verordnung auf die Einwohnerzahl abgestellt wird, ist die bei der letzten Volkszählung ermittelte, vom Statistischen Landesamt auf den 30. 6. des Vorjahres fortgeschriebene Einwohnerzahl vom 1. Januar des folgenden Jahres an maßgebend. Im Jahr, in dem eine Volkszählung stattgefunden hat, ist die Einwohnerzahl am Tag der Volkszählung maßgebend.

(2) Führt eine amtsfreie Gemeinde die Geschäfte eines Amtes oder einer anderen Gemeinde, werden die Einwohnerzahlen zusammengezählt. Führt eine amtsangehörige Gemeinde die Geschäfte des Amtes, gilt die Einwohnerzahl des Amtes.

(3) Werden Körperschaften umgebildet, ist vom Inkrafttreten der Neugliederung an die Einwohnerzahl der umgebildeten oder neuen Körperschaft nach den Absätzen 1 und 2 zu errechnen.

(4) In Bade- und Kurorten mit weniger als 30 000 Einwohnern kann für die Berechnung der Stellenobergrenzen die jahresdurchschnittliche Zahl der täglichen Fremdenübernachtungen der Einwohnerzahl hinzugerechnet werden, wenn sie mindestens 40 vom Hundert der Einwohnerzahl der Gemeinde beträgt und sich der Bade- oder Kurbetrieb auf die Gemeindeverwaltung außergewöhnlich belastend auswirkt.

ABSCHNITT II: Ausnahmen von der Anwendung der
Obergrenzen für Beförderungsämter nach § 26
Abs. 1 des Bundesbesoldungsgesetzes

§ 4

(1) Von der Anwendung der Obergrenzen für Beförderungsämter
nach § 26 Abs. 1 des Bundesbesoldungsgesetzes werden ausgenommen die Stellen für

1. Beamtinnen und Beamte bei Feuerwehren,

2. Beamtinnen und Beamte in Versorgungs- und Verkehrsbetrieben
   sowie in Entsorgungsbetrieben,

3. Beamtinnen und Beamte in Einrichtungen, die für mehrere Gemeinden, Ämter, Kreise oder sonstige Körperschaften, Anstalten und
   Stiftungen des öffentlichen Rechts betrieben werden,

4. Fachbeamtinnen und -beamte und beamtete Verwaltungsleiterinnen und Verwaltungsleiter bei besonderen Einrichtungen der Ju-
   gendhilfe und Jugendpflege, der Sozialhilfe, des Bildungs- und
   Gesundheitswesens und

5. Fachbeamtinnen und -beamten und Verwaltungsleiterinnen und
   Verwaltungsleiter in Schlacht- und Viehhöfen und im Forstdienst,
   Gartenbau und Friedhofsdienst.

(2) Für die nach Absatz 1 von den Obergrenzen ausgenommenen
Beamtinnen und Beamten dürfen Beförderungsämter nur unter Berücksichtigung der §§ 18 und 25 des Bundesbesoldungsgesetzes eingerichtet werden.

ABSCHNITT III: Stellenobergrenzen

§ 5 Allgemeine Vorschriften

Die in dieser Verordnung bestimmten Obergrenzen oder genannten
Verweisungen auf Obergrenzen nach dem Bundesbesoldungsrecht
beziehen sich auf die nach den §§ 2 bis 4 der Stellenplanverordnung
vom 22. Januar 1973 (GVOBl. Schl.-H. S. 15) auszuweisenden Planstellen für Beamtinnen und Beamte. Ergeben sich bei der Berechnung

der Stellenobergrenzen Stellenbruchteile, so können diese ab 0,5 aufgerundet werden.

§ 6 Beamtinnen und Beamte des mittleren Dienstes in Gemeinden, mit weniger als 100 000 Einwohnerinnen und Einwohnern, Kreisen und Ämtern

(1) In den Gemeinden mit weniger als 100 000 Einwohnerinnen und Einwohnern, Kreisen und Ämtern können von den Planstellen der Laufbahngruppe des mittleren Dienstes abweichend von § 26 Abs. 1 des Bundesbesoldungsgesetzes bei

1. bis zu 5 Planstellen	2 Stellen,
6 bis zu 10 Planstellen	3 Stellen,
11 bis zu 20 Planstellen	5 Stellen,
21 bis zu 50 Planstellen	7 Stellen,
mehr als 50 Planstellen	9 Stellen,

jedoch nicht mehr als die Hälfte aller mit Beamtinnen oder Beamten besetzten Stellen dieser Laufbahngruppe, mit der Besoldungsgruppe A 9 ausgewiesen werden;

2. bis zu 5 Planstellen	2 Stellen,
6 bis zu 10 Planstellen	4 Stellen,
11 bis zu 20 Planstellen	9 Stellen,
mehr als 20 Planstellen	12 Stellen

mit der Besoldungsgruppe A 8 ausgewiesen werden.

(2) In Gemeinden mit mehr als 50.000 bis zu 99.999 Einwohnerinnen und Einwohnern können eine Stelle mit der Besoldungsgruppe A 16 und zwei Stellen mit der Besoldungsgruppe A 15, in Gemeinden mit mehr als 30.000 bis zu 50.000 Einwonerinnen und Einwohnern kann eine Stelle mit der Besoldungsgruppe A 16 und eine Stelle mit der Besoldungsgruppe A 15, in Gemeinden mit mehr als 20.000 bis zu 30.000 Einwohnerinnen und Einwohnern kann eine Stelle mit der Besoldungsgruppe A 15 ausgewiesen werden, soweit dies nach dem Amtsinhalt, der Bedeutung der Stelle und der mit der Ausübung des Amtes verbundenen Verantwortung gerechtfertigt ist.

(3) In den Städten Flensburg und Neumünster können zusätzlich zu den Stellen nach Absatz 2 für die leitenden Beamtinnen und Beamten in der Gesundheitsverwaltung eine Stelle mit der Besoldungsgruppe

A 16 und drei Stellen mit der Besoldungsgruppe A 15 ausgewiesen werden.

(4) In Gemeinden mit mehr als 10 000 bis zu 20 000 Einwohnerinnen und Einwohnern können die Stellen, die nach dem Amtsinhalt, ihrer Bedeutung und der mit der Ausübung des Amtes verbundenen Verantwortung mit einer Beamtin oder einem Beamten der Laufbahngruppe des höheren Dienstes zu besetzen sind, höchstens mit der Besoldungsgruppe A 14 ausgewiesen werden.

§ 9 Beamtinnen und Beamte des gehobenen Dienstes in Ämtern

(1) In Ämtern kann die Stelle der leitenden Verwaltungsbeamtin oder des leitenden Verwaltungsbeamten mit der Besoldungsgruppe A 13 ausgewiesen werden.

(2) In Ämtern mit mehr als 10 000 Einwohnerinnen und Einwohnern können vier Stellen mit der Besoldungsgruppe A 12 und fünf Stellen mit der Besoldungsgruppe A 11 ausgewiesen werden.

(3) In Ämtern mit mehr als 7000 bis zu 10 000 Einwohnerinnen und Einwohnern können zwei Stellen mit der Besoldungsgruppe A 12 und drei Stellen mit der Besoldungsgruppe A 11 ausgewiesen werden.

(4) In Ämtern bis zu 7000 Einwohnerinnen und Einwohnern können eine Stelle mit der Besoldungsgruppe A 12 und drei Stellen mit der Besoldungsgruppe A 11 ausgewiesen werden.

§ 10 Beamtinnen und Beamte des höheren und des gehobenen Dienstes in Kreisen

(1) Die Stelle der leitenden Beamtin oder des leitenden Beamten

1. als ständige Vertreterin bzw. ständiger Vertreter des Landrats bei der Wahrnehmung von Aufgaben als untere Landesbehörde,

2. der gesamten Gesundheitsverwaltung (einschließlich insbesondere Gesundheitshilfe und Gesundheitsaufsicht),

3. der Bauverwaltung oder des Umweltamtes und

4. der Veterinärverwaltung

kann mit der Besoldungsgruppe A 16 ausgewiesen werden.

(2)   Die von Absatz 1 nicht erfaßten Stellen von leitenden Beamtinnen und Beamten, die nach dem Amtsinhalt, der Bedeutung der Stelle und der mit der Ausübung des Amtes verbundenen Verantwortung mit einer Beamtin oder einen Beamten der Laufbahngruppe des höheren Dienstes zu besetzen sind, können mit der Besoldungsgruppe A 13 oder A 14, bis zu acht Stellen mit der Besoldungsgruppe A 15 ausgewiesen werden, von denen vier Stellen nur mit Beamtinnen und Beamten des ärztlichen Dienstes der Gesundheitsverwaltung und jeweils eine Stelle nur mit einer Beamtin oder einem Beamten der Bauverwaltung oder des Umweltamtes und des veterinärärztlichen Dienstes besetzt werden dürfen.

(3)   Soweit Stellen nach dem Amtsinhalt, der Bedeutung der Stelle und der mit der Ausübung des Amtes verbundenen Verantwortung mit einer Beamtin oder einem Beamten der Laufbahngruppe des gehobenen Dienstes zu besetzen sind, können sechs Stellen mit der Besoldungsgruppe A 13 und zehn Stellen mit der Besoldungsgruppe A 12 ausgewiesen werden.

ABSCHNITT IV: Aufwandsentschädigungen

§ 11   Allgemeine Vorschriften

(1)   Die Zahlung einer Aufwandsentschädigung (§ 17 Bundesbesoldungsgesetz) beginnt mit dem Tage, an welchem die Beamtin oder der Beamte das mit der Aufwandsentschädigung verbundene Amt antritt. Sie entfällt mit Ablauf des Kalendermonats, in dem die Beamtin oder der Beamte aus dem Amt ausscheidet. Besteht der Anspruch auf Aufwandsentschädigung nicht für einen vollen Kalendermonat, so wird für jeden Tag 1/30 der monatlichen Aufwandsentschädigung gezahlt. Aufwandsentschädigungen in Form einer monatlichen Pauschale werden monatlich im voraus gezahlt.

(2)   Die Zahlung einer Aufwandsentschädigung ist einzustellen für die Dauer eines Verbots der Führung der Dienstgeschäfte, einer vorläufigen Dienstenthebung im Zusammenhang mit einem Disziplinarverfahren oder einer Beurlaubung ohne Dienstbezüge.

§ 12 Aufwandsentschädigung für die leitenden Veterinärbeamtinnen und -beamten

Die Aufwandsentschädigung der Leiterin oder des Leiters eines Veterinäramtes darf monatlich 130,– DM, die seiner Vertreterin oder seines Vertreters monatlich 80,– DM nicht überschreiten.

§ 13 Aufwandsentschädigung für die leitenden Beamtinnen und Beamten der Versorgungs- und Verkehrsbetriebe

Die leitende Beamtin oder der leitende Beamte eines Versorgungs- und Verkehrsbetriebes (Erste Werkleiterin oder Erster Werkleiter) darf eine Aufwandsentschädigung von höchstens fünfundzwanzig vom Hundert der Aufwandsentschädigung der Bürgermeisterin oder des Bürgermeisters, mindestens jedoch 80,– DM monatlich erhalten. Sind mehrere gleichberechtigte Werkleiterinnen und Werkleiter berufen, darf die ihnen insgesamt gewährte Aufwandsentschädigung die in Satz 1 genannte Höchstgrenze nicht überschreiten. Dies gilt nicht, wenn lediglich der Mindestbetrag nach Satz 1 gewährt wird.

ABSCHNITT V: Übergangs- und Schlußvorschriften

§ 14 Wahrung des Besitzstandes für Veterinärbeamtinnen und -beamte

Die im Zeitpunkt des Inkrafttretens der Stellenobergrenzenverordnung für Kommunalbeamte vom 10. Juli 1980 (GVOBl. Schl.-H. S. 247) im Amt befindlichen Veterinärbeamtinnen und -beamte in den Besoldungsgruppe A 13, A 14 und A 15 können, solange dies noch bundesrechtlich zugelassen ist, bis zur Verleihung eines Amtes der Besoldungsgruppe A 15 oder A 16 weiterhin folgende Zulagen erhalten

1. für Leistungen anläßlich amtstierärztlicher Dienstgeschäfte, für die Gebühren zu erheben sind,

   fünfundzwanzig vom Hundert von den ersten 600,– DM monatlichen Gebührenaufkommens,

   zehn vom Hundert von weiteren 400,– DM monatlichen Gebührenaufkommens und

Anhang 6.3

fünf vom Hundert von dem 1000,– DM monatlich übersteigenden Gebührenaufkommen,

2. für die Zerlegung eines Großtieres   10,– DM
   eines Kleintieres   5,– DM
   bis zu einem Höchstbetrag von insgesamt   200,– DM

   monatlich,

3. für die verkürzte Zerlegung eines Schlachttieres   1,– DM

   und

4. für die grenztierärztliche Untersuchung eine Zulage
   von monatlich   100,– DM.

§ 15 Inkrafttreten

Diese Verordnung tritt am Tage nach ihrer Verkündung in Kraft. Gleichzeitig tritt die Stellenobergrenzenverordnung für Kommunalbeamte vom 10. Juli 1980 (GVOBl. S. 247) außer Kraft.

Landesverordnung über die Entschädigung der in den Gemeinden, Kreisen und Ämtern tätigen Ehrenbeamtinnen und Ehrenbeamten und ehrenamtlich tätigen Bürgerinnen und Bürger (Entschädigungsverordnung – EntschVO)

Vom 18. September 1996 (GVOBl. S. 596) geändert durch VO vom 9. April 1997 (GVOBl. S. 273)

Aufgrund des § 135 Abs. 1 Nr. 6 der Gemeindeordnung, des § 73 Abs. 1 Nr. 5 der Kreisordnung und des § 26 Nr. 3 der Amtsordnung verordnet das Innenministerium:

ABSCHNITT I: Allgemeines

§ 1 Entschädigungen

(1) Entschädigungen sind der Ersatz von Auslagen, Ersatz des entgangenen Arbeitsverdienstes oder bei Selbständigen eine Verdienstausfallentschädigung, Erstattung des auf den entgangenen Arbeitsverdienst entfallenen Arbeitgeberanteils zur Sozialversicherung, Entschädigung für die durch das Ehrenamt oder die ehrenamtliche Tätigkeit bedingte Abwesenheit vom Haushalt, Ersatz der nachgewiesenen Kosten einer entgeltlichen Kinderbetreuung sowie einer entgeltlichen Betreuung pflegebedürftiger Familienangehöriger und Ersatz von Reisekosten.

(2) Die Aufwandsentschädigung ist pauschalierter Auslagenersatz und Entschädigung für den Aufwand an Zeit und Arbeitsleistung und das mit dem Ehrenamt oder der ehrenamtlichen Tätigkeit verbundene Haftungsrisiko.

(3) Sitzungsgeld ist, auch soweit es als Teil einer Aufwandsentschädigung gewährt wird, pauschalierter Auslagenersatz für die Teilnahme an Sitzungen der Organe und Ausschüsse der Gemeinde, des Kreises oder des Amtes, der Fraktionen, Teilfraktionen, der Beiräte nach § 47 b Abs. 2, § 47 d Gemeindeordnung von § 42 a Kreisordnung, für die Teilnahme an sonstigen in der Hauptsatzung bestimmten Sitzungen sowie für sonstige Tätigkeiten für die kommunalen Körperschaften.

Anhang 6.4

(4)   Die in dieser Verordnung zugelassenen Aufwandsentschädigungen, Sitzungsgelder und sonstigen Entschädigungen sind, sofern nichts anderes bestimmt ist, Höchstbeträge. Eine Überschreitung bedarf der Zustimmung des Innenministeriums.

ABSCHNITT II: Aufwandsentschädigungen

§ 2   Grundsätze für die Gewährung

Gemeindevertreterinnen und Gemeindevertreter, Kreistagsabgeordnete, Mitglieder der Amtsausschüsse, Mitglieder der Hauptausschüsse in Kreisen und hauptamtlich verwalteten Gemeinden und Städten, Stadtpräsidentinnen und Stadtpräsidenten, Bürgervorsteherinnen und Bürgervorsteher, Kreispräsidentinnen und Kreispräsidenten, Bürgermeisterinnen und Bürgermeister in ehrenamtlich verwalteten Gemeinden und Städten, Amtsvorsteherinnen und Amtsvorsteher, Fraktionsvorsitzende und Vorsitzende der Beiräte nach § 47 b Abs. 2, § 47 d Gemeindeordnung und § 42 a Kreisordnung sowie ehrenamtliche Gleichstellungsbeauftragte können Aufwandsentschädigungen bis zu der in dieser Verordnung aufgeführten Höhe erhalten.

§ 3   Mitglieder der Gemeindevertretungen, Kreistage, Amtsausschüsse und der Hauptausschüsse der Kreise und hauptamtlich verwalteten Gemeinden und Städte

(1)   Mitglieder von Gemeindevertretungen, Kreistagen und Amtsausschüssen erhalten entweder Sitzungsgeld für die Teilnahme an Sitzungen der Organe, der Ausschüsse und der Fraktionen der Gemeinde, des Kreises oder des Amtes sowie für die Teilnahme an sonstigen in der Hauptsatzung bestimmten Sitzungen oder Aufwandsentschädigungen nach Absatz 2. Die Aufwandsentschädigung nach Absatz 2 wird gewährt entweder ausschließlich als monatliche Pauschale oder gleichzeitig teilweise als monatliche Pauschale und als Sitzungsgeld für die Teilnahme an Sitzungen der Organe, der Ausschüsse und der Fraktionen der Gemeinde, des Kreises oder des Amtes sowie für die Teilnahme an sonstigen in der Hauptsatzung bestimmten Sitzungen. Sitzungsgeld kann auch gewährt werden für die Teilnahme an Sitzun-

gen von Teilfraktionen und für sonstige Tätigkeiten für die kommunale Körperschaft.

(2)   Die Höhe der Aufwandsentschädigung beträgt

1. bei Mitgliedern der Gemeindevertretungen

   a) ausschließlich als monatliche Pauschale in Gemeinden

bis zu 1000 Einwohnerinnen und Einwohnern höchstens	40 DM
bis zu 5000 Einwohnerinnen und Einwohnern höchstens	110 DM
bis zu 10 000 Einwohnerinnen und Einwohnern höchstens	150 DM
bis zu 20 000 Einwohnerinnen und Einwohnern höchstens	165 DM
bis zu 30 000 Einwohnerinnen und Einwohnern höchstens	185 DM
bis zu 60 000 Einwohnerinnen und Einwohnern höchstens	225 DM
bis zu 80 000 Einwohnerinnen und Einwohnern höchstens	375 DM
bis zu 150 000 Einwohnerinnen und Einwohnern höchstens	450 DM
über 150 000 Einwohnerinnen und Einwohnern höchstens	525 DM

   b) gleichzeitig teilweise als monatliche Pauschale und als Sitzungsgeld für die Teilnahme an Sitzungen der Gemeindevertretung, der Ausschüsse, Fraktionen und Teilfraktionen der Gemeinde, an sonstigen in der Hauptsatzung der Gemeinde bestimmten Sitzungen sowie für sonstige Tätigkeiten für die Gemeinde

Anhang 6.4

in Gemeinden	höchstens	als monatliche Pauschale	als Sitzungsgeld
bis zu 1000 Einwohnerinnen und Einwohnern		12 DM	30 DM
bis zu 5000 Einwohnerinnen und Einwohnern		40 DM	30 DM
bis zu 10 000 Einwohnerinnen und Einwohnern		50 DM	30 DM
bis zu 20 000 Einwohnerinnen und Einwohnern		55 DM	30 DM
bis zu 30 000 Einwohnerinnen und Einwohnern		60 DM	30 DM
bis zu 60 000 Einwohnerinnen und Einwohnern		75 DM	30 DM
bis zu 80 000 Einwohnerinnen und Einwohnern		125 DM	30 DM
bis zu 150 000 Einwohnerinnen und Einwohnern		150 DM	30 DM
über 150 000 Einwohnerinnen und Einwohnern		175 DM	30 DM

2. bei Kreistagsmitgliedern

   a) ausschließlich als monatliche Pauschale höchstens 525 DM

   b) gleichzeitig teilweise als monatliche Pauschale und als Sitzungsgeld für die Teilnahme an Sitzungen des Kreistages, der Ausschüsse, Fraktionen und Teilfraktionen des Kreises, an sonstigen in der Hauptsatzung des Kreises bestimmten Sitzungen sowie für sonstige Tätigkeiten für den Kreis höchstens 175 DM als monatliche Pauschale und 30 DM als Sitzungsgeld,

3. bei Amtsausschußmitgliedern

   a) ausschließlich als monatliche Pauschale höchstens 40 DM

   b) gleichzeitig teilweise als monatliche Pauschale und als Sitzungsgeld für die Teilnahme an Sitzungen des Amtsausschusses, der Ausschüsse des Amtes, an sonstigen in der Hauptsatzung des

Amtes bestimmten Sitzungen sowie für sonstige Tätigkeiten für das Amt höchstens 12 DM als monatliche Pauschale und 30 DM als Sitzungsgeld.

(3)   Mitglieder der Hauptausschüsse in hauptamtlich verwalteten Gemeinden und Städten nach § 45a Gemeindeordnung können zusätzlich zu Sitzungsgeld oder Aufwandsentschädigung nach Absatz 1 und 2 eine monatliche Aufwandsentschädigung erhalten.

Diese beträgt in Gemeinden

bis zu 10 000 Einwohnerinnen und Einwohnern höchstens	200 DM
bis zu 20 000 Einwohnerinnen und Einwohnern höchstens	300 DM
bis zu 30 000 Einwohnerinnen und Einwohnern höchstens	400 DM
bis zu 60 000 Einwohnerinnen und Einwohnern höchstens	450 DM
über 60 000 Einwohnerinnen und Einwohnern höchstens	475 DM

Mitglieder der Hauptausschüsse in Kreisen nach § 40a Kreisordnung können zusätzlich zu Sitzungsgeld oder Aufwandsentschädigung nach Absatz 1 und 2 eine monatliche Aufwandsentschädigung von höchstens 475 DM erhalten.

Die Vorsitzenden der Hauptausschüsse können eine um bis zu 50% erhöhte Aufwandsentschädigung erhalten.

(4)   In Gemeinden, Städten und Kreisen mit Hauptausschüssen nach § 45a Gemeindeordnung oder § 40a Kreisordnung bleibt bei der Gewährung von Sitzungsgeld und bei der Bemessung der Aufwandsentschädigung als monatliche Pauschale und als Sitzungsgeld nach Absatz 1 und 2 die Teilnahme an Hauptausschußsitzungen nach § 45a Gemeindeordnung oder § 40a Kreisordnung unberücksichtigt, soweit eine Aufwandsentschädigung nach Absatz 3 gewährt wird.

§ 4   Stadtpräsidentinnen und Stadtpräsidenten und deren Stellvertretende

(1)   Stadtpräsidentinnen und Stadtpräsidenten können neben Sitzungsgeld oder Aufwandsentschädigung nach § 3 eine monatliche Aufwandsentschädigung von höchstens 1980 DM erhalten.

(2)   Die Stellvertretenden der Stadtpräsidentin oder des Stadtpräsidenten können neben Sitzungsgeld oder Aufwandsentschädigung nach § 3 eine monatliche Aufwandsentschädigung erhalten. Diese beträgt bei den ersten Stellvertretenden monatlich höchstens 20%, bei

zweiten Stellvertretenden monatlich höchstens 10% und bei dritten Stellvertretenden monatlich höchstens 5% der Aufwandsentschädigung der Stadtpräsidentin oder des Stadtpräsidenten.

§ 5 Bürgervorsteherinnen und Bürgervorsteher und deren Stellvertretende

(1) Bürgervorsteherinnen und Bürgervorsteher können neben Sitzungsgeld oder Aufwandsentschädigung nach § 3 eine monatliche Aufwandsentschädigung erhalten in Gemeinden

bis zu 10 000 Einwohnerinnen und Einwohnern von höchstens	500 DM
bis zu 20 000 Einwohnerinnen und Einwohnern von höchstens	695 DM
bis zu 30 000 Einwohnerinnen und Einwohnern von höchstens	790 DM
bis zu 40 000 Einwohnerinnen und Einwohnern von höchstens	990 DM
bis zu 50 000 Einwohnerinnen und Einwohnern von höchstens	1090 DM
bis zu 60 000 Einwohnerinnen und Einwohnern von höchstens	1190 DM
über 60 000 Einwohnerinnen und Einwohnern von höchstens	1290 DM.

(2) Die Stellvertretenden der Bürgervorsteherin oder des Bürgervorstehers können neben einer Aufwandsentschädigung nach § 3 eine monatliche Aufwandsentschädigung erhalten. Diese beträgt bei ersten Stellvertretenden monatlich höchstens 20%, bei zweiten Stellvertretenden monatlich höchstens 10% und bei dritten Stellvertretenden monatlich höchstens 5% der Aufwandsentschädigung der Bürgervorsteherin oder des Bürgervorstehers.

§ 6 Kreispräsidentinnen und Kreispräsidenten und deren Stellvertretende

(1) Kreispräsidentinnen und Kreispräsidenten können neben Sitzungsgeld oder Aufwandsentschädigung nach § 3 eine monatliche Aufwandsentschädigung von höchstens 1980 DM erhalten.

(2)   Die Stellvertretenden der Kreispräsidentin oder des Kreispräsidenten können neben einer Aufwandsentschädigung nach § 3 eine monatliche Aufwandsentschädigung erhalten. Diese beträgt bei ersten Stellvertretenden monatlich höchstens 20%, bei zweiten Stellvertretenden monatlich höchstens 10% und bei dritten Stellvertretenden monatlich höchstens 5% der Aufwandsentschädigungen der Kreispräsidentin oder des Kreispräsidenten.

§ 7   Bürgermeisterinnen und Bürgermeister in ehrenamtlich verwalteten Gemeinden und Städten

(1)   Bürgermeisterinnen und Bürgermeister in ehrenamtlich verwalteten Gemeinden und ehrenamtlich verwalteten Städten können neben Sitzungsgeld oder Aufwandsentschädigung nach § 3 eine monatliche Aufwandsentschädigung erhalten. Diese beträgt in Gemeinden mit

bis zu	200 Einwohnerinnen und Einwohnern höchstens	350 DM
bis zu	300 Einwohnerinnen und Einwohnern höchstens	415 DM
bis zu	400 Einwohnerinnen und Einwohnern höchstens	485 DM
bis zu	500 Einwohnerinnen und Einwohnern höchstens	555 DM
bis zu	600 Einwohnerinnen und Einwohnern höchstens	625 DM
bis zu	700 Einwohnerinnen und Einwohnern höchstens	695 DM
bis zu	800 Einwohnerinnen und Einwohnern höchstens	760 DM
bis zu	900 Einwohnerinnen und Einwohnern höchstens	830 DM
bis zu	1 000 Einwohnerinnen und Einwohnern höchstens	940 DM
bis zu	1 200 Einwohnerinnen und Einwohnern höchstens	1025 DM
bis zu	1 400 Einwohnerinnen und Einwohnern höchstens	1120 DM
bis zu	1 600 Einwohnerinnen und Einwohnern höchstens	1225 DM
bis zu	1 800 Einwohnerinnen und Einwohnern höchstens	1320 DM
bis zu	2 000 Einwohnerinnen und Einwohnern höchstens	1420 DM
bis zu	2 500 Einwohnerinnen und Einwohnern höchstens	1490 DM
bis zu	3 000 Einwohnerinnen und Einwohnern höchstens	1585 DM
bis zu	3 500 Einwohnerinnen und Einwohnern höchstens	1685 DM
bis zu	4 000 Einwohnerinnen und Einwohnern höchstens	1780 DM
bis zu	5 000 Einwohnerinnen und Einwohnern höchstens	1885 DM
über	5 000 Einwohnerinnen und Einwohnern höchstens	1980 DM

(2)   Gehört die Gemeinde keinem Amt an, so erhöht sich der zulässige Höchstsatz der Aufwandsentschädigung der Bürgermeisterin oder des Bürgermeisters um 35%.

Anhang 6.4

(3) Neben der monatlichen Aufwandsentschädigung sind auf Antrag besonders zu erstatten:

1. Bei Benutzung eines Wohnraumes für dienstliche Zwecke die zusätzliche Aufwendungen für dessen Heizung, Beleuchtung und Reinigung;

2. bei dienstlicher Benutzung eines privaten Fernsprechers die Kosten der dienstlich geführten Gespräche, die anteiligen Grundgebühren und bei erstmaliger Herstellung des Anschlusses nach Übernahme des Ehrenamtes die anteiligen Kosten der Herstellung.

§ 8 Amtsvorsteherinnen und Amtsvorsteher

Amtsvorsteherinnen und Amtsvorsteher können neben Sitzungsgeld oder Aufwandsentschädigung nach § 3 eine monatliche Aufwandsentschädigung erhalten. Diese beträgt in Ämtern mit

bis zu 5000	Einwohnerinnen und Einwohnern höchstens	1320 DM
bis zu 8000	Einwohnerinnen und Einwohnern höchstens	1820 DM
über 8000	Einwohnerinnen und Einwohnern höchstens	1980 DM.

§ 9 Fraktionsvorsitzende

(1) Fraktionsvorsitzende können neben Sitzungsgeld oder Aufwandsentschädigung nach § 3 eine monatliche Aufwandsentschädigung erhalten.

(2) Diese beträgt in Gemeinden mit

bis zu	750 Einwohnerinnen und Einwohnern höchstens	60 DM
bis zu	1250 Einwohnerinnen und Einwohnern höchstens	105 DM
bis zu	2000 Einwohnerinnen und Einwohnern höchstens	155 DM
bis zu	5000 Einwohnerinnen und Einwohnern höchstens	210 DM
bis zu	10000 Einwohnerinnen und Einwohnern höchstens	260 DM
bis zu	15000 Einwohnerinnen und Einwohnern höchstens	310 DM
bis zu	25000 Einwohnerinnen und Einwohnern höchstens	355 DM
bis zu	35000 Einwohnerinnen und Einwohnern höchstens	415 DM
bis zu	45000 Einwohnerinnen und Einwohnern höchstens	470 DM
bis zu	150000 Einwohnerinnen und Einwohnern höchstens	515 DM
über	150000 Einwohnerinnen und Einwohnern höchstens	570 DM.

(3) Fraktionsvorsitzende in Kreisen erhalten höchstens 570 DM.

§ 10 Vorsitzende von Beiräten

(1) Vorsitzende von Beiräten können eine monatliche Aufwandsentschädigung erhalten. Diese beträgt

1. für Vorsitzende von Ortsbeiräten in Ortsteilen mit

   bis zu   5 000 Einwohnerinnen und Einwohnern höchstens 180 DM
   bis zu 10 000 Einwohnerinnen und Einwohnern höchstens 210 DM
   bis zu 20 000 Einwohnerinnen und Einwohnern höchstens 270 DM
   über   20 000 Einwohnerinnen und Einwohnern höchstens 360 DM,

2. für Vorsitzende von sonstigen Beiräten nach § 47 d Gemeindeordnung in Gemeinden mit

bis zu 1 000 Einwohnerinnen und Einwohnern höchstens	60 DM
bis zu 5 000 Einwohnerinnen und Einwohnern höchstens	85 DM
bis zu 10 000 Einwohnerinnen und Einwohnern höchstens	110 DM
bis zu 20 000 Einwohnerinnen und Einwohnern höchstens	130 DM
bis zu 30 000 Einwohnerinnen und Einwohnern höchstens	150 DM
bis zu 60 000 Einwohnerinnen und Einwohnern höchstens	170 DM
bis zu 80 000 Einwohnerinnen und Einwohnern höchstens	180 DM
bis zu 150 000 Einwohnerinnen und Einwohnern höchstens	190 DM
über 150 000 Einwohnerinnen und Einwohnern höchstens	210 DM,

3. für Vorsitzende von Beiräten nach § 42 a Kreisordnung in Kreisen mit

bis zu 150 000 Einwohnerinnen und Einwohnern höchstens	190 DM
über 150 000 Einwohnerinnen und Einwohnern höchstens	210 DM.

Anhang 6.4

§ 11 Ehrenamtliche Gleichstellungsbeauftragte

(1) Ehrenamtliche Gleichstellungsbeauftragte in Gemeinden und Städten mit eigener Verwaltung und in Ämtern können für die Wahrnehmung ihrer Aufgaben eine monatliche Aufwandsentschädigung erhalten. Diese beträgt in Gemeinden, Städten und Ämtern mit

bis zu 5000 Einwohnerinnen und Einwohnern höchstens	320 DM
über 5000 Einwohnerinnen und Einwohnern höchstens	400 DM.

(2) Darüber hinaus kann ehrenamtlichen Gleichstellungsbeauftragten von Gemeinden und Städten für die Teilnahme an Sitzungen der Gemeindevertretung und der Ausschüsse und ehrenamtlichen Gleichstellungsbeauftragten von Ämtern oder von Gemeinden, die die Geschäfte eines Amtes führen, für die Teilnahme an Sitzungen des Amtsausschusses und der Ausschüsse des Amtes sowie nach Maßgabe der Hauptsatzung der jeweiligen amtsangehörigen Gemeinde für die Teilnahme an Sitzungen der Gemeindevertretung und der Ausschüsse der amtsangehörigen Gemeinde ein Sitzungsgeld von höchstens 30 DM gewährt werden. Das Sitzungsgeld für die Gleichstellungsbeauftragte des Amtes zahlt das Amt.

(3) Absatz 2 gilt für stellvertretende Gleichstellungsbeauftragte im Falle der Verhinderung der Gleichstellungsbeauftragten entsprechend.

§ 12 Aufwandsentschädigung für Stellvertretende

(1) Den Stellvertretenden der in den §§ 7, 8, 9, 10 und 11 genannten Empfängerinnen und Empfänger von Aufwandsentschädigungen kann für die besondere Tätigkeit bei Verhinderung der oder des Vertretenen für die Dauer der Vertretung eine entsprechende Aufwandsentschädigung gewährt werden. Die Entschädigung beträgt für jeden Tag, den diese Personen die oder den Vertretenen vertreten, höchstens ein Dreißigstel der laufenden monatlichen Aufwandsentschädigung der oder des Vertretenen.

(2) Den Stellvertretenden der Bürgermeisterin oder des Bürgermeisters in hauptamtlich verwalteten Gemeinden und Städten oder der Landrätin oder des Landrats kann für die besondere Tätigkeit bei Verhinderung der oder des Vertretenen für die Dauer der Vertretung eine Aufwandsentschädigung gewährt werden. Diese Entschädigung darf

für jeden Tag, an dem die oder der Vertretene vertreten wird, in hauptamtlich verwalteten Gemeinden und Städten mit bis zu 20 000 Einwohnerinnen und Einwohnern höchstens ein Dreißigstel der in § 7 Abs. 1 genannten Höchstsätze, in hauptamtlich verwalteten Gemeinden und Städten mit mehr als 20 000 und bis zu 30 000 Einwohnerinnen und Einwohnern höchstens 70 DM, in Städten mit bis zu 60 000 Einwohnerinnen und Einwohnern höchstens 80 DM, in Städten mit bis zu 80 000 Einwohnerinnen und Einwohnern höchstens 90 DM, in Städten mit bis zu 150 000 Einwohnerinnen und Einwohnern höchstens 100 DM, in Städten mit mehr als 150 000 Einwohnerinnen und Einwohnern höchstens 120 DM, in Kreisen mit bis zu 150 000 Einwohnerinnen und Einwohnern höchstens 100 DM und in Kreisen mit mehr als 150 000 Einwohnerinnen und Einwohnern höchstens 120 DM betragen.

§ 13 Zahlung, Wegfall und Kürzung von Aufwandsentschädigungen

(1) Aufwandsentschädigungen in Form einer monatlichen Pauschale werden für die Zeit vom Tage des Amtsantritts bis zum Ablauf des Kalendermonats, in dem das Ehrenamt oder die ehrenamtliche Tätigkeit endet, monatlich im voraus gezahlt. Besteht der Anspruch auf Aufwandsentschädigung nicht für einen vollen Kalendermonat, so werden für jeden Tag ein Dreißigstel der monatlichen Aufwandsentschädigung gezahlt.

(2) Übt die Empfängerin oder der Empfänger einer Aufwandsentschädigung ein Ehrenamt oder eine ehrenamtliche Tätigkeit ununterbrochen länger als drei Monate nicht aus, so wird für die über drei Monate hinausgehende Zeit keine Aufwandsentschädigung gewährt. Hat sie oder er den Grund für die Nichtausübung selbst zu vertreten, entfällt der Anspruch auf Zahlung von Aufwandsentschädigung, sobald das Ehrenamt oder die ehrenamtliche Tätigkeit nicht mehr ausgeübt wird.

(3) Ehrenbeamtinnen und Ehrenbeamten darf keine Aufwandsentschädigung gezahlt werden, solange ihnen die Führung der Dienstgeschäfte nach § 76 Landesbeamtengesetz verboten ist oder sie im Zusammenhang mit einem Disziplinarverfahren vorläufig des Dienstes enthoben sind.

Anhang 6.4

(4) Die in § 16 Amtsordnung vorgesehene Kürzung der Aufwandsentschädigung der Bürgermeisterinnen und der Bürgermeister amtsange-
höriger Gemeinden soll in den Fällen, in denen eine zeitweilig zur
Unterstützung der Bürgermeisterin oder des Bürgermeisters tätige
Hilfskraft wegen der besonderen örtlichen Verhältnisse erforderlich und
vertretbar erscheint, höchstens 25%, jedoch nicht mehr als die Kosten
für die Hilfskraft betragen.

ABSCHNITT III: Sonstige Entschädigungen

§ 14 Sitzungsgeld

(1) Sitzungsgeld darf nur gewährt werden, soweit es in dieser Verordnung zugelassen ist.

(2) Das Sitzungsgeld darf, soweit in § 3 Abs. 2 und § 11 nicht anders
geregelt ist, den Betrag von 45 DM nicht übersteigen.

(3) Sitzungsgeld darf gewährt werden

1. Ausschußmitgliedern nach § 46 Abs. 2 Satz 1 Gemeindeordnung,
   § 41 Abs. 2 Satz 1 Kreisordnung und § 10a Abs. 2 Satz 1 Amtsordnung für die Teilnahme an Sitzungen der Ausschüsse, in die sie
   gewählt sind, sowie an Sitzungen der Fraktionen und Teilfraktionen
   und für ihre sonstigen Tätigkeiten für die kommunale Körperschaft;
   entsprechendes gilt für stellvertretende Ausschußmitglieder nach
   § 46 Abs. 2 Satz 1 Gemeindeordnung, § 41 Abs. 2 Satz 1 Kreisordnung und § 10a Abs. 2 Satz 1 Amtsordnung im Vertretungsfalle,

2. Mitgliedern der Beiräte nach § 47b Abs. 2, § 47d Gemeindeordnung und § 42a Kreisordnung, die eine Aufwandsentschädigung
   nach § 3 Abs. 3 erhalten, ausgenommen Vorsitzenden, die eine Aufwandsentschädigung nach § 10 erhalten, für die Teilnahme an Sitzungen der Beiräte,

3. Ausschußvorsitzenden mit Ausnahme der Vorsitzenden der Hauptausschüsse nach §§ 45a Gemeindeordnung und 40a Kreisordnung
   und den Vertreterinnen und Vertretern von Ausschußvorsitzenden
   zusätzlich für jede von ihnen geleitete Ausschußsitzung,

4. Stellvertretenden der Mitglieder der Hauptausschüsse nach §§ 45a
   Gemeindeordnung und 40a Kreisordnung für die Teilnahme an Sit-

zungen der Hauptausschüsse und Stellvertretenden der Mitglieder der Amtsausschüsse für die Teilnahme an Sitzungen der Amtsausschüsse jeweils im Vertretungsfall,

5. Mitgliedern der Gemeindeversammlung für die Teilnahme an Sitzungen der Gemeindeversammlung und der Ausschüsse, in die sie gewählt sind.

(4)   Sitzungsgeld für die Teilnahme an Sitzungen der Fraktionen und Teilfraktionen darf nur gewährt werden, wenn diese Sitzungen der Vorbereitung einer Sitzung der Vertretung, eines Ausschusses oder der Meinungsbildung für wesentliche kommunale Vorhaben dienen.

(5)   Sitzungsgeld und Tagegeld aufgrund reisekostenrechtlicher Regelungen dürfen nicht nebeneinander gewährt werden.

(6)   Die für Sitzungsgeld festgesetzten Sätze gelten grundsätzlich für eine Sitzung. Finden an einem Tag bei derselben kommunalen Körperschaft mehrere Sitzungen statt, so darf nur ein Sitzungsgeld gewährt werden. Für eine Sitzung, die nicht am selben Tage beendet wird, darf bis zu zwei Sitzungsgelder gezahlt werden, wenn die Sitzung insgesamt mindestens acht Stunden gedauert hat.

§ 15   Entgangener Arbeitsverdienst,
Verdienstausfallentschädigung für Selbständige,
Entschädigung für Abwesenheit vom Haushalt

(1)   Der durch die Wahrnehmung des Ehrenamtes oder die ehrenamtliche Tätigkeit entgangene Arbeitsverdienst aus unselbständiger Arbeit ist auf Antrag in der nachgewiesenen Höhe gesondert zu ersetzen. Ferner ist der auf den entgangenen Arbeitsverdienst entfallende Arbeitgeberanteil zur Sozialversicherung zu erstatten, soweit dieser zu Lasten der oder des Entschädigungsberechtigten an den Sozialversicherungsträger abgeführt wird.

(2)   Selbständige erhalten auf Antrag gesondert für den durch die Wahrnehmung des Ehrenamtes oder die ehrenamtliche Tätigkeit entstandenen Verdienstausfall eine Verdienstausfallentschädigung, deren Höhe je Stunde im Einzelfall auf der Grundlage des glaubhaft gemachten Verdienstausfalls nach billigem Ermessen festgesetzt wird. In der Hauptsatzung ist ein Höchstbetrag festzulegen, der bei der Ver-

Anhang 6.4

dienstausfallentschädigung je Stunde nicht überschritten werden darf.

(3) Personen, die einen Haushalt mit mindestens zwei Personen führen und nicht oder weniger als 20 Stunden je Woche erwerbstätig sind, erhalten gesondert für die durch die Wahrnehmung des Ehrenamtes oder die ehrenamtliche Tätigkeit bedingte Abwesenheit vom Haushalt auf Antrag für jede volle Stunde der Abwesenheit eine Entschädigung. Der Stundensatz ist in der Hauptsatzung festzulegen. Statt einer Entschädigung nach Stundensätzen sind auf Antrag die angefallenen notwendigen Kosten für eine Vertretung im Haushalt zu ersetzen.

(4) Leistungen nach den Absätzen 1 bis 3 werden nur gewährt, soweit die Wahrnehmungen des Ehrenamtes oder die ehrenamtliche Tätigkeit in den Fällen der Absätze 1 und 2 während der regelmäßigen Arbeitszeit und in den Fällen des Absatzes 3 während der regelmäßigen Hausarbeitszeit erforderlich ist. Die regelmäßige Arbeitszeit und die regelmäßige Hausarbeitszeit sind individuell zu ermitteln.

§ 16 Ersatz der Kosten der Betreuung von Kindern und pflegebedürftiger Angehöriger

Die nachgewiesenen Kosten einer durch die Wahrnehmung des Ehrenamtes oder die ehrenamtliche Tätigkeit erforderlichen entgeltlichen Betreuung von Kindern, die das 14. Lebensjahr noch nicht vollendet haben, oder pflegebedürftiger Familienangehöriger sind auf Antrag gesondert zu erstatten. Dies gilt nicht für Zeiträume, für die Entschädigung nach § 15 gewährt wird.

§ 17 Fahrkosten

Ehrenbeamtinnen und Ehrenbeamten und ehrenamtlich tätigen Bürgerinnen und Bürgern können die Fahrkosten, die ihnen durch die Fahrt zum Sitzungsort und zurück entstehen, gesondert erstattet werden, höchstens jedoch in Höhe der Kosten der Fahrt von der Hauptwohnung zum Sitzungsort und zurück. Bei der Benutzung privateigener Kraftfahrzeuge richtet sich die Höhe der Entschädigung nach den Sätzen des § 6 Abs. 1 bis 3 Bundesreisekostengesetz.

§ 18 Reisekostenvergütung

Ehrenamtlich tätige Bürgerinnen und Bürger erhalten bei Dienstreisen Reisekostenvergütung nach den für die Beamtinnen und Beamten geltenden Grundsätzen.

ABSCHNITT IV: Entschädigung in besonderen Fällen

§ 19 Kreisjägermeisterin und Kreisjägermeister

Kreisjägermeisterinnen und Kreisjägermeister können für die Dauer der Wahrnehmung ihrer Aufgaben eine Aufwandsentschädigung bis zu 675 DM erhalten. Den Stellvertretenden kann für ihre besondere Tätigkeit bei Verhinderung der Kreisjägermeisterin oder des Kreisjägermeisters für die Dauer der Vertretung eine entsprechende Aufwandsentschädigung gewährt werden. Sofern Stellvertretende der Kreisjägermeisterin oder des Kreisjägermeisters ständig damit betraut sind, bestimmte Aufgaben zu erledigen, können sie eine Aufwandsentschädigung bis zu der in Satz 1 genannten Höhe erhalten.

§ 20 Feuerwehr

Für als Ehrenbeamte oder ehrenamtlich in der Feuerwehr tätige Personen gelten besondere Entschädigungsregelungen auf der Grundlage des Brandschutzgesetzes.

ABSCHNITT V: Schlußvorschriften

§ 21 Rückgang der Einwohnerzahl

Ein Rückgang der Einwohnerzahl ist für die Bemessung der Aufwandsentschädigung bis zum Ablauf der jeweiligen Wahlperiode unbeachtlich.

§ 22 Inkrafttreten, Außerkrafttreten, Überleitungsregelung

(1) Diese Verordnung tritt mit Wirkung vom 1. April 1996 in Kraft. Gleichzeitig tritt die Entschädigungsverordnung vom 24. April 1990

Anhang 6.4

(GVOBl. Schl.H. S. 322), geändert durch Verordnung vom 27. Juli 1994 (GVOBl. Schl.H. S. 430), außer Kraft.

(2) Für ehrenamtliche Magistrats- und Kreisausschußmitglieder und deren Stellvertretende kann in der Hauptsatzung geregelt werden, daß diese eine Aufwandsentschädigung erhalten. Insoweit gelten abweichend von Absatz 1 Satz 2 die §§ 5, 7, 12 Abs. 2, 4 und 5 der außer Kraft getretenen Entschädigungsverordnung fort mit der Maßgabe, daß die Magistrats- und Kreisausschußmitgliedern nach der jeweiligen Hauptsatzung zu gewährende Aufwandsentschädigung als Gemeindevertreterinnen oder Gemeindevertreter oder als Kreistagsabgeordnete in Städten um mindestens die Hälfte der in § 3 Abs. 2 Nr. 1a dieser Verordnung geregelten Entschädigungshöchstsätze und in Kreisen um mindestens die Hälfte der in § 3 Abs. 2 Nr. 2a dieser Verordnung geregelten Entschädigungshöchstsätze zu kürzen sind. Die Maßgabe gemäß Satz 2 gilt entsprechend, wenn Gemeindevertreterinnen oder Gemeindevertretern oder Kreistagsabgeordneten nach der jeweiligen Hauptsatzung keine Aufwandsentschädigung, sondern Sitzungsgeld gewährt wird.

(3) Absatz 2 tritt mit Ablauf des 31. März 1998 außer Kraft.

Landesverordnung über die Entschädigung der bei Zweckverbänden ehrenamtlich tätigen Bürgerinnen und Bürger (Zweckverbandsentschädigungsverordnung – ZwVEntschVO)

Vom 19. September 1996 (GVOBl. S. 602) geändert durch VO vom 9. April 1997 (GVOBl. S. 273)

Aufgrund des § 13 Abs. 6 des Gesetzes über kommunale Zusammenarbeit in der Fassung der Bekanntmachung vom 1. April 1996 (GVOBl. Schl.-H. 1996 S. 381) verordnet das Innenministerium:

§ 1 Für die Entschädigung der bei Zweckverbänden ehrenamtlich tätigen Mitglieder der Verbandsversammlung, des Verbandsvorstandes, der Ausschüsse des Zweckverbandes und für die Entschädigung der Verbandsvorsteherin oder des Verbandsvorstehers gelten die §§ 1 und 12 Abs. 1, §§ 13 bis 18 und 21 der Entschädigungsverordnung vom 18. September 1996 entsprechend, soweit diese Verordnung nichts anderes bestimmt.

§ 2 (1) Mitglieder der Verbandsversammlung und des Verbandsvorstandes erhalten entweder Sitzungsgeld für die Teilnahme an Sitzungen der Verbandsversammlung, des Verbandsvorstandes und der Ausschüsse des Verbandes oder Aufwandsentschädigung nach Absatz 2. Die Aufwandsentschädigung nach Absatz 2 wird gewährt entweder ausschließlich als monatliche Pauschale oder gleichzeitig teilweise als monatliche Pauschale und als Sitzungsgeld für die Teilnahme an Sitzungen der Verbandsversammlung, des Verbandsvorstandes und der Ausschüsse des Verbandes.

(2) Die Höhe der Aufwandsentschädigung für Mitglieder der Verbandsversammlung darf betragen

1. ausschließlich als monatliche Pauschale höchstens 20 DM,

2. gleichzeitig teilweise als monatliche Pauschale und als Sitzungsgeld höchstens 10 DM als monatliche Pauschale und 30 DM als

Anhang 6.5

Sitzungsgeld für die Teilnahme an Sitzungen der Verbandsversammlung und der Ausschüsse des Verbandes.

(3)   Die Höhe der Aufwandsentschädigung der Mitglieder eines Verbandsvorstandes darf betragen

1. ausschließlich als monatliche Pauschale höchstens 20 DM,

2. gleichzeitig teilweise als monatliche Pauschale und als Sitzungsgeld höchstens 10 DM als monatliche Pauschale und 30 DM als Sitzungsgeld für die Teilnahme an Sitzungen des Verbandsvorstandes.

(4)   Den Stellvertretenden der Mitglieder der Verbandsversammlung kann für die Teilnahme an den Sitzungen der Verbandsversammlung im Vertretungsfall Sitzungsgeld gewährt werden.

(5)   Den Stellvertretenden der Mitglieder des Verbandsvorstandes kann für die Teilnahme an den Sitzungen des Verbandsvorstandes im Vertretungsfall Sitzungsgeld gewährt werden.

§ 3   (1)   Der oder dem Vorsitzenden der Verbandsversammlung kann eine monatliche Aufwandsentschädigung bis zu 220 DM und den Verbandsvorsteherinnen und den Verbandsvorstehern bis zu 440 DM gewährt werden. Verbandsvorsteherinnen und Verbandsvorstehern, die gleichzeitig Vorsitzende der Verbandsversammlung sind, kann eine monatliche Aufwandsentschädigung bis zu 595 DM gewährt werden.

(2)   Der oder dem Vorsitzenden der Verbandsversammlung und den Verbandsvorsteherinnen und den Verbandsvorstehern kann nach Maßgabe der Verbandssatzung und mit Zustimmung der Aufsichtsbehörde ein Zuschlag zu der nach Absatz 1 zulässigen Aufwandsentschädigung bis zu folgender Höhe gewährt werden:

	Vorsitzende der Verbandsversammlung	Verbandsvorsteherinnen und Verbandsvorsteher

1. Krankenhauszweckverbände mit über

100 Betten	5%	10%
200 Betten	10%	15%
300 Betten	10%	20%
400 Betten	15%	25%
500 Betten	20%	30%

2. Pflegeheim- und Altenheimzweckverbände mit über

100 Betten	5%	10%
200 Betten	10%	15%
300 Betten	10%	20%
600 Betten	15%	25%

3. Ver- und Entsorgungszweckverbände (Gas, Strom, Fernwärme, Wasser und Entwässerung, Müllabfuhr) bei einem Anschluß von mindestens

10 000 Einwohnerinnen und Einwohnern	5%	10%
20 000 Einwohnerinnen und Einwohnern	10%	20%
30 000 Einwohnerinnen und Einwohnern	10%	25%
50 000 Einwohnerinnen und Einwohnern	10%	30%
100 000 Einwohnerinnen und Einwohnern	15%	40%
200 000 Einwohnerinnen und Einwohnern	20%	50%
300 000 Einwohnerinnen und Einwohnern	25%	60%

Anhang 6.5

4. Straßen- und Straßenbauunterhaltungsverbände bei einer Länge
   des Straßennetzes von mindestens

500 km	5%	10%
1000 km	10%	20%
1500 km	10%	25%

5. Planungsverbände nach § 205 des Baugesetzbuches und Pla-
   nungszweckverbände, denen die Aufstellung des Flächennut-
   zungsplanes für das Verbandsgebiet übertragen ist, mit wenigstens
   drei Gemeinden und mit zusammen mindestens

10 000 Einwohnerinnen und Einwohnern	5%	10%
30 000 Einwohnerinnen und Einwohnern	10%	20%
100 000 Einwohnerinnen und Einwohnern	10%	25%

Ist Planungsverbänden und Planungszweckverbänden außerdem die
Aufstellung, Änderung, Ergänzung und Aufhebung der Bebauungs-
pläne im Verbandsgebiet übertragen, kann der Verbandsvorsteherin
oder dem Verbandsvorsteher mit Zustimmung der Aufsichtsbehörde
ein weiterer Zuschlag bis zu 10 % der nach Absatz 1 zulässigen Aufwandsentschädigung gewährt werden. Ist die Verbandsvorsteherin
oder der Verbandsvorsteher gleichzeitig Vorsitzende oder Vorsitzender
der Verbandsversammlung, so verbleibt es für den Zuschlag bei den für
Verbandsvorsteherinnen und Verbandsvorstehern geltenden Höchst-
sätzen.

(3) Bei Sparkassenzweckverbänden kann der oder dem Vorsitzenden der Verbandsversammlung eine monatliche Aufwandsentschädigung bis zu 135 DM und den Verbandsvorsteherinnen oder den
Verbandsvorstehern bis zu 270 DM gewährt werden. Ist die Verbandsvorsteherin oder der Verbandsvorsteher gleichzeitig Vorsitzende oder
Vorsitzender der Verbandsversammlung, kann eine monatliche Aufwandsentschädigung bis zu 395 DM gewährt werden.

§ 4 (1)   Sind dem Zweckverband mehrere der in § 3 Abs. 2 genannten Aufgaben übertragen, können der Verbandsvorsteherin oder dem
Verbandsvorsteher und der oder dem Vorsitzenden der Verbandsversammlung mit Zustimmung der Aufsichtsbehörde weitere Zuschläge

bis zu 20% für jeden weiteren Betriebszweig zu der nach § 3 Abs. 1 zulässigen Aufwandsentschädigung gewährt werden.

(2)   Sind einem in § 3 Abs. 2 nicht erfaßten Zweckverband mehrere Betriebszweige zugeordnet, so gilt Absatz 1 entsprechend.

§ 5   Diese Verordnung tritt mit Wirkung vom 1. April 1996 in Kraft. Gleichzeitig tritt die Zweckverbandsentschädigungsverordnung vom 24. April 1990 (GVOBl. Schl.-H. S. 327) außer Kraft.

Anhang 6.6

Steuerliche Behandlung von Entschädigungen, die den ehrenamtlichen Mitgliedern kommunaler Volksvertretungen gewährt werden

Erlaß des Finanzministeriums vom 1. August 1978 (Amtsbl. Schl.-H. S. 524) und vom 16. März 1990 – VI 350 b – S 2337 – 098)

A. Allgemeines

Die den ehrenamtlichen Mitgliedern kommunaler Volksvertretungen gewährten Entschädigungen unterliegen grundsätzlich als Einnahmen aus „sonstiger selbständiger Arbeit" im Sinne des § 18 Abs. 1 Nr. 3 EStG der Einkommensteuer. Dies gilt insbesondere für Entschädigungen, die für Verdienstausfall oder Zeitverlust gewährt werden.

Steuerfrei sind

– nach § 3 Nr. 13 EStG Reisekostenvergütungen, die nach den Vorschriften des Bundesreisekostengesetzes oder entsprechender Landesgesetze gewährt werden,

– nach § 3 Nr. 12 Satz 2 EStG Aufwandsentschädigungen, soweit sie Aufwendungen abgelten, die einkommensteuerrechtlich als Betriebsausgaben berücksichtigungsfähig wären.

B. Anerkennung steuerfreier Aufwandsentschädigungen (§ 3 Nr. 12 Satz 2 EStG)

I. Für ehrenamtliche Mitglieder einer Gemeindevertretung oder einer Stadtvertretung gilt folgendes:

1. Pauschale Entschädigungen und Sitzungsgelder sind steuerfrei, soweit sie insgesamt während der Dauer der Mitgliedschaft folgende Beträge nicht übersteigen:

in einer Gemeinde oder Stadt mit	monatlich	jährlich
– höchstens 20000 Einwohnern	175,– DM	2100,– DM
– 20001 bis 50000 Einwohnern	280,– DM	3360,– DM
– 50001 bis 150000 Einwohnern	345,– DM	4140,– DM

– 150 001 bis 450 000 Einwohnern	435,– DM	5220,– DM
– mehr als 450 000 Einwohner	520,– DM	6240,– DM

Die Nachholung nicht ausgeschöpfter Monatsbeträge in anderen Monaten desselben Kalenderjahres ist zulässig. Dabei kann jedoch der steuerfreie Jahresbetrag uneingeschränkt nur dann angesetzt werden, wenn die Mitgliedschaft in der Gemeinde bzw. Stadtvertretung während eines ganzen Kalenderjahres bestanden hat.

2. Neben den steuerfreien Beträgen nach Nr. 1 wird die Erstattung der tatsächlichen Fahrkosten für Fahrten von der Wohnung zum Sitzungsort und zurück als steuerfreie Aufwandsentschädigung anerkannt; bei Benutzung eines eigenen Kraftfahrzeugs ist die Wegstreckenentschädigung nach dem Bundesreisekostengesetz oder nach entsprechendem Landesgesetz maßgebend.

3. Die steuerfreien Beträge nach Nr. 1 erhöhen sich

   a) für Stadtpräsidenten und Bürgervorsteher auf das Dreifache der Beträge nach Nr. 1,

   b) für die ständigen Vertreter der Stadtpräsidenten und Bürgervorsteher auf das Doppelte der Beträge nach Nr. 1,

   c) für Fraktionsvorsitzende auf das Doppelte der Beträge nach Nr. 1

II. Für ehrenamtliche Mitglieder eines Kreistages gilt folgendes:

1. Pauschale Entschädigungen und Sitzungsgelder sind steuerfrei, soweit sie insgesamt während der Dauer der Mitgliedschaft folgende Beiträge nicht übersteigen:

in einem Landkreis mit	monatlich	jährlich
– höchstens 250 000 Einwohnern	345,– DM	4140,– DM
– mehr als 250 000 Einwohner	435,– DM	5220,– DM

2. Abschnitt I Nr. 2 und 3 ist entsprechend anzuwenden.

III. Die Regelungen des Abschnitts I gelten nicht bei kommunalen Zweckverbänden (z.B. Wasserversorgungs- oder Abwasserbeseitigungsverband).

IV. Die Regelungen nach Abschnitt I Nr. 1 und 2 gelten sinngemäß auch für die ehrenamtlichen Mitglieder des Ortsbeirats. Dabei ist jedoch nicht die Einwohnerzahl der Gemeinde oder der Stadt, sondern die des

Anhang 6.6

Ortsteils maßgebend. Für den Vorsitzenden des Ortsbeirats verdoppeln sich die steuerfreien Beträge nach Abschnitt I Nr. 1.

V. Steuerpflichtige, die gleichzeitig Mitglied mehrerer kommunaler Volksvertretungen sind, können steuerfreie Entschädigungen im Sinne der vorstehenden Abschnitt I bis IV nebeneinander beziehen. Abschnitt 13 Abs. 4 Satz 7 der Lohnsteuer-Richtlinie 1990 ist insoweit nicht anzuwenden.

C. Wirkung der steuerfreien Aufwandsentschädigungen

Mit den steuerfreien Entschädigungen nach Teil B sind alle Aufwendungen, die mit einer ehrenamtlichen Tätigkeit im Sinne des Teils B zusammenhängen, mit Ausnahme der Aufwendungen für Dienstreisen, abgegolten. Es bleibt den Steuerpflichtigen unbenommen, ihre tatsächlichen Aufwendungen, soweit sie nicht Kosten der Lebensführung sind, die ihre wirtschaftliche oder gesellschaftliche Stellung mit sich bringt, gegenüber dem Finanzamt nachzuweisen oder glaubhaft zu machen. In diesem Falle können die tatsächlichen Aufwendungen insoweit, als sie die steuerfreien Entschädigungen übersteigen, als Betriebsausgaben berücksichtigt werden.

D. Anwendungszeitraum

Die vorstehenden Regelungen sind erstmals für das Kalenderjahr 1990 anzuwenden.

Dieser Erlaß ergeht im Einvernehmen mit dem Bundesminister der Finanzen und den obersten Finanzbehörden der anderen Länder.

Steuerliche Behandlung von Entschädigungen, die den in der Selbstverwaltung von Gemeinden, Ämtern und Kreisen ehrenamtlich tätigen Bürgern gewährt werden

Erlaß des Finanzministers vom 13. Juli 1979 (Amtsbl. Schl.-H. S. 491) in der ab Veranlagungszeitraum 1990 gültigen Fassung

A. Allgemeines

Entschädigungen, die in den in der Verwaltung (Exekutive) von Gemeinden, Ämtern und Kreisen ehrenamtlich tätigen Bürgern gewährt werden, unterliegen grundsätzlich der Einkommensteuer. Dieses gilt insbesondere für Entschädigungen, die für Verdienstausfall oder Zeitverlust gewährt werden.

Steuerfrei sind

– nach § 3 Nr. 13 EStG Reisekostenvergütungen, die nach den Vorschriften des Bundesreisekostengesetzes oder entsprechender Landesgesetze gewährt werden,

– nach § 3 Nr. 12 Satz 3 EStG Aufwandsentschädigungen, soweit sie Aufwendungen abgelten, die einkommensteuerrechtlich als Betriebsausgaben oder Werbungskosten berücksichtigungsfähig wären.

B. Anerkennung steuerfreier Aufwandsentschädigungen (§ 3 Nr. 12 Satz 2 EStG)

I. Pauschale Entschädigungen und Sitzungsgelder, die ehrenamtlich in der Exekutive von Gemeinden, Ämtern und Kreisen tätigen Bürgern gewährt werden, sind steuerfrei, soweit sie insgesamt während der Dauer der Tätigkeit folgende Beträge nicht übersteigen:

1. Ehrenamtliche Bürgermeister

Von gewährten Entschädigungen bleibt ein Betrag, der nach meinen Erlassen vom 1. 8. 1978 und 16. 3. 1990[3] bei einem Bürgervorsteher in

---

3) Siehe Anhang 6.6.

Anhang 6.7

Gemeinden mit entsprechender Einwohnerzahl steuerfrei zu belassen ist. Bei Gemeinden mit mehr als 2000 Einwohnern erhöht sich der Mindestbetrag um 230,– DM.

Für Bürger in ehrenamtlich verwalteten amtsfreien Gemeinden erhöhen sich die genannten Mindestbeträge um 35 v. H.

2. Ehrenamtliche Stadträte

Von den gewährten Entschädigungen bleibt ein Betrag von 33 1/3 v. H. steuerfrei, mindestens jedoch das Doppelte des Betrages, der nach meinen vorgenannten Erlassen bei Stadtvertretern steuerfrei zu belassen ist.

Für die ständigen Vertreter der Bürgermeister erhöht sich der Mindestbetrag um 50 v. H.

3. Amtsvorsteher

Von den gewährten Entschädigungen bleibt ein Betrag von 33 1/3 v. H. steuerfrei, mindestens jedoch der Betrag, der nach meinen vorgenannten Erlassen bei einem Bürgervorsteher in einer Gemeinde mit entsprechender Einwohnerzahl steuerfrei zu belassen ist.

4. Mitglieder des Amtsausschusses

Von den gewährten Entschädigungen bleibt ein Betrag von 33 1/3 v. H. steuerfrei, mindestens jedoch der Betrag, der nach meinen vorgenannten Erlassen bei einem ehrenamtlichen Mitglied einer Gemeindevertretung in Gemeinden bis zu 20 000 Einwohnern steuerfrei zu belassen ist.

5. Mitglieder des Kreisausschusses

Von den gewährten Entschädigungen bleibt ein Betrag von 33 1/3 v. H. steuerfrei, mindestens jedoch das Eineinhalbfache des Betrages, der nach meinen vorgenannten Erlassen bei einem ehrenamtlichen Mitglied eines Kreistages steuerfrei zu belassen ist.

Für die allgemeinen Vertreter der Landräte erhöht sich der Mindestbetrag um 50 v. H.

Die Nachholung nicht ausgeschöpfter Monatsbeträge in anderen Monaten desselben Kalenderjahres ist zulässig. Dabei kann jedoch der steuerfreie Jahresbetrag uneingeschränkt nur dann abgesetzt werden, wenn die Tätigkeit während eines ganzen Kalenderjahres ausgeübt worden ist.

II.   Die den Stellvertretern der in Abschnitt I Nrn. 1 und 3 aufgeführten Personengruppen für die Stellvertretung gewährten Aufwandsentschädigungen sind bis zu 50 v. H. der oben genannten Beträge steuerfrei zu belassen.

Die den Stellvertretern der Bürgermeister in hauptamtlich verwalteten Gemeinden gewährten Entschädigungen bleiben in Höhe von 33⅓ v. H. steuerfrei, mindestens jedoch in Höhe von 50 v. H. des Betrages, der nach Abschnitt I Nr. 1 bei ehrenamtlichen Bürgermeistern in amtsfreien Gemeinden steuerfrei zu belassen ist.

III.   Steuerpflichtige, die gleichzeitig in mehreren Funktionen ehrenamtlich in den Gemeinden, Ämtern und Kreisen tätig sind, und dafür mehrere Aufwandsentschädigungen nebeneinander erhalten, können steuerfreie Aufwandsentschädigungen im Sinne der vorstehenden Abschnitte I und II und des Teils B meiner Erlasse vom 1. 8. 1978 und vom 16. 3. 1990 nebeneinander beziehen. Abschnitt 13 Abs. 4 Satz 7 Lohnsteuer-Richtlinien 1990 ist insoweit nicht anzuwenden.

IV.   Neben den steuerfreien Beträgen nach den Abschnitten I–III wird die Erstattung der tatsächlichen Fahrkosten für Fahrten von der Wohnung zum Sitzungsort und zurück als steuerfreie Aufwandsentschädigung anerkannt; bei Benutzung eines eigenen Kraftfahrzeugs ist die Wegstreckenentschädigung nach dem Bundesreisekostengesetz oder nach entsprechendem Landesgesetz maßgebend.

C.   Wirkung der steuerfreien Aufwandsentschädigung

Mit den steuerfreien Entschädigungen nach Teil B sind alle Aufwendungen, die mit einer ehrenamtlichen Tätigkeit im Sinne des Teils B zusammenhängen, mit Ausnahme der Aufwendungen für Geschäfts- und Dienstreisen, abgegolten. Es bleibt den Steuerpflichtigen unbenommen, ihre tatsächlichen Aufwendungen, soweit sie nicht Kosten der Lebensführung sind, die ihre wirtschaftliche oder gesellschaftliche Stellung mit sich bringt, gegenüber dem Finanzamt nachzuweisen oder glaubhaft zu machen. In diesem Falle können die tatsächlichen Aufwendungen insoweit, als sie die steuerfreien Entschädigungen im Sinne dieses Erlasses übersteigen, als Betriebsausgaben oder Werbungskosten berücksichtigt werden.

Anhang 6.7

D. Zuordnung der Einnahmen

Soweit die Entschädigungen bzw. Sitzungsgelder nicht als steuerfreie Aufwandsentschädigungen anerkannt werden können, sind sie beim Amtsvorsteher als Einkünfte aus nichtselbständiger Arbeit im Sinne des § 19 EStG und bei den anderen Personen als Einkünfte aus sonstiger selbständiger Arbeit im Sinne des § 18 Abs. 1 Nr. 3 EStG zu behandeln.

3. Anwendungszeitraum

Die vorstehenden Regelungen sind erstmals für das Kalenderjahr 1990 anzuwenden.

Dieser Erlaß ergeht im Einvernehmen mit dem Bundesminister der Finanzen und den obersten Finanzbehörden der anderen Länder.

Landesverordnung über die Genehmigungsfreiheit von Rechtsgeschäften kommunaler Körperschaften

Vom 14. Juni 1996 (GVOBl. S. 498)

Aufgrund des § 85 Abs. 6 Nr. 2, des § 86 Abs. 4, des § 87 Abs. 2 Satz 2 und des § 90 Abs. 4 der Gemeindeordnung verordnet das Innenministerium:

§ 1 Die Begründung einer Zahlungsverpflichtung, die wirtschaftlich einer Kreditverpflichtung gleichkommt, bedarf keiner Genehmigung nach § 85 Abs. 5 der Gemeindeordnung

1. bei Leibrentenvereinbarungen im Rahmen von Grundstückskaufverträgen,

2. bei der Übernahme der persönlichen Schuld aus Hypotheken beim Erwerb von Grundstücken und grundstücksgleichen Rechten,

3. bei Bausparverträgen,

4. bei Leasingverträgen über die Nutzung und den Erwerb von beweglichen Sachen des Anlagevermögens,

5. bei Baubetreuungsverträgen mit Generalübernehmerinnen oder Generalübernehmern und

6. bei Verträgen mit Sanierungs- und Entwicklungsträgern nach dem Baugesetzbuch.

§ 2 (1) Die Übernahme von Bürgschaften und Verpflichtungen aus Gewährverträgen bedarf keiner Genehmigung nach § 86 Abs. 2 Satz 2 der Gemeindeordnung

1. zugunsten von Gesellschaften, sofern der kommunalen Körperschaft mindestens 75 % der Anteile gehören,

2. zugunsten von Gesellschaften, sofern der kommunalen Körperschaft mehr als 50 % und weniger als 75 % der Anteile gehören und die Höhe der übernommenen Bürgschaften und Verpflichtungen für die einzelne Gesellschaft insgesamt

Anhang 6.8

   a) bei kommunalen Körperschaften, die der Kommunalaufsicht der Landrätin oder des Landrats unterliegen, 300 000 DM

   b) bei kommunalen Körperschaften, die der Kommunalaufsicht des Innenministeriums unterliegen, 1 500 000 DM

nicht überschreitet,

3. zugunsten von Trägern von Kindertageseinrichtungen nach § 9 Abs. 1 Nr. 1 des Kindertagesstättengesetzes vom 12. Dezember 1991 (GVOBl. Schl.-H. S. 651), zuletzt geändert durch Artikel 10 des Gesetzes vom 22. Dezember 1995 (GVOBl. Schl.-H. 1996 S. 33), für Kredite zur Finanzierung der Schaffung von Plätzen in Kindertageseinrichtungen,

4. zugunsten von Personen für von diesen zu leistende Mietsicherheiten, die die zu leistenden Mietsicherheiten aus eigenen Mitteln nicht aufbringen können,

5. zugunsten von Sozialhilfeempfängerinnen und Sozialhilfeempfängern, für Prozeßkosten an gerichtlichen Streitverfahren, die im wirtschaftlichen Interesse des Sozialhilfeträgers geführt werden,

6. zugunsten von Sozialhilfeempfängerinnen und Sozialhilfeempfängern als Hilfe zum Aufbau oder zur Sicherung einer Lebensgrundlage durch eigene Tätigkeit nach § 30 Bundessozialhilfegesetz bis zu 25 000 DM im Einzelfall.

(2) Absatz 1 gilt entsprechend für Rechtsgeschäfte, die der Übernahme von Bürgschaften und Verpflichtungen aus Gewährverträgen wirtschaftlich gleichkommen.

§ 3 Der in der Haushaltssatzung festgesetzte Höchstbetrag der Kassenkredite bedarf keiner Genehmigung nach § 87 Abs. 2 Satz 1 der Gemeindeordnung, wenn der Betrag 20 % der Einnahmen des Verwaltungshaushaltes nicht überschreitet.

§ 4 (1) Rechtsgeschäfte über die unentgeltliche Veräußerung von Vermögensgegenständen bedürfen keiner Genehmigung nach § 90 Abs. 3 Nr. 1 der Gemeindeordnung,

1. wenn unbebaute Grundstücke veräußert werden, deren Größe 100 m² nicht übersteigt,

2. wenn die Vermögensgegenstände an andere schleswig-holsteinische kommunale Körperschaften oder das Land Schleswig-Holstein
veräußert werden.

(2)   Rechtsgeschäfte über die Veräußerung von Sachen, die einen besonderen wissenschaftlichen, geschichtlichen oder künstlerischen
Wert haben, bedürfen keiner Genehmigung nach § 90 Abs. 3 Nr. 2 der
Gemeindeordnung, wenn diese an andere schleswig-holsteinische
kommunale Körperschaften oder das Land Schleswig-Holstein veräußert werden.

§ 5   Diese Verordnung tritt am 1. August 1996 in Kraft. Gleichzeitig tritt
die Landesverordnung über die Genehmigungsfreiheit von Rechtsgeschäften kommunaler Körperschaften vom 22. Februar 1993 (GVOBl.
Schl.-H. S. 108) außer Kraft.

Anhang 6.9

Zuwendungen an Fraktionen im kommunalen Bereich durch die Gemeinden und Kreise

Erlaß des Innenministers vom 17. November 1988 (IV 340 a – 161.231.7)

In Abstimmung mit der Arbeitsgemeinschaft der kommunalen Landesverbände des Landes Schleswig-Holstein gebe ich für die Bereitstellung und Verwendung von Haushaltmitteln für Fraktionen in kommunalen Vertretungskörperschaften und für den Nachweis über die Verwendung dieser Mittel folgende Hinweise:

Nach dem Kommunalverfassungsrecht des Landes Schleswig-Holstein entscheiden die Vertretungskörperschaften der Gemeinden und Kreise, ob und ggf. in welcher Höhe sie den Fraktionen im Sinne des § 32 a Gemeindeordnung und § 27 a Kreisordnung eine finanzielle Unterstützung zur Wahrnehmung der ihnen kommunalverfassungsrechtlich obliegenden Aufgaben gewähren.

Fraktionen haben als Teile und ständige Gliederungen der Vertretungskörperschaft die Aufgabe, die Zusammenarbeit der Vertretungskörperschaft und ihrer Ausschüsse zu erleichtern und eine zügige Bewältigung der Aufgaben der Vertretungskörperschaft zu ermöglichen.

Nur im Rahmen dieser Aufgabenstellung können die Fraktionen zur Bestreitung ihres sachlichen und personellen Aufwandes aus öffentlichen Mitteln der kommunalen Körperschaften unterstützt werden. Zuwendungen dürfen kein Ersatz für Aufwendungen sein, die einzelnen Mitgliedern der Vertretung und ihrer Ausschüsse entstehen und bereits im Rahmen der Entschädigungsverordnung in der jeweils geltenden Fassung abgegolten sind. Zuwendungen an die Fraktionen dürfen auch nicht der Finanzierung von Parteien oder Wählergemeinschaften dienen. Eine verdeckte Parteienfinanzierung ist verfassungswidrig (BVerfG 20, 56, 104 ff.).

Zuwendungen können durch Übernahme des notwendigen Sach- und Personalaufwandes durch die kommunale Körperschaft unmittelbar oder in Form von Finanzhilfen – Fraktionszuschüssen – (s. § 5 Abs. 3 Gemeindehaushaltsverordnung i. V. m. den Zuordnungsvorschriften zum Gruppierungsplan für die Haushalte der Gemeinden und Gemeindeverbände, Gruppe 70) gewährt werden. Aus Haushaltsmitteln zuwendungsfähig ist dabei ausschließlich der zur Erfüllung der organschaftlichen Aufgaben nachprüfbar notwendige sachliche und personelle Aufwand für die Geschäftsführung der Fraktionen. Bei der Bemessung und Verwendung von Fraktionszuwendungen sind die Grundsätze einer sparsamen und wirtschaftlichen Haushaltsführung zu beachten und die finanzielle Leistungsfähigkeit der kommunalen Körperschaft zu berücksichtigen.

Über die ordnungsgemäße Verwendung von Fraktionszuschüssen ist im Interesse einer effektiven örtlichen bzw. überörtlichen kommunalen Finanzkontrolle ein Verwendungsnachweis zu führen. Dieser ist innerhalb von drei Monaten nach Ablauf des Haushaltsjahres der für die Rechnungsprüfung zuständigen Stelle zuzuleiten und von dieser zu prüfen. Durch den zu führenden Nachweis soll die zweckentsprechende Verwendung der finanziellen Zuschüsse an die Fraktionen sichergestellt werden. Der Verwendungsnachweis ist in der Weise zu führen, daß ein Sachbericht und ein zahlenmäßiger Nachweis mit einer Auflistung der Ausgaben vorzulegen ist. In dem Sachbericht ist die Verwendung des Zuschusses darzustellen.

Für die örtliche und überörtliche Finanzkontrolle sind von den Fraktionen die Unterlagen, die die sachgerechte Verwendung der Zuschüsse im einzelnen belegen, bereitzuhalten.

Zuschüsse, für deren zweckentsprechende Verwendung ein Nachweis nicht geführt werden kann, sind von den Fraktionen nach Ablauf des Haushaltsjahres unverzüglich an die kommunale Körperschaft wieder abzuführen.

Zuwendungen an Mitglieder der Vertretungskörperschaft, die keiner Fraktion angehören, sind auf die nach der Entschädigungsverordnung in Verbindung mit der Hauptsatzung zu gewährenden Entschädigungen begrenzt.

Die Landräte werden gebeten, die ihrer Aufsicht unterstehenden kommunalen Körperschaften entsprechend zu unterrichten.

Anhang 6.10

Durchführung der gemeindlichen Selbstverwaltungsaufgaben durch das Amt

RdErl. des Innenministers vom 13. Februar 1991 – IV 330 a – 160.130.2 – (Amtsbl. Schl.-H. S. 103)

Zum Umfang der Aufgaben, die dem Amt durch § 3 Abs. 1 Satz 1 der Amtsordnung (AO) übertragen worden sind, gebe ich unter Aufhebung des Runderlasses vom 13. Februar 1968 (Amtsbl. Schl.-H. S. 96) folgende Hinweise:

1. Das Recht der Gemeinden, alle Angelegenheiten der örtlichen Gemeinschaft im Rahmen der Gesetze in eigener Verantwortung zu regeln und in ihrem Gebiet im Rahmen ihrer Leistungsfähigkeit alle öffentlichen Aufgaben in eigener Verantwortung zu erfüllen, soweit die Gesetze nicht ausdrücklich etwas anderes bestimmen, ist in Art. 28 Abs. 2 GG und Art. 46 Abs. 1 der Landesverfassung verfassungsmäßig garantiert. Deshalb liegt nach dem Wortlaut des § 3 Abs. 1 Satz 1 AO die Willensbildung in Selbstverwaltungsangelegenheiten ausschließlich bei den Organen der amtsangehörigen Gemeinde. Der Begriff: „Nach den Beschlüssen der Gemeinde" umfaßt entsprechend § 27 Abs. 1 Gemeindeordnung die Entscheidungen durch die Gemeindevertretung und – soweit nach § 27 Abs. 1 Satz 2 und § 45 Abs. 3 Gemeindeordnung eine Delegation erfolgt ist – durch die Bürgermeisterin oder den Bürgermeister bzw. einen Ausschuß.

2. Von der Willensbildung in Selbstverwaltungsangelegenheiten ist die verwaltungstechnische Willensausführung nach außen (Durchführung) zu unterscheiden. Sie ist dem Amt gesetzlich übertragen. Die Regelung in § 3 Abs. 1 Satz 1 AO soll die ehrenamtliche Bürgermeisterin oder den ehrenamtlichen Bürgermeister von verwaltungstechnischen Aufgaben als Behörde befreien und ihr oder ihm die Möglichkeit zu weiterer Entfaltung ihrer oder seiner kommunalpolitischen Führungsaufgaben in der Gemeinde geben. Es ist eine vordringliche Aufgabe von Bürgermeisterin, Bürgermeister und Gemeindevertretung, klare Vorstellungen über Stand und künftige Entwicklung der Gemeinde zu erarbeiten, sie laufend zu ergänzen und sie vor der Einzelmaßnahme zu erwägen, zu planen und zu beschließen.

3. Von der Durchführungskompetenz des Amtes bleibt die Verantwortlichkeit der Bürgermeisterin oder des Bürgermeisters als Gemeindeorgan gegenüber der Gemeinde unberührt. Deshalb ist das Amt bei der Vorbereitung der Beschlüsse der Gemeinde an das Einvernehmen der Bürgermeisterin oder des Bürgermeisters gebunden (§ 3 Abs. 1 Satz 1 AO). Sie oder er kann bei der Durchführung der Entscheidungen der Gemeinde durch das Amt weiter mitwirken; sie oder er hat auch nach der Entscheidung das Recht, zur Förderung der betreffenden Angelegenheit an Verhandlungen und Besprechungen teilzunehmen. Das Amt ist verpflichtet, die Bürgermeisterin oder den Bürgermeister rechtzeitig zu informieren, um ihr oder ihm die Teilnahme zu ermöglichen.

4. Die verwaltungstechnische Durchführung der Aufgaben der amtsangehörigen Gemeinden durch das Amt ersetzt eine eigene Verwaltung der amtsangehörigen Gemeinden.

Danach ergibt sich eine Zuständigkeit der Bürgermeisterin oder des Bürgermeisters der amtsangehörigen Gemeinden als Gemeindeorgan in folgenden Fällen:

a) für die Repräsentation der Gemeinde bei öffentlichen Anlässen nach § 1 DVO/GO (hierzu gehört auch die Ehrung von Jubilaren in der Gemeinde),

b) für die ihr oder ihm in der Hauptsatzung nach § 27 Abs. 1 Satz 2 GO übertragenen Entscheidungen,

c) für Eilentscheidungen (§ 50 Abs. 3 GO),

d) für die Anordnung über- und außerplanmäßiger Ausgaben, wenn die Angelegenheit keinen Aufschub duldet (§ 82 GO),

e) für Verpflichtungserklärungen (§ 51 Abs. 2 GO),

f) für Widerspruch und Beanstandung von Beschlüssen (§ 43, § 47 GO),

g) für die Ausfertigung von Satzungen (§ 4 Abs. 2 GO),

h) für die Unterrichtung der Öffentlichkeit in den Fällen, in denen die Gemeindevertretung entschieden hat (§ 16 a Abs. 3 GO),

i) für die Stellung eines Antrages auf Ausschluß der Öffentlichkeit in Sitzungen der Gemeindevertretung (§ 35 Abs. 2 GO).

STICHWORTVERZEICHNIS

Fette Zahlen bezeichnen die Gesetzestexte (1 = GO, 2 = KrO, 3 = AO, 4 = GkZ, 5 = GKWG, 6 = Anhang), dahinter stehende magere Zahlen die Paragraphen.

Der Buchstabe E verweist auf die Einführung, die Zahl danach verweist auf die Seite.